国家社会科学基金（11BJY019）资助项目

会计师事务所国际化发展战略研究

李长爱 ◎ 著

中国财经出版传媒集团
中国财政经济出版社

图书在版编目（CIP）数据

会计师事务所国际化发展战略研究／李长爱著．—北京：中国财政经济出版社，2017.10
ISBN 978-7-5095-7759-2

Ⅰ.①会… Ⅱ.①李… Ⅲ.①会计师事务所－发展战略－研究－中国 Ⅳ.①F233.2

中国版本图书馆 CIP 数据核字（2017）第 243777 号

责任编辑：樊清玉　　　　　责任校对：黄亚青
封面设计：王　颖　　　　　版式设计：录文通

中国财政经济出版社 出版

URL：http://ckfz.cfeph.cn
E-mail：cfeph@cfeph.cn

（版权所有　翻印必究）

社址：北京市海淀区阜成路甲 28 号　邮政编码：100142
营销中心电话：88190406
天猫网店：中国财政经济出版社旗舰店
网址：https://zgczjjcbs.tmall.com
北京财经印刷厂印刷　各地新华书店经销
880×1230 毫米　32 开　9.375 印张　210 000 字
2017 年 10 月第 1 版　2017 年 10 月北京第 1 次印刷
定价：42.00 元
ISBN 978-7-5095-7759-2
（图书出现印装问题，本社负责调换）
本社质量投诉电话：010-88190744
打击盗版举报热线：010-88190414　QQ：447268889

前 言

在国家"走出去"战略的指导下,中国企业纷纷开始"走出去"。企业"走出去"需要本土会计师事务所一同走出去,为其提供贴身服务。但因本土事务所国际化人才相对不足、国际知名度较为欠缺等原因,事务所"走出去"步伐跟不上企业,不能较好地为企业"走出去"提供服务。如何以企业"走出去"为契机,促进事务所"走出去",进而提升事务所服务企业"走出去"的能力,是本书研究的核心问题。

本书主要探讨了以下问题:(1)会计师事务所国际化的理论支撑;(2)企业"走出去"现状及存在的问题;(3)会计师事务所跟随企业"走出去"的必要性与可行性;(4)本土事务所国际化准备及效果;(5)本土事务所国际化实践及困难;(6)本土事务所国际化发展的国际借鉴;(7)本土事务所国际化的路径选择;(8)本土事务所国际化的保障体系。

本书主要采用逻辑分析法、归纳演绎法、档案研究法、问卷调查法、实地调查法、案例分析法等方法开展研究,尝试界定事务所国际化战略的内涵,厘清事务所国际化与"走出去"的联系与区别,论证会计师事务所跟随企业"走出去"的必要性与可行性,实证检验本土会计师事务所为国际化所作的准备及效果,实证检验本土事务所国际化实践及效果,总结日本、中国台湾国际大所本土化的国际化经验,探讨本土事务所应实施的品牌战略、人才战略及专门化战略等国际化战略，研究本土事务所"走出去"的定位及路径选择。

本书也是国家社会科学基金项目"会计师事务所国际化发展战略研究"（项目批准号 11BJY019）的最终研究成果。感谢课题组核心成员湖北经济学院会计学院吕伶俐副教授和中南财经政法大学会计学院张呈博士，她们为本课题从研究框架，到初稿、定稿及最终结项报告的完成付出了艰辛的劳动。感谢课题组成员湖北经济学院杨海丛副教授，中审众环会计师事务所石文先总经理，湖北省注册会计师协会尹祚田秘书长，瑞华会计师事务所湖北分所胡梁辉总经理和杨雅婷同学等的杰出研究和帮助；还要特别感谢中国注册会计师协会杨志国秘书长、唐建华主任等对本书提供的支持和帮助。

由于著作者水平有限，加之本土会计师事务所国际化发展不断取得进步，书中难免存在过时、疏漏及不足之处，敬请批评指正。

李长爱
2017 年 9 月

摘 要

近年来,国家有关部门相继出台政策,鼓励和支持本土会计师事务所"走出去"。本土事务所通过实施做强做大、人才培养等战略,规模快速扩张,实力明显增强,既涌现出如瑞华、立信等与四大中外合作所齐名的国内知名大所,也有如信永中和等"走出去"较成功的事务所。但整体来看,因国际化人才仍然不足、国际知名度较为欠缺等原因,事务所发展跟不上企业"走出去"的步伐,不能较好地为企业"走出去"提供相关服务。如何以企业"走出去"为契机,带动事务所"走出去",进而提升事务所服务企业"走出去"的能力,值得深入研究。本书从支持企业"走出去"的视角,重点研究事务所国际化发展中的"走出去"战略。

本书共分为九章,第一章导论,其他八章主要内容如下:

第二章探讨事务所国际化的相关理论支撑。首先探讨企业跨国投资相关理论,包括垄断优势理论、内部化理论、产品生命周期理论、边际产业扩张理论与国际生产折衷理论等;其次论述了事务所规模化发展相关理论,包括规模经济理论与事务所规模化发展、交易费用理论与事务所规模化发展、声誉理论与事务所规模化发展;然后论述企业战略相关理论,包括界定战略的定义、比较战略与战术的区别、探讨企业战略的定义与内容,以及企业国际化战略的内涵。在此基础上,重点探讨事务所国际化战略的内涵,厘清了事务所国际化与"走出去"的联系与区别。本课题研究的重点是本土事务所"走出去"问题,即事务所如何服务中国企业"走出去",如何跟随企业"走出去",从而实现事务所自身的国际化战略。

第三章分析企业"走出去"的现状及存在的主要问题。"走出去"是中国企业在新世纪主动应对全球经济一体化、积极参与国际竞争,进而实现民族复兴、经济腾飞的需要,更是解决我国当前经济结构矛盾的战略举措。实施"走出去"战略,是中国应对全球化挑战的必然选择和经济发展的必然产物。由于各种主客观原因,我国企业当前还面临着"走出去"的困境,其中既有企业自身积累的不足,也有政府管理水平的缺陷。而当务之急则是加强对社会中介机构的培育和规范,特别要重视本土会计师事务所的国际化发展,为"走出去"的中国企业提供坚强后盾。

第四章论证事务所跟随企业"走出去"的必要性与可行性。在对境内外相关文献进行回顾的基础上,重点探讨了事务所跟随企业"走出去"的必要性,课题认为:事务所跟随企业"走出去"是中国企业海外经营的迫切需要,是维护国家经济安全的客观要求,是注册会计师行业国际化发展的现实选择,是事务所做强做大的必由之路。本土事务所要想在国际市场上拥有一席之地,必须跟随企业"走出去",积极参与海外市场的竞争。课题同时从国家政策大力扶持,事务所执业环境日臻完善,客户对注册会计师服务需求不断扩大,本土事务所人才培养与储备初具规模,注册会计师执业能力显著增强等方面,论证了事务所跟随企业"走出去"的可行性。

第五章论述了本土事务所为国际化发展所做的相关准备及效果。2000年以来,本土事务所通过合并(吸收合并或新设合并)、设立分所、吸收专业人员等方式,规模迅速扩大,初步实现做大做强。但做大后是否做强了,是否达到了1+1大于等于2的效果?本课题采用实证研究方法,通过分析事务所合并与审计收费的关系、事务所合并与审计质量的关系,检验本土事务所合并的效果。课题认为通过合并促成的本土事务所规模化发展,已为事务所的国际化发展做了较充分的准备。同时课题认为人力资本培养与储备也为本土事务所的国际化发展做好了较充分的准备。

第六章探讨本土事务所国际化实践及困难。通过比较本土事务所与国际大所的核心指标,运用问卷调查、实地调研、案例分析等方法了解本土事务所"走出去"现状,采用实证研究方法验证事务所"走出去"效果。整体来看,本土事务所"走出去"意愿不强烈,思路不清晰,效果不明显。

第七章论述本土事务所国际化发展的经验借鉴。通过探讨"四大"及其他国际大所的国际化进程,课题认为其国际化方式及路径值得借鉴,如充分利用客户关系,积极开拓海外市场;主动探索合并道路,努力扩大自身规模;适度重视文化差异,合理规划扩张路径;综合考虑内部资源,注重选择联盟模式等。而日本与我国台湾将国际大所办成纯粹本土事务所的经验更值得我们学习。

第八章论述本土事务所国际化发展的路径选择。主要包括:(1)本土事务所"走出去"的定位设计。提出本土事务所"走出去"的市场定位应是跟随企业"走出去"。(2)本土事务所"走出去"的战略选择。提出本土事务所国际化发展,应实施品牌战略、人才战略及行业专门化战略。(3)本土事务所国际化区域路径设计。建议:第一,根据中国企业海外投资分布确定"走出去"区域路径;第二,将"一带一路"沿线的国家或地区作为事务所"走出去"的区域选择；第三，将文化差异相对较小，具有比较优势的东盟自贸区作为事务所"走出去"的区域重点。(4)本土事务所"走出去"方式设计。课题认为，本土事务所国际化较为可行的方式是：其一，加入知名国际网络，借船出海；其二，推广信永中和经验，尝试外向国际化。

第九章探讨本土事务所国际化发展的相关保障体系，提出以下观点：其一，财政部、商务部、国资委等政府相关部门应该营造良好的政策环境，促进服务出口；其二，中注协等行业监管部门应该从业务环境上提供支持，搭建国际交流平台；其三，事务所本身要从人才培养、服务质量、业务领域拓展、文化建设等方面努力提升自身实力，打造国际品牌。

目 录

第一章 导论 （1）
 一、研究背景与研究意义 （1）
 二、研究思路与研究方法 （2）
 三、本书的主要内容 （3）

第二章 会计师事务所国际化的理论支撑 （12）
 第一节 企业跨国投资相关理论 （12）
 第二节 会计师事务所规模化发展相关理论 （20）
 第三节 企业战略相关理论 （31）
 第四节 会计师事务所国际化战略的界定 （34）

第三章 我国企业"走出去"现状及存在的主要问题 （37）
 第一节 企业"走出去"战略的内涵与意义 （38）
 第二节 我国企业"走出去"战略的发展阶段与特征 （40）
 第三节 我国实施企业"走出去"战略当前存在的主要问题 （57）

第四章 本土会计师事务所跟随企业"走出去"的必要性与可行性研究 （72）
 第一节 文献回顾 （74）
 第二节 会计师事务所跟随企业"走出去"的必要性 （75）
 第三节 会计师事务所跟随企业"走出去"的可行性 （79）
 第四节 会计师事务所跟随企业"走出去"可提供的服务种类 （82）

第五章 本土会计师事务所国际化准备及效果 ……（84）
第一节 事务所合并的效果分析 ……………（84）
第二节 人才战略的实施与效果分析 ………（108）

第六章 本土会计师事务所国际化实践及困难 ……（136）
第一节 境内国际大所与本土事务所对比分析 …（137）
第二节 本土会计师事务所"走出去"的状况 …（151）
第三节 会计师事务所"走出去"效果的实证检验
………………………………………………（156）
第四节 本土会计师事务所"走出去"面临的主要
问题 …………………………………………（165）

第七章 本土会计师事务所国际化发展的国际借鉴 …（173）
第一节 文献回顾 ……………………………（173）
第二节 "四大"及其他国际大所国际化发展路径
分析 …………………………………………（177）
第三节 日本会计师事务所国际化发展路径分析 …（187）
第四节 台湾会计师事务所国际化发展路径 …（194）

第八章 本土会计师事务所国际化的路径选择 ……（200）
第一节 本土会计师事务所国际化的战略选择 …（200）
第二节 本土会计师事务所国际化发展的路径设计
………………………………………………（234）

第九章 本土会计师事务所国际化的保障体系 ……（256）
第一节 政府部门：加大政策扶持，促进服务出口
………………………………………………（257）
第二节 行业监管部门：搭建国际平台，推进准则
等效 …………………………………………（260）
第三节 本土事务所：完善内部治理，打造国际品牌
………………………………………………（263）

参考文献 ………………………………………（270）

第一章 导 论

导　论

一、研究背景与研究意义

世纪之交，中央提出我国企业要加快实施"走出去"战略。至2014年底，中国1.85万家境内投资者在国（境）外设立3万家对外直接投资企业，分布在全球186个国家（地区），中国对外直接投资累计净额（存量）达8826.4亿美元。目前，中国的对外直接投资已经进入了一个"新常态"，企业跨国经营、资本跨境流动离不开会计师事务所的专业支持。长期以来，为我国企业"走出去"提供服务的多是国际"四大"会计师事务所及投资所在地事务所，国家经济信息安全受到严重威胁，我国"走出去"的企业屡遇不顺，很大程度上与我国企业无商业秘密可守相关。本土会计师事务所（以下简称"本土事务所""事务所"或"本土所"）因国际化人才不足、国际知名度较欠缺，跟不上企业"走出去"的步伐，不能为企业"走出去"提供相关服务。国家相关部门出台政策，鼓励和支持事务所"走出去"。如何以企业"走出去"为契机，带动事务所"走出去"，进而提升事务所服务企业"走出去"的能力，值得深入研究。本书从支持企业"走出去"的视角，重点研究事务所国际化发展中的"走出去"战略。

本书的研究意义在于：（1）通过论证事务所国际化的理论内涵，为事务所国际化发展战略提供理论支撑；（2）从维护国家经济信息安全角度，通过深入分析事务所"走出去"面临的环境，为国家相关部门实施事务所"走出去"战略提供重要决策参考；（3）通过借鉴国际"四大"国际化发展的成功经验及日本、台湾国际大所本土化发展经验，为本土事务所国际化提供技术支持；（4）通过实证分析本土事务所扩张取得的成绩与存在的症结，实证分析事务所"走出去"的效果，为本土事务所国际化实现跨越式发展提出创新思路；（5）从支持企业"走出去"视角，探究本土事务所国际化发展战略、区域重点、发展方式，为事务所服务企业"走出去"提出具体路径，并规划出有效"走出去"的路线图。

二、研究思路与研究方法

（一）研究思路

首先，探讨事务所国际化发展的相关理论，厘清会计师事务所国际化与"走出去"的内涵，在理论指导下研究事务所国际化战略；其次，从分析我国企业"走出去"现状入手，论证企业"走出去"需要本土事务所支持，而现阶段事务所跟随企业"走出去"才是迈出国门的最有效途径；再次，分析本土事务所"走出去"现状及事务所为"走出去"进行的相关准备，指出事务所"走出去"面临的主要困难；然后，借鉴国际四大国际化经验，参考日本、台湾国际大所本土化经验，探讨事务所国际化的路径与实施步骤；最后，构建事务所"走出去"的政策保障与能力保障体系。

（二）研究方法

本书采用逻辑分析法、归纳演绎法、档案研究法、问卷调查法、实地调查法、案例分析法等方法开展研究，由大学教师、行业协会负责人、拟"走出去"事务所合伙人共同完成，理论联系实际，理论指导实践。

采用逻辑分析、归纳演绎法研究事务所国际化相关理论；采用档案研究、问卷调查、归纳演绎法研究企业"走出去"现状及事务所跟随企业"走出去"的必要性；采用档案研究、案例分析、实地调查、实证分析等方法分析事务所"走出去"现状，以及事务所为"走出去"所作的相关准备；采用档案研究、实地调查、逻辑分析法分析事务所国际化经验借鉴，并探讨本土事务所"走出去"路径选择；采用归纳演绎等规范研究方法探讨事务所"走出去"战略及相关保障体系。

本书研究的思路和方法参见图1-1。

三、本书的主要内容

本书包括以下八个组成部分：(1) 会计师事务所国际化的理论支撑；(2) 企业"走出去"现状及存在的问题；(3) 会计师事务所跟随企业"走出去"的必要性与可行性；(4) 本土事务所国际化准备及效果；(5) 本土事务所国际化实践及困难；(6) 本土事务所国际化发展的国际借鉴；(7) 本土事务所国际化的路径选择；(8) 本土事务所国际化的保障体系。

本书的主要内容如下：

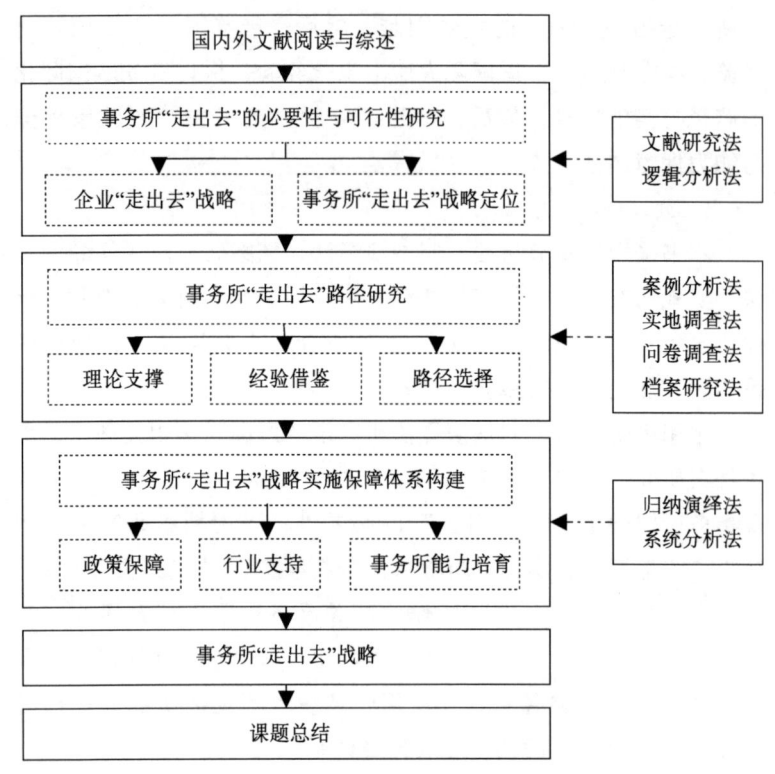

图 1-1 研究思路与方法的框架图

(一) 厘清了会计师事务所国际化与"走出去"的内涵

第二章探讨事务所国际化的相关理论支撑。首先,探讨企业跨国投资相关理论,包括垄断优势理论、内部化理论、产品生命周期理论、边际产业扩张理论与国际生产折衷理论;其次,论述了事务所规模化发展相关理论,包括规模经济理论与事务所规模化发展、交易费用理论与事务所规模化发展、声誉理论与事务所规模化发展;然后,论述企业战略相关理论,包括界定战略的定义、比较战略与战术的区别、探讨企业战略的定义与内容及企业国际化战略的内涵。在此基础上，本章重点探讨事务所国际化战略的内涵，厘清了事务所国际化与"走出去"的联系与区别。本课题组认为会计师事务所的国际化发展战略是指会计师事务所将自己的鉴证服务、咨询服务等相关服务在全球范围进行经营同时参与国际竞争的发展战略。事务所的国际化战略可以分为本国中心战略、多国中心战略和全球中心战略。

事务所国际化是指事务所在全球范围内提供会计服务，参与国际市场竞争的过程。在外部推动机制作用下，事务所国际化主要体现为如下方式：我国会计服务市场对国际会计师事务所开放，被动成为国际市场的一部分；我国对外开放政策吸引大量跨国公司进入我国市场，本土事务所在境内为其提供服务；为国内客户境外投资、上市提供服务等。在内部拉动机制作用下，事务所国际化主要体现为如下方式：本土事务所从事H股审计业务；发展海（境）外分所或成员所；为中国的跨国公司或海（境）外客户提供服务；得到海（境）外市场的认可等。

从国际国内两个市场的角度来看，事务所国际化既包括为本土市场提供国际化服务，也包括开发国际市场、拓展海外业务。事务所"走出去"发展是事务所国际化的重要组成部分，但事务所"走出去"的范围更窄一些，仅包括通过合并等方式做大做强"走出去"，发展海（境）外分所或成员所，为国内客户境外投资、上市提供服务，出于服务国内企业国际化的需要而跟随企业"走出去"等。

本书研究的重点是本土事务所"走出去"问题，即事务所如何服务中国企业"走出去"，如何跟随企业"走出去"，从而实现事务所自身的国际化战略。

（二）企业"走出去"需要注册会计师为其提供全方位服务

第三章分析企业"走出去"现状及存在的主要问题。"走出去"是中国企业在新世纪主动应对全球经济一体化、积极参与国际竞争,进而实现民族复兴、经济腾飞的需要,更是解决我国当前经济结构矛盾的战略举措。实施"走出去"战略,是中国应对全球化挑战的必然选择和经济发展的必然产物。"走出去"战略可以帮助国内企业抓住机遇,在国际舞台上充分利用国内、国外两个市场、两种资源;可以使政府积累管理经验,通过政策引导进行经济结构调整和优化资源配置,从微观和宏观两个层面为我国经济持续、健康、协调发展提供源动力。

由于各种主客观原因,我国企业当前还面临着"走出去"的困境,其中既有企业自身积累的不足,也有政府管理水平的缺陷。商场如战场,当前国际上对于市场、资源、人才的竞争日趋激烈,我国企业要成功地走出国门,必须要有明确的战略目标,在国际市场获得相应的份额和经济效益,带动国内资源优化配置和经济结构调整。时不我待,我国企业必须在国家政策的引导下,专注自身发展,学习和积累先进的管理经验,吸引和培养大量优秀人才,不断发展壮大,培养国际视野,为更好地"走出去"奠定雄厚的基础。同时,政府也亟需加快职能转变步伐,建立健全相关法律法规和配套体系,为我国企业"走出去"创造良好的环境。而当务之急则是加强对社会中介机构的培育和规范,特别要重视对注册会计师及事务所的建设,为"走出去"的中国企业提供坚强后盾。

(三)基于支持我国企业"走出去"的视角研究会计师事务所"走出去"

第四章论证事务所跟随企业"走出去"的必要性与可行性。在对境内外相关文献进行回顾的基础上,本章重点探讨了事务所跟随企业"走出去"的必要性,认为:(1)事务所跟随企业"走出去"是中国企业海外经营的迫切需要。中国企业"走出去"屡遭不顺，海外经营面临的各种困难，迫切需要会计师事务所等机构的帮助与扶持。本土会计师事务所与中国企业长远利益相同，不存在文化差异等冲突与分歧，企业聘请本土事务所为其服务可降低交易成本。（2）事务所跟随企业"走出去"是维护国家经济安全的客观要求。国有企业特别是大型央企是"走出去"企业中的一支重要力量，而这些企业大都关系国计民生。"走出去"企业聘请国际"四大"中外合作所作为审计师，从技术上讲，美国及欧洲总部合伙人可以直接查阅"四大"中国所的工作底稿，而且，一些重大审计项目都有"四大"总部高级别合伙人直接参与，由此增加了国家重大战略发展方向及经济秘密泄漏的可能性，给国家经济安全造成严重威胁。本土事务所跟随中国企业"走出去"，是维护国家经济安全的客观要求。（3）事务所跟随企业"走出去"是注册会计师行业国际化发展的现实选择。企业"走出去"了，事务所如果放弃客户的海外业务，这样可能危及客户本土市场的服务，甚至失去客户的全部业务，所以事务所只能勇敢地"走出去"。（4）事务所跟随企业"走出去"是事务所做强做大的必由之路。本土事务所要想在国际市场上拥有一席之地，必须跟随企业"走出去"，积极参与海外市场的竞争。

本章同时从国家政策大力扶持、事务所执业环境日臻完善、客户对注册会计师服务需求不断扩大、本土事务所人才培养与储备初具规模、注册会计师执业能力显著增强等方面，论证了事务所跟随企业"走出去"的可行性，最后分析了事务所可以为"走出去"企业提供审计服务与咨询服务的具体内容。

（四）通过实证分析，认为本土事务所已经为国际化作了较充分准备

第五章论述了本土事务所为国际化发展所做的相关准备及效

果。2000年3月，财政部发布《会计师事务所扩大规模若干问题的指导意见》后，本土事务所通过合并（吸收合并或新设合并）、设立分所、吸收专业人员等方式，规模迅速扩大，初步实现做大做强。至2014年，瑞华和立信分别实现业务收入26亿元和23亿元，排名第三和第四，均超过安永华明和毕马威华振。但做大后是否做强了，是否达到了1+1大于等于2的效果？本课题采用实证研究方法，通过分析事务所合并与审计收费的关系、事务所合并与审计质量的关系，检验本土事务所合并的效果。研究发现，事务所合并能够促成本土事务所快速扩张，实现规模化发展，提高市场竞争力，为注册会计师行业的做大做强奠定了较好的基础。从近年来注册会计师行业规模化发展实践来看，本土事务所通过规模化发展，在综合实力排名、争取大客户、支持企业"走出去"等方面均取得显著的成绩，也验证了合并促进本土事务所规模化发展，增强了整体实力，为本土事务所的国际化发展做好了较充分的准备。

事务所"走出去"的另一个重要准备是实施人才战略，本课题利用调研资料及中注协发布的事务所综合排名前百家信息，通过统计分析得出，我国会计领军人才培养、国家会计学院后续教育、金融审计高级人才培训、会计学本科专业CPA专门化方向办学、MPAcc教育及CPA考试选拔制度等均取得显著成效，人力资本培养与储备已为本土事务所的国际化发展做好了较充分的准备。

（五）实证分析本土事务所国际化实践及效果，探讨现阶段"走出去"面临的困境

第六章探讨本土事务所国际化实践及困难。通过比较本土事务所与国际大所的核心指标，分析本土事务所国内市场份额现状及国内CPA审计市场开放状况，运用问卷调查、实地调研、案

例分析等方法了解本土事务所"走出去"现状，采用实证研究方法验证事务所"走出去"效果。课题结合2013年、2014年A股上市公司财务报表数据，检验加盟国际知名会计公司、与"四大"合并两种国际化模式对审计质量的影响，并比较分析加盟国际会计公司与纯本土所审计质量的差异。结果显示：在中国审计市场上，不同的国际化模式对事务所审计质量的影响不显著，国际成员所与纯本土所的审计质量也不存在显著差异。虽然从研究结论看，事务所通过加盟国际知名会计公司，迈出"走出去"的第一步，目前还没有取得明显效果，但为了事务所的长远利益，为了国家经济安全，事务所必须适时"走出去"。

整体来看，本土事务所"走出去"意愿不强烈、思路不清晰、效果不明显，课题认为现阶段本土事务所"走出去"面临的主要问题是：(1)"走出去"企业偏好选择"四大"为其提供中介服务；(2)本土事务所国际化意识整体不强，更注重眼前利益；(3)本土事务所不注重品牌建设，国际知名度整体不高；(4)本土事务所国际化发展的定位不准、路径不明等。

(六) 通过比较分析，总结日本与台湾国际大所本土化经验

第七章论述本土事务所国际化发展的经验借鉴。通过探讨"四大"及其他国际大所的国际化进程，本章认为其国际化方式及路径值得借鉴，如充分利用客户关系，积极开拓海外市场；主动探索合并道路，努力扩大自身规模；适度重视文化差异，合理规划扩张路径；综合考虑内部资源，注重选择联盟模式等。而日本与我国台湾将国际大所办成纯粹本土事务所的经验更值得我们学习。如日本等松会计师事务所（监查法人等松），通过理性选择合作对象，力求实现地位平等，坚持提升业务质量，积极打造民族品牌，致力培养专业人才，不断壮大执业队伍，并举施行多种战略，逐步提升竞争优势，最终监查法人等松，成为德勤家庭

的重要成员之一。德勤的英文原文DTT，其中一个T是日本会计师Tohmatsu（等松）名字的缩写，代表着日本等松事务所。日本的国际"四大"不仅是本土化事务所，而且其高级合伙人对"四大"亚太区有较大影响力。台湾事务所因其执业标准与美国同步，执业质量得到国际认同，注重行业专门化发展，专注人才培养提升，台湾的国际"四大"完全本土化，没有外资，没有外方人员参与。日本与台湾经验，是我国正在进行的中外合作事务所本土化转制的重要参考，但是因为"四大"进入中国大陆市场与进入日本、台湾的背景不同，本土化转制尚需逐步实现。

（七）提出本土会计师事务所国际化发展战略与路径

第八章论述本土事务所国际化发展的路径选择。主要包括：

1. 本土事务所"走出去"的定位设计

本土事务所"走出去"的市场定位应是跟随企业"走出去"。通过分析2012年末对外投资存量前50强、世界500强中的中国企业，及中国最佳上市公司50强及其审计师现状，指明事务所选择"走出去"企业的方向，探讨事务所如何跟随企业"走出去"并为其提供周到服务。

2. 本土事务所"走出去"的战略选择

本土事务所国际化发展，应实施品牌战略、人才战略及行业专门化战略。

（1）实施品牌战略。首先，必须进行正确的品牌定位，通过发展自己的特色，在客户心中塑造独一无二的形象；其次，执业质量是事务所核心竞争力的最终体现，也是事务所的生存之本，品牌建设要以保证执业质量为基础；再次，通过文化建设为品牌建设营造良好氛围；最后，丰富对外宣传方式为品牌建设赋予更多内涵。

（2）实施人才战略。人才战略是一个系统工程，实施事务所的国际化人才战略，包括国际化人才开发战略、国际化人才培养战略及国际化人才维持战略。

（3）实施行业专门化战略。本土事务所普遍存在重规模化发展而轻专门化发展，行业专门化发展更有助于稳固事务所与客户的关系，行业专长更能为客户提供专门、深入持久的贴身服务，专门化战略是事务所跟随企业"走出去"的重要战略。事务所通过行业专门化带动自身规模化发展，是事务所做强做大"走出去"的可持续发展方式。

3. 本土事务所国际化区域路径设计

本书建议：第一，根据中国企业海外投资分布确定"走出去"区域路径；第二，将"一带一路"沿线的国家或地区作为事务所"走出去"的区域选择；第三，将文化差异相对较小，具有比较优势的东盟自贸区作为事务所"走出去"的区域重点。

4. 本土事务所"走出去"方式设计

本书认为，本土事务所国际化较为可行的方式是：其一，加入知名国际网络，借船出海；其二，推广信永中和与利安达经验，尝试外向国际化；其三，中外合作事务所的本土化转制尽早落实，提高本土事务所在本土市场国际化业务的份额。

（八）论证了本土事务所国际化发展的保障体系

第九章探讨本土事务所国际化发展的相关保障体系，提出以下观点：其一，财政部、商务部、国资委等政府相关部门应该营造良好的政策环境，促进服务出口；其二，中注协等行业监管部门应该从业务环境上提供支持，搭建国际交流平台；其三，事务所本身要从人才培养、业务质量、业务领域拓展、文化建设等方面努力提升自身实力，打造国际品牌。

第二章

会计师事务所国际化的理论支撑

在国家"走出去"战略的指导下,中国企业纷纷"走出去",企业"走出去"需要本土会计师事务所同时"走出去",为其提供贴身服务。企业与事务所"走出去"都需要相应的理论支撑,本部分首先论述企业与事务所"走出去"的相关理论,然后分析事务所国际化的内涵。

第一节 企业跨国投资相关理论

跨国投资理论诞生于20世纪60年代,主要是以解释国际资本流动为目的的理论,其主要内容是解释跨国企业对外直接投资机制。这一理论有众多的学术派别,以学术渊源或其基础为视角,大致有两大体系,一是以产业组织理论为基础,二是以国际贸易理论为基础。第一大体系以不完全竞争为假设前提,从微观的角度即企业层面来分析,重点研究跨国企业对外直接投资的决定性因素及条件,其典型代表包括海默的垄断优势论和巴克利的内部化理论;第二大体系是从宏观的角度即国民经济层面进行考察分析,注重研究企业跨国投资的决定因素,完全竞争理论是这一理论体系的重要假设,其典型代表有弗农的产品周期理论和小岛清的边际产业扩张论。十多年以后,两大体系开始交叉融合,逐渐形成了综合性学说,吸收了垄断优势和内部化等学说的精髓,并引入区位理论,可谓当代对外直接投资理论的大成之集,这就是邓宁的国际生产折衷理论。下面分别进行介绍。

一、垄断优势理论

1960年,美国麻省理工学院海默(Stephen H. Hymer)在博士论文中第一次以垄断优势来分析论证美国的对外直接投资[①]。后来在其导师金德尔伯格教授(C. P. Kindleberger)及其他学者的完善过程中,形成了系统的垄断优势理论(Theory of Monopolistic Advantage),或称为海—金传统理论(Hymer - Kindleberger Tradition)[②],成为研究对外直接投资最有影响的理论之一。其后,约翰逊(H. G. Johnson)、凯夫斯(R. E. Caves)发表了一系列论文,在海默—金德尔伯格框架下,又进一步发展了垄断优势理论。

垄断优势理论从市场不完全(Market Imperfection)与企业

---

① Stephen H. Hymer, *International Operations of National Firms*: *A Study of Direct Foreign Investment*. Doctoral Dissertation, Massachusetts Institute of Technology, 1960, p. 36 - 48.

② C. P. Kindleberger, *American Business Abroad*: *Six Lectures on Direct Investment*, New Haven, Yale University Press, 1969.

特定优势（Firm-specific Advantages）的角度对跨国公司进行分析。一国和国际市场的不完全，如规模经济和外部经济上引起的不完全竞争，产品市场的不完全（包括产品差异、商标、市场技能或价格联盟等），资本、管理经验、专有技术等生产要素市场的不完全，都使得跨国公司在国内拥有垄断优势，这些优势是东道国当地企业所不具备的，抵消了跨国公司和国外经济所引起的额外成本；而由于政府课税、关税、利率和汇率等贸易限制措施引起的市场不完全则导致跨国公司通过国外生产加以利用，形成对外直接投资。

西方学术界认为垄断优势理论标志着跨国公司问题从传统的贸易、金融等理论中分离出来，成为一个独立的研究领域。但这一理论研究是以美国制造业跨国公司为研究对象，没能很好地解释其他发达国家如日本、其他行业如服务业等的跨国经营行为，更不能解释不具备垄断优势的发展中国家的对外直接投资问题。

二、内部化理论

1976年，巴克利（P. L. Buckley）和卡森（M. C. Casson）在《跨国公司的未来》一书中把科斯的成本交易理论运用在国外直接投资理论，特别运用在对跨国公司的研究上，发展了市场内部化学说[1]。与垄断优势理论不同，内部化理论开辟了全新的研究思路，有力地解释了1970年以来迅速发展的国际直接投资发展趋势，在其产生后相当长的时间内被誉为跨国公司理论的核心，直至今天，这一理论依然是跨国直接投资理论的主流学说之一。

---

[1] P. J. Buckley/M. C. Casson, *The future of the Multinational Enterprise*, London, 1976, p. 98.

内部化理论分析问题的基本前提是市场的不完全性特征，其主要观点为跨国公司和对外直接投资是市场内部化进程的产物。市场内部化的概念被界定为：在市场不完全性的影响下，为克服外部市场失灵及其导致的市场交易成本增加，通过跨国直接投资的途径，在母公司及其子公司之间建立起内部市场，从而实现外部市场的内部化。这里的市场不完全性特征主要体现在中间产品市场，主要包括半成品、内部技术、信息、营销、及管理经验等无形资产。由此可知，内部化理论阐明了如下事实：（1）企业以内部管理机制代替了市场机制协调企业资源配置及经营活动；（2）资源在企业内部转移可使交易成本控制在最低水平；（3）存在依存关系而又彼此分散的各项产销活动由此实现了统一控制；（4）避免了交易双方的不稳定性，利用价格转移获取最大效益。

不难看出，企业对外直接投资的真正动因不在于其拥有某种特定技术的优势，而是其有能力充分利用内部交易转移这种优势。内部交易的优势体现在，通过企业内部组织体系和信息网络进行交易将低于外部交易的成本，企业进行直接投资就可以较低成本把优势转移到国外，从而全面控制自己的优势，尽可能地利用其优势获取经济收益。此外，该理论并不仅仅强调企业本身具备的特定优势，而是注重阐述企业在内部化中持续地整合优势发展壮大。内部化理论将传统的微观经济理论与交易成本理论相结合，就中间产品与最终产品市场的不完全性做了区分，对对外直接投资理论产生了重大影响，可以用来解释发达国家、发展中国家与服务型跨国公司的对外投资行为，但对于企业内部市场交易的外部影响因素如国家政策等及其影响程度考虑较为欠缺。

三、产品生命周期理论

1966年，美国哈佛大学教授弗农（Raymond Vernon）首次提出产品生命周期理论（Production Life Cycle Theory）[①]，将制造业产品生命周期划分为新产品、成熟产品及标准化产品三个阶段，并分析了不同阶段产品的生产和消费特点、资源和市场要求及相应的贸易和对外直接投资模式。由于发达国家拥有先进的生产技术，又有充裕的资金不断用于新产品研发，因此，新产品一般由发达国家率先开发出来，在一段时期内市场上很少出现模仿者，产品能以较高价格出售并且较为畅销。但生产技术扩散后，市场上总会有新企业加入生产该产品的行列，竞争企业因而增多。面对国内企业的竞争态势和逐渐饱和的市场，原生产企业为保持自身优势，可能会选择往其他发达国家出口产品或直接投资。产品生产工艺标准化之后，将有越来越多的企业参与生产、分享利润，消费者就拥有了更多主动权，原设在发达国家的子公司为了获得规模效应，一般会选择往发展中国家出口产品或直接投资。随后，弗农引入了国际寡占行为予以补充，小路易斯·T. 威尔斯（L. T. Jr. Wells）等人又在此理论基础上进行了扩展[②]。

弗农的产品生命周期理论在研究企业的跨国经营行为时，将国际贸易和国际投资视为一个整体，将企业垄断优势与东道国区位优势相结合，揭示了出口企业转向直接投资的动因、条件和转换过程，有力诠释了美国在20世纪50年代对西欧及发展中国家的投资行为，并对跨国公司理论的发展有较大影响。但该理论也存在明显的缺陷，它无法解释其他发达国家如日本、西欧国家对美国的大规模投资行为，也无法解释发展中国家对发达国家直接

---

① R. Vernon, International Investment and International Trade in the Product Cycle. *Quarterly Journal of Economics*, vol. 80, (May 1966), p. 190 – 207.

② Loris T. Wells, Jr. , *The Product Life Cycle and International Trade*, Boston: Harvard University Press, 1972.

投资迅速增加的事实。此外,还有很多跨国公司直接在东道国进行研究开发及新产品销售,也并不符合产品生命周期理论提供的模式。弗农对此现象的解释是,第二次世界大战之后美国与其他国家的技术差距在缩小,跨国公司逐步在全球布局自己的市场和网络。

四、边际产业扩张理论

日本经济学家小岛清(K. Kojima)丰富和发展了国际直接投资理论,他运用国际贸易理论中资源禀赋差异导致比较成本差异的原理,考察分析了日本对外直接投资行为的特点,并比较研究了美国和日本的对外直接投资,在此基础上提出了边际产业扩张理论。小岛清在1978年系统阐述了边际产业扩张理论。他从企业比较优势动态变迁的视角来分析日本企业境外投资经营,这些论述集中体现在其专著《对外直接投资论:日本海外直接投资模式》中。这一理论的主要观点是:一个国家应将本国的各项产业按照比较优劣势排序,做出对外直接投资决策时首先考虑劣势产业,这些产业同时也是被投资国家具有比较优势的产业,也称为边际产业[①]。日本企业首先将排序最后的比较劣势产业转移到国外生产,随后逐步将比较劣势企业转移出去,投资国与被投资国可以得到互利共赢,一方面有力推动了日本对外贸易的繁荣发展,并进一步调整了本国的产业结构,另一方面也帮助被投资国家或地区发展其比较优势产业,并调整产业结构,由此两国社会福利得以提高,国际分工也更加合理化。

边际产业扩张理论把微观分析作为前提和基础,着重从宏观

---

① 小岛清著、周宝廉译:《对外贸易论》,南开大学出版社1987年版,第442-453页。

动态角度来考察分析跨国直接投资。该理论认为，应从国际分工的比较成本视角来分析跨国直接投资的决定性因素。与其他相关理论比较可知，该理论所主张的比较优势理论具有如下特征：（1）跨国投资企业与被投资国的技术差距越近越有优势，这是因为在此情况下更容易在被投资国特别是发展中国家找到契合点，更容易占领被投资国的市场；（2）在制造业投资中，中小企业更适合被投资国的生产要素特点，比大企业更容易获得优势；（3）垄断和寡头都不是投资国和被投资国所需要的。

小岛清提出的理论与凭借技术垄断优势、寡头垄断行动和凭借企业内部统一化的巨型跨国公司活动的"美国式"对外投资，具有明显区别。但这种理论是在含有严格假设前提条件的赫克歇尔－俄林模型下对国际贸易与直接投资进行的分析，反映了特定历史条件下日本的实践活动，并不具有普遍意义。

五、国际生产折衷理论

1977年，英国经济学家邓宁（J. H. Dunning）提出国际生产折衷理论，他主张在研究跨国公司国际生产活动时充分吸取前述各派理论的优点，并于1981年系统阐述了这一理论。其后，邓宁发表了一系列著作，不断补充细化该理论。企业跨国经营主要有出口贸易、技术许可和对外直接投资等三种方式，国际生产折衷理论适合于解释以上各种跨国经营行为的动机和条件。该理论认为，一国企业跨国经营必须具备所有权、内部化及区位等三种优势中的一种或多种，只有同时具备三种优势的企业才能以对外直接投资方式进入国际市场。所谓"所有权优势"或称为"垄断优势"、"竞争优势"，是指由于独占无形资产或规模经济所产生的优势。内部化优势指为克服市场缺陷，通过内部化减少市场交易成本，保证从自己的资产优势上获得最大租金。区位优势是指东道国特有的优势要素，包括硬环境和软环境，比如地理交通区位、基础设施条件、区内自然资源分布、特有的市场结构、政治经济法律制度特点等。这些优势不仅影响企业进入国际市场方式（对外直接投资、出口贸易与技术转让）的选择与区位选择，而且影响企业的国际市场战略选择。

跨国公司拥有三种优势的根本原因是不流动的国际资源在各国间的非均衡分布以及国际市场存在"缺陷"。在跨国公司对外投资方式的影响因素中，所有权优势是必要条件，内部化和区位优势是充分条件。企业将知识产品的生产和流通实现了内部化，把不完全的外部市场也实现内部化运作，形成了内部优势，否则，就必须通过技术许可和外部合同行为，或者采取进出口及其他外部交易形式。企业进入国外市场的方式及其拥有的优势类型如表2-1所示。

表2-1　企业拥有的优势类型和进入国外市场的方式

方式＼优势	所有权优势	区位优势	内部化优势
出口贸易	√	√	
技术许可	√		
对外直接投资	√	√	√

资料来源：J. H. Dunning, International Production and the Multinational Enterprises, George Allen & Unwin, London, 1981.

国际生产折衷理论从不同的经济理论中吸收合理成分，具有高度的概括性，试图对跨国公司行为做出一个更为全面合理的解释，尽可能多地分析各种投资形式；该理论体现出较强的适用性，可以对各类国家的对外投资和跨国经营进行解释，同时适用于对发达国家和发展中国家对外投资行为的分析阐释。但该理论因此也显得更为复杂化，难以在实践中进行检验。此外，国际生产折衷理论并未将所有权优势、内部化优势与区位优势三种因素赋予不同的比重，也缺乏动态性分析，对于研究新时代背景下的企业国际化行为并不完全适用。

第二节 会计师事务所规模化发展相关理论

一、规模经济理论与事务所规模化发展

（一）规模经济理论的形成和发展

规模经济的基本含义是，在技术条件不变的情况下，通过扩大生产规模的方式，若使生产单位产品的平均成本出现递减（或递增），则表明在该区间内存在规模经济（或规模不经济）[1]。古典的规模经济学说可以说起源于亚当·斯密（Adam Smith），他的经典著作《国富论》（1776）详细阐述了劳动分工和规模生产，他说劳动分工带来了劳动生产效率的最大提高，表现出劳动的更大的熟练、更好的技巧和更高的判断力。劳动的专业化分工，导致单个劳动者的劳动行为越来越简单，从而最大程度地提高了劳动程度，避免了不同劳动间的转换所带来的时间浪费，同时，从设备使用的角度来看，专业分工促使专业化设备不断优化，产品生产的规模化使分摊到单位产品的机器设备成本不断降低。斯密的理论是对规模经济的一种古典解释，由于劳动分工带来了规模化生产，规模化生产又促进了劳动分工的扩大。

现代意义上的规模经济理论以阿尔弗雷德·马歇尔（Alfred

---

[1] 杨蕙馨：《产业组织理论》，经济科学出版社2007年版，第102页。

Marshall)、张伯伦（E. H. Chamberlin）、罗宾逊（Joan Robinson）和贝恩（J. S. Bain）等为主要代表人物，主要解释的是大批量生产的规模经济性。马歇尔在其专著《经济学原理》中阐述了以下观点：（1）规模生产组织的优势更清晰地表现在工业上，规模生产的工厂优势表现在专门机构的进一步划分和强化，包括采购、技术、经营、管理以及销售等。（2）规模经济的形成有两种途径，一种是从内部视角出发，单个企业通过提高资源利用效率和组织管理经营效益的方式实现，另外一种是从外部视角出发，通过多个企业之间加强联合、有序分工、地域布局等方式达成。（3）在企业生产规模不断扩大的过程中，其规模报酬将按顺序经过递增、不变和递减三个阶段，此即规模经济报酬的变化规律。（4）当企业生产规模扩大到一定程度时，市场上将出现垄断现象，而垄断将严重破坏市场上的价格形成机制，从而失去完全竞争市场带来的优势，此即"马歇尔冲突"理论。在此之后，针对这一理论，英国经济学家罗宾逊和美国经济学家张伯伦创造了垄断竞争的理论，有效补充了传统规模经济理论。

美国经济学家保罗·萨缪尔森（Paul A. Samuelson）在《经济学》论述了企业组织生产最强有力的因素在于大规模生产的经济性，效率必然要求生产的大规模化，以及筹集巨额资金和对生产活动的严格监管。美国哈佛大学教授哈维·莱宾斯坦（Harvey Leeibenstein）的 X 效率理论认为，大企业尤其是垄断型大企业内部资源效率降低，难以实现企业成本最小化、企业利润最大化的经营目标，原因是他们面临外部市场竞争压力比中小企业要小，而其内部组织机构复杂，层级多，制度设计容易出现内部问题和弊端。这就是单个企业规模经济发展的内部制约，也就是所谓的"X 低效率"。莱宾斯坦认为与 X 低效率相比，配置的低效率仅仅是一个小问题。X 效率理论认为企业的效率和经营目标的实现取决于企业内部个人的努力程度，而这努力程度又受制于该企业经营管理的效率。

(二) 规模经济理论在事务所规模化发展中的应用

规模经济的核心是企业经营中投入与产出的关系问题，即在其他条件不变的情况下，随着资源投入的增加，产出的速率高于投入的速率。审计行业是一个规模经济效应较为明显的行业（刘明辉和徐正刚，2005）。由于事务所的特殊性，成本及产出资料难以获取，我们通常无法直接分析事务所的成本效益，本书尝试从以下三个方面来解释事务所规模化发展可能产生的规模经济效应。

(1) 事务所所属资产专用性程度比较低，为通过扩大规模降低平均成本提供了必要条件。Williamson（2001）的资产专用性理论，将资产专用性划分成六大类，包括：人力资本专用性、场地专用性、物质资产专用性、专项资产专用性、品牌资产专用性，以及临时专用性。资产专用性程度高，那么相对应的资产的转移和流动成本就高，与之相反，资产专用性程度低，那么相对应的资产流动和转移的成本就低，企业业务扩张、对外发展就相对容易和便捷。对于事务所而言，场地、物质资产和品牌资产的专用性程度非常低，在某种程度上来说，这些资产几乎不存在专用性。与此同时，临时专用性资产的专用性程度也非常低，因为临时专用性资产在一定时间段以后是可以转换成通用资产的。针对特有行业，一些大型事务所形成了该行业特有的经验和专业人才资源，以及特定行业的管理程序，但是，这些专用性较强资产往往只存在大型事务所中，他们降低了其他通用性资产形成的规模经济性，增加了事务所转移资源和拓展业务的经济成本。大规模事务所具备了某些行业的审计专长，在这些行业就更容易吸引到新的客户，从而达到市场份额增加的目的（Danos &

Eichenseher, 1982; Williams, 1988)。

(2) 事务所提供的审计产品质量有别,规模扩张有利于维持稳定的市场份额并获得审计收费溢价。不同的事务所提供的审计服务产品是异质的,但审计质量目前还难以用统一的标准进行衡量,学术界常用事务所规模作为其替代变量。审计质量取决于审计师的独立性和专业能力两个基本因素(DeAngelo, 1981),规模大的事务所独立性约束能力更强(Watts 和 Zimmerman, 1981),"准租金"的担保作用也使得规模大的事务所独立性更强(DeAngelo, 1981),加上规模扩大可以提高事务所的专业化程度(Sullivan, 2002)和审计师的专业能力[①],因而事务所规模越大,审计质量越高。在此影响下,规模大的事务所因在审计质量上的优势地位,吸引了大部分的投资和客户,带来了投资和市场的集中,其服务价格随之提高。Moizer(1997)发现,规模越大的事务所,审计服务定价越高。

(3) 事务所规模扩大有利于开展多元化经营、降低经营风险。Samuels 和 Smyth(1968)认为,企业规模越大,经营种类就越多样化,利润波动就越小。审计和非审计服务的联合提供会产生范围经济(Antle 和 Demski, 1991; Arrunada, 2000),原因在于审计和非审计服务利用的信息类型是基本相同的,这样,信息的合并统筹使用带来了知识经验的价值提升,必然带来事务所工作效率的提高。同时,服务提供者与客户之间的信息不对称导致高额交易成本的存在。从服务对象的角度来看,通过同一家服务机构可以同时获取审计和非审计服务,必然比从不同的服务机

---

① 事务所规模扩大后,客户数量会增加,事务所通过各审计师拥有的专业知识也随之增加。事务所培训课程的共享、审计师之间的沟通还会出现知识外溢效应,事务所规模越扩大,外溢效应也就越大,越有利于审计师专业能力的提高。

构来获取同样的服务所付出的成本要低。规模化发展可以促使事务所不断拓展业务范围，扩大经营边界，稀释经营风险。国际四大会计师事务所（以下简称"国际四大"或"四大"）早已突破传统的审计等鉴证业务，不断开拓新的业务领域，管理咨询、税务筹划等非审计服务因其具有需求广泛、风险小、边际利润远高于审计服务的特点，已成为国际大型事务所的主要利润来源。

二、交易费用理论与事务所规模化发展

（一）交易费用理论的形成和发展

1. 交易费用理论的创始

罗纳德·科斯（Ronald·Coase）是交易费用理论的创始人，其思想的代表论著是《企业的性质》和《社会成本问题》。科斯认为，市场交易是有成本的，需要付出相应代价，即"使用价格机制是有代价的"。为了执行一项市场交易，必须要付出的成本包括寻找交易对象、表达交易意愿、展示交易条件、洽谈交易条款、交易行为的进行等费用和代价等。交易费用的高低决定了交易进行的难易程度。科斯的核心思想是：指出零交易成本是非常具有局限性的；交易是存在成本的；可行的组织形式的相互替代应通过比较制度分析来考察，原因是所有可行的组织形式都存在缺陷；必须对合同内容及过程、组织内部进行微观的分析考察。

2. 交易费用理论的发展和完善

主要代表性的经济学家是威廉姆森（Williamson），其主要观点如下：（1）将交易费用进一步分为交易前费用及交易后费用。事前的交易费用基本内涵是，鉴于未来的不确定性，需在交易前明确双方的权利义务所付出的成本和代价。事后的交易费用是指交易合同签订以后，为协商解决合同本身的问题而发生的成

本费用。具体包括以下三种成本：一是为开展持久友好合作而所花费的费用，二是对有误的交易内容进行更正所付出的代价，三是为取消交易所需付出的经济成本和机会成本。（2）对交易费用的影响因素进行了系统的理论分析。交易费用的影响因素包括信息的不对称、自然和社会环境、人或组织的非理性决策等，这些都是市场与企业间转换关系的构成要素。

3. 交易费用理论的基本内容和观点

交易费用理论主要考察探讨被新古典经济学所忽略的重大命题，主要从两种不同管理机制的角度来分析探讨企业与市场的关系，特别是企业与市场的缺陷及相互之间的互补性，从这个角度来分析企业产生和发展的根本动因。该理论创造性地提出了市场组织机构及行为发生和变化的决定性因素是交易费用，同时系统地论证了如下基本论点：（1）企业能够通过内部管理和转移等方式替代市场进行交易。（2）企业有动力取代市场进行交易是由于可能减少交易费用。（3）在一定程度上来说，正是因为存在市场交易费用，才决定了企业存在的价值，市场交易费用是企业产生的根本原因。（4）企业内化市场交易也会产生额外的费用，在企业中表现为管理费用，当企业内部管理费用的增加量与节约的外部市场交易费用量趋于相等时，企业将失去扩大发展的动力，其规模和边界将趋于稳定。（5）市场交易费用的客观存在，导致企业会最大程度进行降低交易费用的努力，这构成了企业组织结构发展变化的唯一的推动力[①]。

（二）交易费用理论在事务所规模化发展中的应用

事务所是一种特殊的企业类型，同样适用交易费用理论，一方面，事务所规模扩张可以在一定程度上减少市场交易费用，另

---

① 卢现祥：《新制度经济学》，武汉大学出版社2011年版，第60页。

一方面，当事务所规模扩大导致内部组织管理成本趋于与其减少的外部市场交易费用相同时，其规模的边界也就趋于稳定了。周红（2002）通过比较法国、英国、美国的审计市场集中度，发现我国审计市场的突出特点是大事务所太小、小事务所太少，因此，事务所规模化发展是现阶段我国注册会计师行业发展的必经之路。

事务所规模扩张会带来交易成本的降低，主要体现在以下两个方面：（1）避免削价损失。事务所大多通过合并重组等方式来扩大规模，市场上竞争对手数量减少，对手之间压价行为减少，在一定程度上遏制了恶性竞争，既避免了削价损失，也能降低市场拓展成本。（2）内部组织费用降低。规模经济效应的存在可以降低大型企业的组织成本，大规模事务所可以在更大范围内调配人财物等各种资源，促进资源合理配置，事务所也更有能力建立严格的执业规范体系和提供更完善的人力资源培训和保障体系，从而有效降低事务所的组织费用。但事务所扩张过程中也会带来一些额外管理成本的增加，因此，事务所扩张的规模必须考虑适度，这个度就是规模扩大带来内部管理成本的增加必须低于所节省的交易费用，也就是说，如果超过一定的规模边界，由于组织结构的复杂、管理体系的庞大、人员规模的扩张，将带来组织管理效率的降低、人力资源激励机制的失效、组织与人员内部消耗增大、内部动力降低，那么其内部交易成本上升，从而削弱了规模发展的经济性。当然，不同的企业其最佳的度是完全不同的。因此，当内化的组织成本超过因此所节约的交易费用时，事务所可能不会选择扩张，而是走向分立。

三、声誉理论与事务所规模化发展

（一）声誉理论的形成和发展

亚当·斯密以来，经济学一直认为声誉是保障契约能够得到忠实执行的重要保障。Telser（1980）的理论认为，双方缔结合同后，为避免失去未来的收益，即使是合同当事人认识到对方是自私的狭隘的，有潜在的机会主义行为，但由于对自身声誉的考量，契约约定的交易仍然能够自动实施下去。按照新制度经济学的观点，对声誉的重视会对企业或个人的行为起到激励作用，这也是一种正面的积极的社会意识形态层面上的精神资本，它能够降低经济活动中的道德风险。Kreps和Wilson（1982）认为，长期以来，在声誉研究领域没有应用经济学模型等实证方法，仅仅局限于理论研究，存在一定的研究方法缺陷。随着20世纪70年代博弈论在经济学研究领域得到广泛运用，应用于声誉理论的研究也日渐增多，目前主要有三种常见的声誉理论[①]。

1. 标准的声誉理论

1982年，Kreps等学者创立了标准的声誉模型，目的是解决"连锁店悖论"。"连锁店悖论"的基本原理是，当信息被充分知晓时，有限次重复博弈不可能使参与人选择合作的行为。此时，由于参与人没有建立良好声誉的动力，所以不需要对声誉进行解释。该理论认为，多阶段博弈中，参与人试图在早期获得是"好人"或"坏人"的一种声誉，但这种现象并没有被正式的有限博弈理论分析[②]。标准的声誉模型将不完全信息引入了有限次重复博弈，并引入好的类型和承诺类型等两种参与人，第一种类型属于竞争力强大的组织，可以自主决定自身的努力程度，第二种类型则应承诺其本身可以承担的行为。其研究结论为，一段时间里，第一种组织往往以冒仿第二种组织的方式来获得声誉。

[①] 余津津："现代西方声誉理论述评"，《当代财经》，2003年第11期，第18-22页。

[②] 余津津："国外声誉理论研究综述"，《经济纵横》，2003年第10期，第60-63页。

Fudenberg 和 Levine（1992）修订和发展了标准声誉理论，他们建立了服务对象能认识到企业行动的噪声信号的假设，创立了"不完美公众监督模型"，从而修正了"完美公众监督模型"。

2. 声誉交易理论

声誉交易理论的基本观点有如下几个方面：其一，声誉在企业与顾客的重复交易中能发挥重要作用，在企业不顾声誉肆意违约的情况下，将可能丧失部分市场，企业声誉的价值就等于市场损失的价值与因违约所得的差额。从根本性的长远盈利的目的出发，企业有动力为自身的商业声誉而付出投资和努力，同时具有惩戒交易对象的违约行为。其二，声誉是企业重要的无形资产之一。企业声誉内含于企业的名称中，通过企业名称表现出来。其三，声誉具有可交易性的特征。在声誉交易中，不同类型的企业将获得不同的利益。其四，声誉是优良企业与较差企业相区别的重要识别特征。其五，声誉效应有维持效应和建立效应。声誉的维持效应表现在，良好的企业比较差的企业更有积极性来维持自身良好的声誉，声誉的建立效应是指优质的企业比其他企业更有动力和积极性建立自己的声誉。当然，该理论应用的前提是经济主体的声誉被视为一项资产。

3. 声誉信息理论

声誉信息理论主要包括以下观点：第一，声誉是反映企业交易行为特征的信息。声誉信息网络是市场交易主体与相关者之间交流、传播形成的，在此过程中，信息失效、信息传递成本将大幅降低，市场透明度得到提高，市场交易成本得到有效降低。Macaulav（1963）认为商号间的信息交流可以替代正式合同和公共法律体系，降低搜寻成本，减少可能出现的逆向选择等问题。声誉信息网络及流动机制可以限制交易主体的机会主义行为，并拓展市场交易范围。第二，声誉信息流有两种形成渠道。其一是由企业各自的行为自发形成,这种往往是短期的,具有增强市场主体的市场信息网络的作用,其二是由市场的第三方机构比如行业协会、信誉评价机构产生的,这种是具有长效性的,可信度较高,往往是以正式的报告文本的方式发布。第三,声誉信息系统是一种信号传递机制,能够汇集和展示已经发生的交易信息,同时把未来较差的市场声誉与当前的投机市场行为相匹配。第四,声誉信息系统同时也具备质量鉴别和搜寻的功能,通过声誉信息系统,高质量的服务及产品将很容易与一般产品和服务区别开来,也会更准确地被搜寻到。第五,声誉机制是社会交往的必然结果,市场主体、服务对象以不同的方式在不同的距离之间相互进行信息交流。在声誉信息网络中,市场交易对象(顾客)之间可以交换信息,他们发现的企业机会主义行为信息可以得到共享。

(二)声誉理论在事务所规模化发展中的应用

声誉的激励作用主要通过三种机制来实现:一是声誉的信息机制,二是声誉的资本机制,三是声誉的满足机制。根据声誉信息理论,声誉信息的广泛传播能够提高市场的运行效率,在审计市场信息不对称的情况下,声誉的信息机制能够降低企业的搜寻和甄别成本,减少逆向选择的可能性,也能引导那些注重长期利益的事务所做出理性选择,同时得到隐性激励的回报,肯定和鼓励其注重声誉行为的效果。声誉的资本机制的原理是拥有良好声誉的事务所通过声誉的品牌效应,能够吸引到优质客户并获取超额收益。声誉的满足机制是指拥有良好声誉的事务所会得到人们的尊重、认可,并带来更多客户。

事务所做强做大与竞争性市场的声誉机制是一致的。Klein(1981)认为,事务所为确保特定客户的准租金,会不断提高和维持声誉。Reynolds 和 Francis(2001)发现,国际"五大"的审计师对声誉的影响较为重视，对大客户的审计更加保守。DeAngelo（1981）认为，"准租金"的担保作用使规模大的事务所更受信赖，因而大所具有更高的声誉。事务所规模扩大通常伴随着人员结构的优化、技术领域的拓展和服务水平的提高，因此，规模大的事务所更有利于良好声誉机制的维持。根据声誉交易理论，大规模事务所往往能因拥有良好的口碑而得到广大客户的认可，相应地，这又会激励这些事务所为保持住良好口碑投入更多成本，从而形成一个不断维持提高声誉的良性循环。

事务所希望通过规模扩张形成并提高声誉，一方面向外界传递审计质量更高的信号，另一方面获得更高的审计收费溢价。好的声誉形成之后，事务所还能掌握谈判主动权，节省契约执行过程中的交易成本，吸收更多有行业专长[①]的CPA，促进声誉的进一步提高。事务所规模扩大后，将不断调整和掌握新的核心能力，保持自身声誉的连续性和可信性，从而在激烈的市场竞争中获胜。声誉的提高最终会有利于事务所审计质量的提高、审计定价的增长，以及做强做大目标的实现。企业声誉就是身份和形象[②]两者的结合（Davies，2003）。事务所声誉一旦毁损，客户对其的直接惩罚是不再聘任该事务所，投资者的间接惩罚是不再信任该事务所而大量抛售其审计客户的股票，当涉及利益重大时，事务所还可能遭到诉讼甚至面临破产。由于审计市场的逆向选择和机会主义时有发生，声誉机制被认为是审计质量控制的一种好方法，它能为事务所提高审计质量提供更强的动力。

---

① 有学者认为，行业专长其实也是一种声誉。行业专长体现出的审计服务差异化能帮助事务所形成独特的竞争优势，产生不同的声誉信号传递效果。

② 按照Davies的分析，身份是指企业内部员工如何看待企业，形象是指企业外部的利益相关者如何看待企业，特别是客户的看法。

第三节 企业战略相关理论

一、战略的定义

"战略"一词在我国自古有之。公元 3 世纪末，西晋史学家司马彪所著的《战略》一书是目前见到的最早的战略专著。西方国家的 strategy 一词最早出现在公元 6 世纪，直到 18 世纪才被运用于军事书籍中。由于各个国家、政治集团、战略学派所处的环境、地位和利益不同，当今世界几乎找不到两个完全相同的关于战略的定义。其中最具代表性的观点大致有以下几种：

英国军事理论学家里德尔·哈特认为，战略所研究的不只限于兵力的调动，而且要考虑兵力调动的效果，战略是一种分配和运用军事手段以求达到政治目的的艺术。毛泽东提出，战略问题是研究战争全局规律性的东西。他认为，只要有战争，就应该有战争全局。世界、一国、一个独立的游击区，乃至一个大的独立作战方面，凡属又要照顾各方面和各阶段性质的，都是战争的全局。毛泽东所下的定义，突出了战略的全局性、规律性，指出战略是着眼于全局的整体筹划，而不是对某一局部问题的具体回答，从而在哲学高度上对战略进行了科学界定。苏联军方在《军事战略》一书中提出，战略是"关于为一定阶级的利益而服务的战争，即武装斗争规律的科学知识体系。它是在研究以往战争经验、军事政治形势、国家的经济和精神力量、新式武器和预想敌人的观点和力量的基础上，探讨未来战争的条件和性质、准备和进行未来战争的方法、各军种及其战略使用原则、物质技术保障原则、战争指导原则和军队领导原则的科学"。美国军方在

《美国军语词典》(1953) 中定义:"军事战略是运用一国武装力量,通过武力或以武力相威胁,达成国家政策的各项目标的艺术和科学。"在这一定义的基础上,曾任美国参谋长联席会议主席的泰勒(1981)指出,战略包含目的、方法、手段三个要素,可以表示为战略=目的(追求的目标)+途径(行动方案)+手段(实现目标的工具)。

二、战略与战术的区别

在军事上,战略和战术有很重要的区别,前者是指为了获得有利的军事目标而调度兵力的总体计划的部署,而后者则是有关特定军事行动的具体方案。里德尔·哈特也提到:"会战当中军事力量的运用,即这些兵力的作战部署和直接行动的指挥,属于战术的范畴。"如果说战术考虑的是如何赢得战斗或战役的胜利,那么战略考虑得是如何赢得战争的胜利。换句话说,为了实现既定的战略目标,下级指挥员要服从统帅的战略部署并要制定具体的作战方案,即战术是围绕战略而制定的。

三、企业战略的定义和内容

战略最早出现在军事领域,其运用于企业经营活动之中,就有了企业战略。企业战略不仅涉及企业的活动、方向和使命,而且需要根据环境的变化加以调整并有助于战略变革的实现。

有关企业战略最早的概念认为,企业战略作为确定组织使命的手段,要明确组织的长期目标、活动程序和资源分配的优先级。这说明,作为最重要的战略实施步骤之一,资源分配(尤其是人力资源)不仅要与企业的主要活动相匹配,而且要符合战略目标一致性的要求。战略管理学家明茨伯格(H. Mintzberg)在总结20世纪企业战略思想演变的基础上,整合了不同阶段各种战略学派的观点，以5个"P"来界定企业战略，即计划（Plan）、模式（Pattern）、定位（Position）、愿景（Perspective）和计谋（Ploy）。

一是计划。企业战略是一种事先的计划，是对未来行动方案的说明和要求。在早期，以理性主义为主要特点的三大学派都认为企业战略是一种计划，强调战略是"行动之前的概念"，然而这种观点随着经营环境的变化受到了各种质疑。应该指出的是，作为一种计划，战略既可以是一般性的，也可以是特殊的计策，后者可以作为制胜竞争对手或敌人的具体手段。

二是模式。企业战略是一种连续一致的决策模式，既包括事前计划的行为，也包括事中反应性的行为，既是"点决策"，也是"过程决策"。这一定义强调战略是一系列行为的结果，通过考察企业目标的不连续性，人们可以对不同战略模式做出区分。企业目标和方向上的阶段性可以用来分析战略模式的一致性。

三是定位。在经营条件越来动态的情况下，企业战略最为重要的就是在事前的理论决策中选择定位，包括目标市场、顾客诉求、经营方式和战略定位。它有助于企业清醒地认识所处的环境、竞争对手的状况，处理好动态环境下的战略承诺、决策和行动之间的关系。

四是愿景。企业战略除定位导向外，还有一部分是以愿景为导向。该观点认为，战略在本质上是一种价值选择，这种选择由个人演化为整个组织的价值追求，通过一定的方式被企业成员拥有和共享，从而变成一种集体意识，成为组织成员保持行为一致的思想基础。

五是计谋。在动态竞争互动中，企业战略的好坏还取决于竞争对手的反应。当企业拥有的资源和能力用于发展其独特的核心能力，而且竞争对手不能用其他方法替代或模仿时，企业就能维持自己的竞争优势。企业战略作为一种计谋和手段，不仅应有很强的针对性，而且还应虚实结合，真假难辨。

在军事上，习惯用战略和战术来区分不同层次和范围的决策，而在企业战略范畴内，通常并不是用战略和战术对上述问题做出处理，而是将战略划分为三个层次：公司战略、经营战略和职能战略。所谓公司战略主要决定企业应该选择哪种类型的经营业务，进入哪些领域；经营战略主要涉及如何在选定的区域内与对手展开有效的竞争。职能战略主要涉及如何使企业的不同职能，如营销、财务和生产等，更好地为各级战略服务，从而提高组织的效率。企业战略按其表现形式，也可以划分为拓展型、稳健型和收缩型三种形态，其中，拓展型的战略又可细分为市场渗透战略、联合经营战略和多元化经营战略。

第四节　会计师事务所国际化战略的界定

一、企业国际化战略的内涵

企业走国际化发展道路在全球范围内已有几百年的历程，在学术界，国际化战略主要是指一个企业的产品或服务在本国之外进行经营的发展战略。随着企业实力的不断增强以及国内市场的不断饱和，企业为了增加产品或服务的输出量，以获得更多利润，就需要开拓新市场。根据现有研究文献，可以将国际化战略分为以下三种类型：（1）本国中心战略，是指以母公司所在国家为中心，母公司控制所有的经营决策权，同时管理模式高度集中于母公司。（2）多国中心战略，是指母公司统一制定经营原则和目标，最大限度给予海外子公司经营决策权，以迅速对当地市场变化作出反应。(3) 全球中心战略,是指建立全球网络系统,通过系统将全球子公司连接起来,充分考虑各市场的不同需求。

根据以上观点,不难发现,企业国际化发展是企业通过其产品、服务、资金或者人才等要素向外输出的过程。企业为在参与国际竞争的过程中避免淘汰,必须制定适应于企业国际化发展的战略。在世界经济全球化愈演愈烈的今天,每个企业都不可避免地成为国际化竞争的主体,企业对于自身国际化战略的制定或选择,决定着企业进行海外经营时的成败。国际化战略是企业对其管理方式、经营决策的再制定程序,其中涉及管理企业人、财、物的手段,也包括产品、服务的营销方法创新与实践等。一般来说,企业的产品及其生产要素在全球市场范围内流动是企业国际化的最初形式,当企业与国际市场建立联系后,这种联系也会进一步推动企业的国际化进程,总体而言是一个良性循环的过程。

二、会计师事务所国际化战略的内涵

会计师事务所属于典型的中介机构,也是一种特殊形式的企业,其主要业务是在广大的会计服务市场中提供审计等鉴证服务,以及会计、税务、法律咨询等相关服务,这些服务即是事务所对市场输出的主要产品。借用前面述及的企业国际化发展战略相关理论,本课题组认为会计师事务所的国际化发展战略是指会计师事务所将自己的鉴证服务、咨询服务等相关服务在全球范围进行经营,同时参与国际竞争的发展战略。

从企业的国际化战略来看,事务所的国际化战略也可以分为本国中心战略、多国中心战略和全球中心战略。事务所的本国中心战略,是指在事务所总部的利益和价值判断下制定的经营战略,主要根据总部所在地市场提供鉴证和咨询服务,对总部当地市场具备深入了解，这样可以在国际经营上节约大量的成本支出，但同时对总部所在地之外的市场服务适应能力较差。事务所的多国中心战略是指事务所在各分部所在市场结合当地实际情况进行经营，如根据当地政策制度，调整服务模式以适应当地需求。但各分部只拥有经营权，事务所总部实施对各分部的目标控制与财务监督。事务所的全球中心战略，是指事务所建立全球商务网络，通过决策网络系统将各分部联系起来，充分考虑各市场的差异，如会计审计相关政策的差异，分别制定不同的经营方式，保证事务所各分部的利益，实现分部与整体利益最大化。

事务所的国际化战略是事务所在国际化经营过程中的发展规划，选择的战略类型不同，很大程度上会影响事务所的国际化进程，决定着事务所国际化的未来发展态势。事务所国际化战略既包括为本土市场提供国际化服务，也包括开发国际市场，拓展海外业务。事务所"走出去"发展是事务所国际化的重要组成部分，包括通过合并等方式做大做强"走出去"，发展海外境外分所或成员所；为国内客户境外投资、上市提供服务；出于服务国内企业国际化的需要而跟随企业"走出去"等。本课题研究的重点是本土事务所如何服务中国企业"走出去"，如何跟随企业"走出去"，从而实现事务所自身的国际化发展。如何选择国际化战略模式，相关事务所应量体裁衣，因其输出产品和服务的特殊性，在制定国际化战略时应充分考虑到其鉴证、咨询等服务的高技术密集性。根据上一节提及的企业战略中的拓展战略以及本节的国际化战略，本课题组认为，会计师事务所国际化战略的实施，很大程度上依赖于其规模化战略、品牌化战略、行业专门化战略和国际化人才战略的有效实施。

我国企业"走出去"现状及存在的主要问题

随着全球经济一体化和金融自由化步伐的不断推进,生产要素的国际流动迅猛发展,为在全球范围内实现资源最佳配置的目标提供了可能。在世界市场上,政治、经济、文化、法理、道德等诸多领域相互影响、相互渗透,进而相互吸收借鉴,甚至相互依存,使民族的局限性和区域的封闭性逐步被打破。任何国家或地区要在经济大潮中立于不败之地,都不能固步自封、裹足不前,都必然主动或被动融入国际经济大潮中去,世界从而走向一体。十一届三中全会将"改革开放"明确为我国的一项基本国策,企业"走出去"战略是我国对外开放基本国策在经济建设领域的重要体现,是我国政府与企业在新的历史背景下主动融入国际市场的重大举措,是我国经济建设发展到一定阶段的必然产物，也是顺应世界市场发展的必然趋势。

第一节 企业"走出去"战略的内涵与意义

一、企业"走出去"战略的涵义

企业"走出去"战略[①]（又称为国际化经营战略、海外经营战略、跨国经营战略或全球经营战略[②]）与"引进来"战略共同构成我国"改革开放"基本国策的两大支柱（后者是指引进国外的先进技术、管理经验、资金、商品和劳务等）。十一届三中全会以来"改革开放"国策的实施以"引进来"战略为契机，其持续成功的推进为实施"走出去"战略创造了条件，积累了丰富的涉外管理经验。企业"走出去"的形式主要包括产品输出和资本输出。对企业"走出去"战略涵义的理解在学术与实务领域有广义与狭义两种不同的解读。其中前者是指我国企业所拥有或可支配的各种资源要素（比如资本、生产技术、产品或劳务、管理乃至企业本身等）走出国门，深度融入国际市场，进行跨国竞争与合作，具体包括货物与服务出口、劳务输出、国际融资、国际旅游以及对外投资等企业跨国经营的各个方面[③]，既包括产品输出，也包括资本输出。狭义的"走出去"战略，

[①] 此处是指企业"走出去"，与课题第一章事务所"走出去"及国际化内涵有一定差异。

[②] 宋维佳："基于 FDI 的我国企业''走出去''战略研究"，东北财经大学硕士学位论文，2006 年。

[③] 宋维佳："基于 FDI 的我国企业''走出去''战略研究"，东北财经大学硕士学位论文，2006 年。

则是指中国企业以资本输出为主的跨国经营行为。企业以对外直接投资方式进入国际市场，参与国际竞争与合作，以资本输出带动和促进生产销售活动向国外拓展和延伸，进而全面提升我国企业的国际竞争力，促进本国经济持续健康发展。

企业"走出去"战略按照输出的内容可以分为两个层次：第一个层次是商品的输出，包括有形的商品（如货物或劳务等）或无形的要素（如生产技术、管理经验等）输出，第二个层次是资本的输出，主要是指对外直接投资，其形式主要有到海外投资建厂和开店。

二、实施"走出去"战略的意义

实施"走出去"战略，是我国积极拓展国际市场、主动应对全球化挑战的战略性举措；是促进我国加快转变经济发展方式、推动产业转型升级、提升综合国力的内在要求；有利于充分利用国际国内两个市场，优化资源配置，拓展发展空间；有利于多层次全方位参与国际或区域经济技术交流、合作与竞争。实施"走出去"战略对我国经济快速稳健发展无论宏观还是微观层面均具有不可替代的战略意义。

（一）宏观层面的意义

从宏观层面讲，企业"走出去"不仅是企业行为，更是关乎我国国民经济持续健康发展的大计。鼓励和支持企业走出国门，有利于发挥比较优势、更好地利用外汇储备；通过进一步扩大对外开放，更大程度、更大范围地参与国际分工、合作与竞争，充分利用国内外两个市场，促进我国与其他国家和地区之间的优势互补、互利互惠、协同发展；可以推动国家经济战略调整，培育新的经济增长点，促进产业结构更趋合理、经济继续高速增长；可以提高国民经济整体素质，提高我国在全球经济中的地位。

（二）微观层面的意义

从微观层面讲，企业"走出去"是以企业为主体的国际化经营战略。国家从战略高度积极推进和实施企业"走出去"，其直接目的就是鼓励有比较优势的国内优质企业走出国门，充分利用既有的经验和资源，进行对外投资和跨国经营，主动参与各种形式的国际经济技术合作与交流，拓展国际市场，开辟新的发展空间；可以规避贸易壁垒和摩擦，降低汇率风险，扩大出口，增强国际竞争力；可以充分利用海外优质资源、优惠政策、先进技术与管理经验，实现可持续发展，提升我国企业参与国际分工、合作与竞争的能力与水平。

第二节　我国企业"走出去"战略的发展阶段与特征

一、我国企业"走出去"战略的发展阶段

改革开放以来，在我国"对外开放，对内搞活"的大政方针指引下，在外资、外企大量"引进来"的同时，还实现了国内资本和企业"走出去"蓬勃发展的良好局面。三十多年来，我国海外投资在数量上显著增长，质量上也取得有目共睹的提升。投资方式从单一化走向多元化，投资区域包含欧美发达国家，也包含发展中国家和地区，投资行业涉及加工制造业、能源业、工程建设等领域。国内学者将中国企业的境外直接投资发展

历程划分为三阶段①（易纲，2013）或四阶段②（冯华，2014；韩师光，2014）。本书在既有研究基础之上，根据我国企业境外直接投资金额的变化③、经济发展特点以及世界经济发展形势，将我国对外直接投资的发展历程划分为三个阶段，即：萌芽起步阶段（1979—2002 年）、迅速发展阶段（2003—2007 年）、战略发展阶段（2008 年至今）。

（一）萌芽起步阶段（1979—2002 年）

这一时期介于改革开放至"走出去"战略正式提出，以政府出台一系列相关政策和企业的探索实践为主要特征。我国政府在改革开放之初就出台了一系列鼓励对外开放的政策，但由于经济基础受到严重破坏亟待恢复重建，而且资本严重缺乏，政策偏向是支持引入外资促进国内经济的发展，在对海外投资方面的政策有所涉及但范围和力度极其有限，因此，对外直接投资处于较低水平，增长缓慢④。

国务院在 1979 年 8 月颁布的《关于经济改革的十五项措施》中提出"出国办企业，发展对外投资"的方针政策，首次将对外投资作为国家政策⑤。1979 年 11 月"京和股份有限公司"的成立，标志着中国海外投资正式起步。1984 年完成了我国海

---

① 易纲："中国企业'走出去'的机遇、风险与政策支持"，《中国市场》，2013 年第 37 期，第 31 页。

② 冯华："我国对外直接投资的回顾与展望"，《山东社会科学》，2014 年第 1 期，第 117 页。

③ 中国 2002 年建立了《对外直接投资统计制度》，因此，1979—2001 年数据整理依据《中国对外经济贸易年鉴》，2003－2011 年数据整理依据《中国对外直接投资统计公报》与《世界投资报告》。

④ 李晓峰、仲启亮："中国对外直接投资发展现状的实证分析"，《战略决策研究》，2012 年第 3 期，第 55 页。

⑤ 杨青、吴琼琼："中国对外直接投资的现状、问题及对策分析"，《中国证券期货》，2013 年第 3 期，第 139 页。

外收购的第一案,即新琼企业有限公司(华润集团与中银集团合资创办)以4.37亿港元收购康力投资有限公司(香港最大的电子上市公司,因财务困境濒临破产倒闭)①。1984年以后,政府逐步意识到对外投资在增强企业国际竞争力、带动国内经济发展中的重要意义和推动作用,各部门先后制定了一系列监督、规范、鼓励和引导对外直接投资活动的规章制度。原对外贸易经济合作部(现商务部,下同)在1984年5月发布了《关于在国外和港澳地区举办非贸易性合资经营企业审批权限和原则的通知》;1985年7月,又发布了《关于在境外开办非贸易性企业的审批程序和管理办法的试行规定》。1985年7月,《关于海外开办非贸易性合资企业的审批程序和管理办法》正式颁布,该管理办法对企业海外直接投资的程序进行了规范与简化,为国内企业从事海外经营活动提供了可资遵循的行为指南。此后,境外投资开始逐渐变得活跃。1985年新增的境外企业77个,而前6年(1979—1984)累计数仅108个(见表2-1),1985年当年新增数占前6年累计总数的72%。随着世界经济一体化程度的不断加深以及中国经济的快速发展,在国际国内环境的共同影响下,我国企业境外直接投资在质和量两方面不断提高。从表2-1中可以看出,中国企业海外直接投资额在1986—1987年间,增长了138.5%,增长了一倍多。

1987年12月,中国国务院正式批准中国化工进出口总公司进行国际化经营试点,标志着中国对外投资进入政府推广阶段。1989年3月6日,国家外汇管理局发布《境外投资外汇管理办法》([89]汇管条字第118号),该文件与1997年12月11日

---

① 冯子标:《企业并购中的经济技术关系》,中国时代经济出版社2000年版,第12—17页。

颁布的《境外外汇账户管理规定》（[97]汇政发字第10号）都是外汇管理方面比较严格的制度。在政府的大力推动下，不少具备条件的大中型国有企业抓住各种契机，积极开展不同领域不同行业的对外直接投资和跨国经营[①]。

1997年9月，中国共产党第十五次代表大会把邓小平理论确定为党的指导思想，首次提出"鼓励能够发挥我国比较优势的对外投资，更好地利用国内国外两个市场、两种资源"。1998年2月，中共十五届二中全会上明确指出："在积极扩大出口的同时，要有领导有步骤地组织和支持一批有实力有优势的国有企业"走出去"，到国外去，主要是到非洲、中亚、中东、中欧、南美等地投资办厂。"这标志着"走出去"战略雏形的基本形成[②]。

以此为背景，中央集中陆续出台了一系列关于促进境外加工贸易业务的配套措施，为"走出去"战略的正式提出奠定基础：1999年1月1日，对外贸易经济合作部、财政部联合发布《关于境外带料加工装配企业有关财务问题的通知》（[1999]外经贸计财发第208号）；1999年2月1日，由外经贸部牵头，多部委（包括国家经贸委、财政部）协作，联合发布《关于鼓励企业开展境外带料加工装配业务的意见》（国办发[1997]17号）以及《境外加工贸易企业周转外汇贷款贴息管理办法》（[1999]外经贸计财发第273号）；1999年4月20日，对外贸易经济合作部与国家外汇管理局协同，联名发布了《关于简化境外带料加工装配业务外汇管理的通知》（[1999]外经贸计财发第195

[①] 赵茵茵、卢进勇："中国对外直接投资现状、问题及对策分析"，《对外经贸实务》，2011年第12期，第8页。

[②] 李平、徐登峰："'走出去'战略：制度形成与改革展望"，《国际经济合作》，2008年第5期，第4页。

号）；1999年5月5日，国家税务总局与对外贸易经济合作部联合发布了《关于境外带料加工装配业务中有关出口退税问题的通知》（国税发［1999］76号）；1999年7月15日，对外贸易经济合作部、财政部、国家经济贸易委员会、中国人民银行等四部门联合下发《境外加工贸易人民币中长期贷款贴息管理办法》（［1999］外经贸计财发第415号）①。如此密集地出台相关的政策制度，政府对我国对外贸易的重视程度可见一斑。

"走出去"战略的明确提出是在世纪之交的2000年。江泽民总书记在通报"三讲"情况的讲话中，向中央政治局全面总结了我国对外开放的经验，并首次将"走出去"战略提升至前所未有的关系到我国发展全局和前途的重大战略之举的高度。2000年10月11日，第十五届中央委员会第五次全体会议上通过的《中共中央关于制定国民经济和社会发展第十个五年计划的建议》中第一次明确提出了"走出去"战略。

从十一届三中全会以来到2002年期间，中国企业海外直接投资经历了改革开放初期的探索起步，到21世纪初期的逐步规范发展，其间海外投资在数量和质量上由于我国政策的变动和经济环境变化经历了稳定性的增长和波动性的调整。"走出去"的企业不多，规模不大（见表3-1）。由于企业在对外投资活动中，置身全新的经营环境，必然会面临比国内经营更大的经营风险和竞争压力，再加上国内政策法规的不完善，对国外相关法制的不甚了解，中国企业普遍承受着巨大的压力。在海外并购过程中，企业经常会因为对各方面问题考虑不全面、对复杂性估计不

---

① 2003年，商务部、财政部、人民银行、国家外汇管理局联合下发了《关于境外加工贸易企业周转外汇贷款贴息和人民币中长期贷款贴息有关问题的补充通知》。该《补充通知》加大了中央外贸发展基金对境外加工贸易项目的支持力度。

足而陷入进退维谷的两难境界。并购成功能够赢利的境外投资企业也不足1/3①。短短几十年间,我国的海外投资企业从数量上看虽然经历了一次又一次的跳跃,但就整体而言,我国的海外投资以及海外并购还处于并将长期处于一个非常基础的初级阶段。在此期间,我国对外投资制度建设由一片空白到逐步建立健全,但主要集中和停留在行政审批和外汇管理领域,投资行业比较广泛,涉及国民经济的各个行业,包括加工装配业、进出口贸易、工程承包、交通运输、咨询服务、百货商店、旅游业、林业、矿业、渔业等②。

表3-1 1984-2002年海外直接投资企业与投资额累计数

年份	年末企业累计数（家）	当年新增（家）	年末累计海外直接投资额（万美元）	当年增加额（万美元）	累计增长百分比（%）
1979-1984	108	—	12673	—	—
1985	185	77	17724	5051	39.9
1986	277	95	25275	7551	42.6
1987	401	124	60275	35000	138.5
1988	570	169	75575	15300	25.4
1989	689	119	98575	23000	30.4
1990	846	157	106045	7470	7.5
1991	1053	207	142745	36700	34.6
1992	1408	355	162245	19500	13.7
1993	1703	295	171845	9600	5.9
1994	1809	106	184045	12200	7.1

① 张小平:"在爱与痛的边缘出海——中国企业海外并购30年沉浮录",《英才》,2009年第8期,第133页。
② 冯华:"我国对外直接投资的回顾与展望",《山东社会科学》,2014年第1期,第118页。

续表

年份	年末企业累计数（家）	当年新增（家）	年末累计海外直接投资额（万美元）	当年增加额（万美元）	累计增长百分比（%）
1995	1928	119	194645	10600	5.8
1996	2134	206	229245	34600	17.8
1997	2445	311	263145	33900	14.8
1998	2754	309	289845	26700	10.1
1999	3064	310	351045	61200	21.1
2000	3384	320	413245	62200	17.7
2001	3696	312	491745	78500	19.0
2002	4046	350	590045	98300	20.0

数据来源：中国对外经济贸易年鉴。

（二）迅速发展阶段（2003－2007年）

中国经济实力的提升和资本的过剩，使得企业寻求海外市场和能源的动机越来越强烈，在此驱动下，中国企业的境外直接投资得到了迅速发展。与此同时，世界经济环境在此期间也发生了巨大改变。尽管仍然存在不同程度的狭隘民族主义、地方保护主义，但总体而言，世界经济变得更加开放，不同国家、不同民族之间加深了了解，相互依存度逐渐加深，互利互惠，合作共赢。各国政府不断建立健全本国的国外直接投资政策和规则，包括放低外国直接投资的门槛、降低关税、减少企业所得税等举措。2001年12月11日，中国正式成为世贸组织成员，在大力引进外资的同时，也为国内企业迅速走向国际化舞台创造了良好的条件、铺平了道路。根据商务部、国家统计局共同制定的《对外直接投资统计制度》（外经贸合发［2002］549号）[①]，2003年1月中国商务部首次对中国对外直接投资进行了统计。截至2002年底，中国对外直接投资净额（非金融类）累计数达到299.2亿美元，其中，2002年新增27亿美元，全年境外企业实现销售收入772亿美元。到2003年底，3439家中国对外直接投资企业（以下简称"境外企业"）累计对外直接投资净额332亿美元。

伴随着海外投资规模的大幅上升，我国在规范和鼓励企业境外直接投资方面的政策也日趋完善。这一阶段的政策制定和政策调整初步形成了中国企业境外直接投资的政策框架体系。2004年7月16日，国务院正式颁布《国务院关于投资体制改革的决定》（国发［2004］20号）（以下简称《决定》），该《决定》为其后有关中国企业境外直接投资的政策制定明确了基本方向，发挥了引导作用，强有力地推动中国企业境外直接投资相关政策框架的全面转型，为中国企业全面开展境外直接投资奠定了坚实的基础。在《决定》的带动下，中国政府在当年又制定颁布了一系列的政策措施，基本构建了一套崭新且相对完善的境外直接投资政策体系，推动中国企业境外直接投资政策体系的发展向前迈出了重要一步[②]。

2004年10月27日，国家发展改革委员会联合中国进出口银行发布《关于对国家鼓励的境外投资重点项目给予信贷支持

---

① 根据国家统计局《部门统计调查项目管理暂行办法》（1999年第4号令）的规定，在借鉴国际组织和有关国家（地区）对外直接投资理论、方法的基础上，结合对外直接投资统计工作中的实际情况，经广泛征求有关部门、企业以及专家、学者的意见，商务部、国家统计局对原统计制度进行了修订和完善。修订后的《对外直接投资统计制度》（商合发〔2004〕645号）自2005年1月1日起执行，原《对外直接投资统计制度》（外经贸合发〔2002〕549号）同时废止。

② 韩师光："中国企业境外直接投资风险问题研究"，吉林大学博士学位论文，2014年，第44页。

有关问题的通知》（发改外资［2004］第2345号），提出了推动企业境外直接投资发展的重要措施和手段，包括安排一定规模的专项信贷资金用于支持国家扶持和鼓励的境外投资重大项目；中国进出口银行给予境外投资专项贷款一定幅度的出口信贷优惠利率。同时，国家发改委联合中国进出口银行创建投资信贷服务机制，为中国企业境外直接投资进行资本援助，促进了企业境外投资项目的顺利实施。2004年11月11日商务部发布了《国别投资经营障碍报告制度》（商合发［2004］558号），完善了中国政府对境外直接投资的监督与服务方面的政策体系。这一系列"走出去"政策，无疑是我国政府基于战略角度考虑为企业境外直接投资增长提供的政策保障。在国内国外各方面日益完善的投资环境驱动下，我国企业的境外直接投资在量上急剧上升，质的方面也得到明显改善，涉及行业多元化日益凸显，分布区域更加广泛。截至2007年底，中国对外直接投资净额（存量）累计达1180亿美元，当年新增（流量）265亿美元，比上年增长26%；7000多家境内投资主体设立海外直接投资企业一万余家；投资区域多达全球173个国家或地区，覆盖面达全球国家（地区）的71%，分布在全球六大洲（其中，亚洲、非洲地区投资覆盖率分别达到90%和81%）；行业分布方面，制造业、批发和零售业、商务服务业占比分别为31%、20%、15.1%（见图3-1）；境外企业设立方式主要是子公司及分支机构（占比达95%，联营公司仅占5%）[①]。这六年间，中国企业境外直接投资快速发展（见表3-2），同时，中国企业境外直接投资质量不断提升，企业抗风险能力不断增强，逐步走向成熟。

---

① 参见商务部新闻办公室网，"2007年度中国全行业对外直接投资统计数据"，2008年10月30日，http://www.doc88.com/p-104548233836.html。

第三章 我国企业"走出去"现状及存在的主要问题

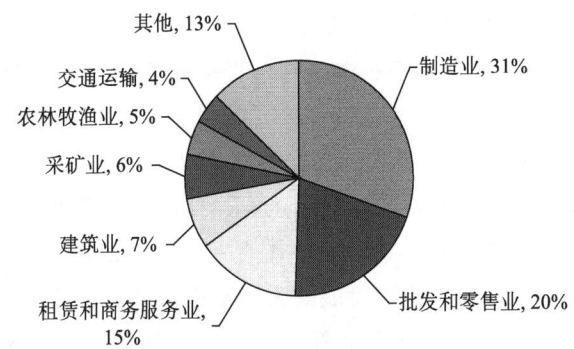

图3-1 2008年中国境外直接投资行业分类

注：其他行业包括信息传输、计算机服务、软件业、房地产业、金融业、居民服务和其他服务等。

表3-2　　2003-2008年海外直接投资存量累计数

年份	年末累计海外直接投资额（亿美元）	当年增加额（亿美元）	累计增长百分比（％）
1979-2002	299	—	—
2003	334	35	11.7
2004	448	114	34.1
2005	572	124	27.7
2006	906.3	334.3	58.4
2007	1179.1	272.8	30.1

数据来源：《中国对外直接投资统计公报》，其中，2002-2005年数据为中国非金融类对外直接投资统计数据，2006年以后为全行业对外直接投资数据。

（三）战略发展阶段（2008年至今）

2008年由美国次贷危机引发的全球金融危机一方面对世界经济造成巨大损失，另一方面又为我国"走出去"战略发展提供了十分重要的契机，激发了各行各业、各种所有制形式的大批中国企业竞相从事海外投资并购的热情，中国对外直接投资从规模和质量上实现了跳跃式发展。《中国对外直接投资统计公报》数据显示，截至2008年底中国对外直接投资增量（流量）达到559.1亿美元，较上年增长111%（其中，当期利润再投资98.9亿美元，占比17.7%），占以前年度累计海外直接投资总额的56%。境外直接投资涉及包括制造业、批发和零售业、租赁和商业服务业、建筑等各行各业（如图3-1），涉及国家更加广泛。金融危机虽然是对外投资发展的天赐良机，但机遇总是与风险并存，"走出去"企业在海外投资过程中遭遇的挑战不断。2009年，中国对外直接投资净额565.3亿美元，较上年仅增长1.1%，但存量仍增长了33.6%。从2009年开始，受全球性金融危机的影响，发达国家金融市场的流动性危机加深了全球金融市场的动荡，各国金融机构紧缩货币政策，世界经济增长速度明显放缓，加之市场对于未来各种不确定性经济前景的普遍担忧等诸多因素影响，在一定程度上抵消了各国政府对外投资政策的刺激作用。中国企业海外并购和海外投资活动明显下降，企业境外直接投资增量放缓，并有动荡之态势（见表3-3）。金融危机之后，我国对外投资流量又出现了稳定增长局面。

表3-3　　　　2003-2013年海外直接投资存量累计数

年份	年末累计海外直接投资额（亿美元）	当年增加额（亿美元）	累计增长百分比（%）
1979-2007	1179.1	—	—
2008	1839.7	559.1	47.4
2009	2457.5	617.8	33.6
2010	3172.1	714.6	29.1
2011	4247.8	1075.7	33.9
2012	5319.4	1071.6	25.2
2013	6397.8	1078.4	20.27

数据来源：《中国对外直接投资统计公报》。

第三章 我国企业"走出去"现状及存在的主要问题

联合国贸易发展组织（United Nations Conference on Trade and Development, UNCTAD）在2011年《世界投资报告》中指出，中国企业境外直接投资年流量保持两位数的高增长，发展势头良好[①]；中国商务部历年《中国对外直接投资统计公报》显示（自2002年以来），中国企业近年来对境外的直接投资发展呈明显跃升趋势，2002－2006年间，中国企业境外直接投资流量以年均近50%的速度增长；截至2010年底，中国境外投资覆盖率达72.7%，共有1.6万多家境外投资企业遍布在世界178个国家和地区，其中亚洲、非洲地区最高，分别达90%和85%。境外直接投资流量也创造了历史最高值，相当于"十五"时期中国企业境外直接投资总额的2.3倍，达到了688.1亿美元；至2011年底，中国企业共对132个国家和地区的三千余家境外企业进行了直接投资，境外直接投资（非金融类）累计达到600.7亿美元，同比增长1.8%[②]。2012年中国海外投资量达到878亿美元的历史新高，首次成为世界第三大对外投资国，而当年以全球视角统计的对外直接投资规模则下降近两成。2013年，中国企业境外直接投资涉及世界156个国家或地区，并且实现了总计5090家境外企业的直接投资，其中非金融境外直接投资累计达到901.7亿美元，同比增长16.8%（采取兼并收购的方式是我国海外直接投资的主要方式，数据显示，2013年我国实现海外并购460.46亿美元）。2014年中国对外直接投资额达1029亿美元，首次突破千亿美元，同比增长14.1%，继续保持世界第三位（见表3－4）。根据2015年《世界投资报告》，2014年全球外国直接投资（FDI）下降了16%，但流入发展中经济体的投资

---

① 联合国贸发组织：《世界投资报告2011》，2011年，第8页。
② 商务部：《中国对外直接投资统计公报》，2003－2012年。

却创新了历史最高记录,其中,中国则首次超过美国一跃成为全球最大 FDI 流入国[①]。

表 3-4　　2013 年世界主要经济体对外直接投资排名 (前 10)

国家	对外直接投资总额 (亿美元)
美国	3383.02
日本	1357.49
中国内地	1078.40
俄罗斯	949.07
中国香港	915.30
英属维尔京群岛	686.28
瑞士	599.61
德国	575.50
加拿大	426.36
荷兰	374.32

数据来源:联合国贸发会议《世界投资报告 2014》。

二、我国企业当前"走出去"的主要特征

随着中国企业"走出去"战略的顺利实施,中国境外企业投资项目和从业人员不断增加,我国企业对外直接投资的持续增长已经成为"中国崛起"的新标志,对外直接投资不仅在数量上稳步提升,在质量上也日益完善,体现在投资行业更加多元,投资区域逐渐扩展,投资结构日趋合理,对中国企业国际竞争力的不断提高以及中国经济的持续快速发展发挥了战略性的推动作

---

① 参见中国新闻网,"《世界投资报告》出炉中国首次成全球最大直接投资流入国",2015 年 6 月 24 日,http://money.163.com/15/0624/22/ASTI9EBL00254TI5.html。

用。中国境外直接投资近年来主要呈现出以下特征。

（一）境外直接投资行业呈多元化发展态势，但行业集中度仍然偏高

中国企业境外直接投资近年逐渐呈现出多元化发展的态势，涉及国民经济各个行业。中国跨境并购（包括海外并购和入境并购）非常活跃。China Venture 的统计数据显示，中国2005至2014年间的跨境并购数量是1995年至2004年10年间并购数量的25倍，而其跨境并购金额是上一个10年的135倍[1]。2013年，除了传统的加工制造业和资源（矿产）产业之外，我国企业在境外多种产业，如金融、建筑、科技、文化、租赁与商务服务、住宿和餐饮等产业领域都表现出强劲的投资势头。但总体来看，中国企业的境外投资业中，采矿业和制造业仍占据十分重要的地位，行业集中度仍然偏高，其中，中国企业2013年企业境外固体矿产（不包括石油）投资项目122例，投资额49.11亿美元。据安永统计，2013年全球采矿业并购案仅有700件，其中，中国境外采矿业并购案就达到20起，共涉及371.88亿美元；制造业并购数量高于采矿业，共计43起，但金额相对较低，共计148.24亿美元；两个产业的并购数量占据海外并购的比重绝对数很大，达到并购金额的78.88%[2]。2014年海外并购交易数量和交易金额均有小幅上升，全年共发生81宗海外并购，交易金额达356.1亿元，平均每宗交易金额4.4亿元，比2013年的平均每宗交易金额4.14亿元略有上升，相比2008年前后交易金额

---

[1] 参见新浪财经网，"跨境并购深度报告：未来10年中国将成最活跃主角"，2015年3月16日，http://finance.sina.com.cn/roll/20150316/125321730388.shtml。

[2] 韩师光："中国企业境外直接投资风险问题研究"，吉林大学博士学位论文，2014年，第48页。

的剧烈波动,近3年交易数量和交易金额基本维持在稳定水平①。

(二) 境外直接投资地域范围不断扩展

投资区域方面,2013年除对欧洲地区有较大下滑外,在其他地区的投资均呈现不同程度的增长。对欧洲地区的投资近60亿美元,同比下降15%;而对其他地区增幅较快,其中大洋洲、非洲、亚洲分别增长52%、34%、17%,对拉丁美洲增幅更是高达133%;对北美洲较上年仅实现0.4%的微增长,基本持平。我国2013年流向发展中国家经济体的投资额9137亿美元,占当年流量总额的85%,同比增长31%。其中,对东盟投资73亿美元,同比增长19%;流向发达国家经济体138亿美元,同比增长2%,占比13%;流向转型经济体23亿美元,同比下降47%②。中国对外直接投资在2013年的流量地区分布情况见表3-5。2014年中国对发达国家投资同比增长较快,对美国投资增长23.9%,对欧盟投资增长1.7倍,远远高于总体增速(参见图3-2)。

表3-5　2013年中国对外直接投资流量地区构成情况

(单位:亿美元)

洲别	金额	同比(%)	比重(%)
亚洲	756.0	16.7	70.1
拉丁美洲	143.6	132.7	13.3
欧洲	59.5	-15.4	5.5

---

① 张金鑫:"2014中国经济可持续发展报告",《2014年中国并购市场报告》,经济网-中国经济周刊,2015年2月9日,http://www.ceweekly.cn/2015/0209/103894.shtml。

② 商务部:《2013年中国对外直接投资统计公报》。

续表

洲别	金额	同比（%）	比重（%）
北美洲	49.0	0.4	4.5
大洋洲	36.6	51.6	3.4
非洲	33.7	33.9	3.2
合计	1078.4	22.8	100.0

数据来源：商务部《2013年中国对外直接投资统计公报》。

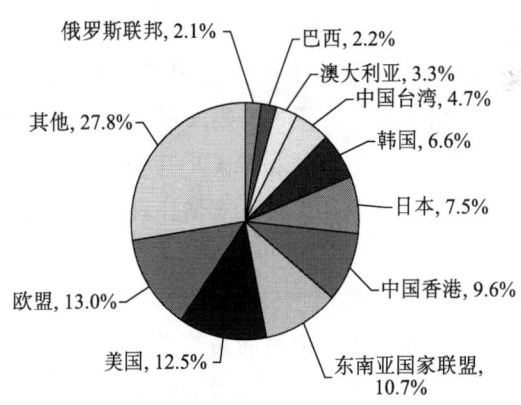

图3-2　2013年中国与前十大贸易伙伴进出口额比重

（三）境外直接投资结构不断调整，生产型投资逐步被消费型投资所取代

在过去相当长一段时间内，我国企业境外直接投资的主要形式是固定资产投资和流动资产投资等生产型投资。经过多年的积累和发展，我国的加工制造业出现了明显的产能过剩、通缩严重，产能过剩最为严重的行业如钢铁、水泥等固定资产投资类产业远远超过国内需求，无法自行消化。其中，钢铁行业在我国制造业中产能过剩现象尤为严重。2012年我国钢产量高达7亿吨（2011年为6.8亿吨），而国内外市场对中国钢铁的需求总量最

多只有5亿吨,供求严重失衡,造成产能过剩①。次贷危机引发的国际金融危机也严重影响到我国的制造业出口,我国制成品的外部需求受到严重打压。受各种因素的影响,以促进生产为目的的传统生产型境外直接投资逐步被消费型直接投资所取代。2013年中国成为高档奢侈品市场全球最大的买家,促进了中国企业对高档消费品行业的境外直接投资。商务部数据显示,2014年中国服务业对外投资明显上升,同比增长27.1%,占对外投资比重接近2/3②。

消费型直接投资对传统生产型直接投资的替代及其快速发展,表明我国经济实现了阶段性跨越发展。我国逐步实现了结构上的转型,摆脱了单纯依赖贸易顺差的出口导向型经济的束缚,从注重利用国际生产资源提高生产效率,到注重国际资源对我国居民消费的支持。

(四)相关政策不断优化,企业境外投资行为不断规范

为了帮助境外投资企业应对动荡的国际经济环境、减少和防范投资风险,中国政府采取了一系列的政策措施,主要包括以下几点:

第一,签署双边或多边投资协议,为中国企业境外直接投资提供了便利与保障。目前我国已经和澳大利亚、东盟、智利、巴基斯坦、新西兰、新加坡、秘鲁、哥斯达黎加、冰岛,以及瑞士签订了自由贸易协定③;自1982年开始,截至2012年9月,中

---

① 张锐:"产能过剩覆压中国制造业",《中国经济导报》,2012年9月27日,http://www.ceh.com.cn/ceh/cjxx/2012/9/27/134523.shtml。

② 中国新闻网,2014年中国对外直接投资首次突破千亿美元,2015年1月16日,http://finance.chinanews.com/cj/2015/01-16/6977506.shtml。

③ 百度百科,http://baike.baidu.com/link?url=qFth0_7sL-KzFdiIiNLuzQS-nWmYYpSDlG3f1GR9ePn-e1rSc XAPNffG3Paji-N0hn8wy3P9fFQhpKfaG3tO-8a。

国政府先后与各大洲共 100 多个国家或地区签署了双边投资协定[①]。另外，中国政府还和中国香港、台湾等地区签署了具有双边投资协议性质的协定，例如 2003 年与香港和澳门签订的《更紧密经贸关系安排》（CEPA 协议），以及 2012 年与台湾签署的《海峡两岸投资保护和促进协议》。

第二，积极引导境外直接投资合作。商务部已建成并运行对外投资合作的信息服务系统，加强各方之间的信息沟通，极大地降低了因信息不及时、不对称导致的风险。中国政府建立了定期公布《中国对外直接投资统计公报》（自 2002 年开始）、《国别贸易投资环境报告》（自 2003 年开始）等统计报告制度，积极引导中国企业进行境外直接投资。

第三，加强企业境外直接投资安全及权益保障。商务部、外交部、发展改革委、公安部、国资委、安全监管总局、全国工商联等七部门于 2010 年 8 月 13 日联合发布了《境外中资企业机构和人员安全管理规定》（商合发〔2010〕313 号），该项规定涉及境外安全风险防范及应对境外安全突发事件的各种应急处置等方面的规定，为防范境外风险、保障境外安全和经济利益有重要意义。

第三节 我国实施企业"走出去"战略当前存在的主要问题

"走出去"是中国企业积极参与国际市场竞争、主动应对

---

① 中华人民共和国商务部条约法律司：我国对外签订双边投资协定一览表，Bilateral Investment Treaty, http://tfs.mofcom.gov.cn/article/Nocategory/201111/20111107819474.shtml。

全球经济一体化，进而实现经济腾飞、民族复兴的需要，也是解决我国经济结构矛盾的重要举措。企业"走出去"主要是为了进一步开拓国际市场和利用境外资源、降低成本、学习先进技术和管理经验，从而提高我国企业的国际竞争力。但是，由于我国企业"走出去"进行跨国投资经营的发展历程较短，经验积累严重欠缺，总体收益并不乐观甚至形势严峻。由于国内当前政策体系不健全、保障体系不完善、大部分企业自身缺乏海外投资经验、对海外投资风险缺乏足够的认识，创建高水平跨国公司的主客观限制因素十分突出，极大地影响和制约企业全面提升"走出去"质量。企业在"走出去"过程中，因为对东道国制度规则不熟悉、文化习俗不了解、风险估计不深入等原因，遇到了来自不同层面、不同程度的困难。据世界银行的一份报告，1/3 的中国对外投资是亏损的，有些企业甚至承受了巨大挫折和无可挽回的经济利益损失。客观地说，我国企业境外直接投资虽然从数量上取得了一定的规模，但在质量方面依然处于探索和起步的初级阶段，与欧美发达国家成熟的跨国企业投资相比较还存在很大差距，企业在海外并购和后续发展方面的经验还严重缺乏，海外经营能力亟待提升①。

一、全球投资环境的不确定性加大了企业"走出去"的经营风险

2008 年以来，由美国次贷危机引发的全球经济危机仍处于持续复苏的关键时期，欧债危机阴霾未散，国际有效需求总体不足，各国出于本位利益的考虑，出台各种贸易保护措施，极大地

---

① 李峰、赵怡虹："新时期我国企业'走出去'的再思考"，《中国市场》，2014 年第 11 期，第 96 页。

阻碍了我国"走出去"的步伐。中国企业海外投资的发展势头引起了少数国家的顾虑、担心，甚至恐惧，认为中国企业大规模进入该国，是对其市场、资源、技术的侵占，甚至认为中国企业在他国经济领域的扩展会威胁其自身国家安全，于是以贸易保护之名采取各种不平等态度对待应对中国的对外投资。

2012年，美国对中国企业华为、中兴、三一重工等投资美国的项目进行干涉，理由是威胁国家安全。欧盟委员会在2012年9月对中国光伏电池发起反倾销调查，实质上都反映了他们对中国经济崛起的担忧和恐惧。国际环境日益复杂多变，使中国企业海外投资风险与日俱增，遭遇贸易壁垒、加大投资成本和风险的可能性增大。

二、管理国际化能力欠缺制约企业"走出去"的整体实力提升

目前，我国企业总体上还处于向现代企业转型时期，同时也处于学习和适应世界经济运行的成长阶段。我国大部分企业进行境外投资、开展跨国经营还只是处于起步阶段，与发达国家的成功跨国企业相比还有很大差距，综合实力和国际竞争经验都处于相对弱势地位。大多数中国企业现有的海外投资，并不是在国际化经营环境中成长起来的经济主体，只不过是"中国式企业"在国外的简单复制，在重大投融资决策、风险管理、系统化运作等方面都缺必要的经验，更缺乏具备从事国际经营管理方面的经验和高端技术的人才。在复杂的国际市场上，这些从事海外投资跨国经营的企业也只是简单地按本土化模式进行管理，这些企业存在产权关系不明晰、风险管控措施不深入、财务管理不规范、经营机制与国际经贸惯例脱节，也不符合当地市场运行规则，对市场反应滞后、应变能力差，呈现规模不大、数量少、供应链脱节、层次低、效率不高的特点。此外，我国境外投资企业对东道国的投资环境、政府职能、税收政策、外资政策、劳工保护制度、工会组织、风土人情、消费文化、国有化风险等诸方面缺乏全面、细致、深入的了解，极容易造成管理漏洞和被动甚至陷入法律纠纷。

对外投资最终是企业决策，企业必须在战略规划、综合治理等方面具有国际视野，才能在激烈的国际竞争中立于不败之地，不断发展壮大。首先，中国企业国际化总体起步较晚，对外投资目标不清晰，战略目标规划能力较弱。相当比例的企业在走出国门前，缺乏对国际市场环境和规则的深入了解，对外投资的长期发展战略目标和路径不清晰，对从事的投资项目缺乏科学论证，缺乏风险意识，草率地展开大规模的国际化投资，结果自然差强人意。其次，我国大多数企业由于历史原因，在国内经营过程中对于大型投资项目管理、大型资本营运项目等方面经验积累不足，"走出去"以后国际化治理能力尤为欠缺，在国际市场上仍然遵循本土化的模式，外部市场主体对其独立性、透明度、信用度常有质疑。另外，我国当前"走出去"的企业缺乏明确的国际化人才储备战略，在优秀国际化人才的引进、培养方面的意识和能力明显不足，任用、选拔与考核的激励与约束机制不科学，人才引进与退出机制亟待加强。

三、对外投资主体、产业及区域等诸多结构不尽合理

（一）对外投资主体结构尚需优化

从境外投资主体来看，多种所有制形式并存格局逐渐形成。有限责任公司和股份有限公司混合制企业所占比重逐年增加，国有企业份额逐年降低，其优势地位相对减弱，但其投资流量以及存量（绝对额）仍占很大比重。

20世纪末以来，在国际经济一体化的大环境下，随着国家

第三章 我国企业"走出去"现状及存在的主要问题

"走出去"战略的逐步推进及其大力实施，以及国内经济体制改革等多方面因素影响，我国对外直接投资的主体由国有企业一枝独秀逐步向多元化方向发展，有限责任公司和股份制的混合所有制企业异军突起，国有企业的数量和投资存量占比则持续减少。根据中国工商行政管理部门的登记注册数据，截至2012年底，在中国对外投资企业主体中，有限责任公司形式占绝对优势，达63%，较上年提高了2%，是对外直接投资主体中最为活跃的群体；国有企业占9%，较上年下降2%；私营企业和股份有限责任公司分别为8%和7%。非金融类对外直接投资流量777亿美元，其中国有企业、有限责任公司、股份有限公司和股份合作企业分别占比47%、36%和5%。在非金融类对外投资存量中，国有企业占比近60%，较上年下降近3%，较2006年下了两成（2006年占比80.1%）；而有限责任公司则较上年增加了1.7%，占比26%；股份有限公司占比近7%。到2013年底，非金融类对外直接投资存量总额达5434亿美元，其中国有企业占55%，较上年下降近5%；非国有企业占比约45%，较上年提升近5个百分点。当年非金融类对外直接投资流量总额为927.4亿美元，其中国有企业、有限责任公司、股份有限公司、股份合作企业、私营企业、外商投资企业分别占43.9%、42.2%、6.2%、2.2%、2%、1.3%，其他所有制企业占2.2%。2006年年末、2008年年末、2010－2013年年末，在中国对外直接投资存量中的国有企业比重依次为81%、69.6%、66.2%、59.8%、55.2%，所占比重持续下降[1]，但其所占比例仍然是绝对优势（参见表3－6）。

---

[1] 商务部、国家统计局：《中国对外直接投资统计公报》。

表 3-6　　2013 年中国进出口贸易方式和企业性质

项目		出口			进口		
		金额（亿美元）	同比（%）	占比（%）	金额（亿美元）	同比（%）	占比（%）
总值		22100.2	7.9		19502.9	7.3	
贸易方式	一般贸易	10875.3	10.1	49.2	11097.2	8.5	56.9
	加工贸易	8608.2	-0.2	39.0	4969.9	3.3	25.5
	其他贸易	2616.7	32.2	11.8	3435.8	9.6	17.6
企业性质	国有企业	2489.9	-2.8	11.3	4989.9	0.6	25.6
	外商投资企业	10442.6	2.1	47.3	8748.2	0.4	44.9
	其他企业	9167.7	19.1	41.5	5764.8	27.8	29.6

数据来源：商务部、国家统计局《2013 年中国对外直接投资统计公报》。

（二）我国企业对外投资产业结构层次较低

我国对外直接投资的行业分布正呈现多元化良性发展态势，对外投资行业门类齐全，但目前所投资行业发展不均衡，以自然资源、劳动密集型行业为主，绝大部分分布在能源和服务行业。商务部发布的统计数据显示，截至 2013 年底，中国对外直接投资涉及行业全面广泛，几乎包括国民经济的各行各业，但行业集中度偏高，其中五大行业（包括租赁和商务服务业、制造业、金融服务业、采矿业、批发和零售业等）所累计的投资存量占我国对外直接投资存量总额的 83%（合计达 5486 亿美元），当年流量占比也超过 80%。从上述数据来看，我国对外直接投资的行业分布不够均衡，集中度偏高，需要增加其他行业的投资额度。2012 年开始，第三产业部门所占比重持续上升。对外投资行业中除采矿业外，其他行业均实现了不同程度的增长，其中，比重较高的行业有租赁和商务服务业，占比 30.4%，同比增长

4.5%；批发和零售业占比 14.8%，同比增长 26.4%；金融服务业投资首次超过百亿美元，占比 11.5%，同比增长 65.9%；制造业占比 9.9%，同比增长 23.1%；而采矿业为 15.4%，同比下降 6.2%。

（三）投资区域分布广泛而不均衡，大多流入避税区域

亚洲历年以来都在中国企业的海外收购交易中占比最大，而海外投资的第一步往往是我国香港，从 2004 年开始一直不断增长，到 2012 年流量达到 647.85 亿美元，与 2004 年相比增长了 21.5 倍。2010 年海外收购交易金额分布中，亚洲地区占比 59%，北美 25%，欧洲 10%，非洲及南美 6%。拉丁美洲是除亚洲以外一直受到我国投资者的青睐的地区。相关数据显示，2012 年以来这两个地区的投资流量呈现下降趋势，而欧洲和北美洲的投资流量则越来越多，但总体规模占比仍然较小。截至 2013 年底，我国"走出去"企业从事境外直接投资的覆盖区域（国家和地区）更为广泛。我国对外直接投资已经覆盖世界的 180 多个国家和地区，但是，其分布区域并不均衡。其中，亚洲在投资存量中的占比达 70% 以上，而我国香港又占亚洲投资存量的 90% 以上。拉丁美洲位居第二，其中 90% 左右的投资存量集中在开曼群岛和英属维尔京群岛。从以上数据来看，目前我国对外直接投资区域分布过于集中，难以分散投资风险和开展多元化战略，甚至会导致海外投资企业之间恶性竞争，严重影响对外投资整体效益，并严重破坏中国公司在海外的形象。中国海外收购将逐渐向拥有先进技术、品牌和市场的欧美等区域扩张，未来覆盖区域会不断扩大。

四、法律体系建设滞后，境外投资保护机制不健全

政府是宏观经济的决策者与管理者，必须通过不断健全相关

法制体系建设，促使"走出去"战略的顺利实施，但是就目前情况来看，相关法律体系尚未健全，国家"走出去"战略过于粗略或随意，相关配套政策不完备，不能真正为"走出去"战略保驾护航。

自改革开放以来我国政府已颁布并实施了支持和鼓励企业对外投资的一揽子方针政策和法律法规，但在其具体实施过程中，政府职能并没有得到充分有效的体现，政府在为境外投资企业提供政策引导、法律保护、税收征管、信息生成与传递、技术咨询与服务等方面的监督、保障、协调和服务功能还不完善。具体体现在：对境外投资的产业政策和行业导向不科学不明确，导致企业盲目投资；对从事境外投资风险高、绩效差的国有企业缺乏有效、及时的预警及监管，导致国有资产大量流失；投资者安全风险审查制度缺失，我国自主研发的专利、技术含量高的产品、国家保密产品，"走出去"时缺乏审查，没有约束，关键技术泄露（如通讯等），"走出去"毫无保留。如华为到美国投资，多次因美国外资投资委员会或美国会议员以"威胁国家安全"为由而受阻。2005年中海油并购美国尤尼科公司案也在美国政客"国家安全"的指控之下无果而终。2012年罗尔斯公司（三一集团关联企业）在美国投建风电厂，甚至惊动了总统，奥巴马亲自签署行政命令，认定此项目有可能损害美国国家安全，禁止交易。此外，中国企业在其他地区（如澳大利亚等）的一些商业并购活动，也经常因为遭遇西方政客类似的"特别关照"而失败。政府对企业海外投资缺乏必要的保护制度，当企业遭受到来自投资国政府的排挤时完全无能为力。单个企业尤其是民营企业必须付出高昂的代价，才有可能全面准确了解国际市场信息，政府相关部门提供的信息服务无论是广度还是深度抑或时效，都远不能满足企业"走出去"的需要；另一方面，政府对于境外直接投资企业在审批程序、外汇管理制度、人员出入境要求等方面还存在诸多制约、政出多门。目前，负责企业境外投资业务审批和指导工作的有国家发改委、商务部、国家外汇管理局及地方政府部门，审批内容重叠交叉，造成了事实上的多头管理，繁琐的审批程序极大地降低了效率，增加了企业投资成本，严重影响企业抓住对外投资商机，降低了"走出去"的效率和效益[①]。具体表现在以下几个方面。

（一）对"走出去"的战略意义主观认识不足

企业"走出去"是以中国公司为主导，服务于中国公司战略的一种跨国经营模式。企业"走出去"表面上是国内资本的流出，实际上却是企业在世界范围内参与资源有效配置，广泛参与全球化竞争的过程，是企业经营管理体制的完善和自身实力的增强。同时，企业"走出去"也为转变贸易增长方式提供了契机，企业可以通过对外投资积累先进技术和管理经验，进而带动国内产品质量、技术含量的提高。"走出去"不单纯是企业追求经济效益的具体表现，还可以反过来刺激国家经济结构调整、产业升级改造、政府职能转变等等。企业"走出去"虽然是以企业为主体，但本质上是关乎国家发展战略的大计，需要全社会要特别是政府决策部门的高度重视。

（二）体系建设滞后

1. 相关法律法规体系亟待健全完善

中国政府为鼓励企业"走出去"在对外投资方面陆续制定了相关法律法规，但都尚处于初期阶段，还远未形成完善的政策体系，无法恰当地应用到现在的对外贸易中，对外投资管理的建

---

① 祁欣："当前我国企业'走出去'的形势分析"，《中国经贸导刊》，2014年第5期（上），第39页。

设仍处于不成熟阶段，以致在逐步适应全球化进程中面临被动的局面。从中国海外资源投资失败的案例中可以看出，进口国对于外资进入该国与民生经济发展领域息息相关的产业有着高度的警觉性，从这次全世界范围的经济危机可以发现一些国家一再以维护其国家安全利益为由，不断提高进入该国产业的审查门槛，将中国企业挡在门外。纵观世界贸易大国的成功经验，均是在健全的法律法规下进行强有力的竞争，使得他们在外资操作过程中变得有法可依。法律法规需要继续不断地完善，当前我国相关法律体系距离完善还有很远一段路要走。

2. 对外投资项目审核程序繁杂

中国企业进行境外投资必须至少获得发改委、商务部、外汇局等三个政府部门的登记或核准。其中，发改委负责国家经济发展和行业政策的整体规划、监管和协调，主管对外投资项目的立项审批；商务部负责境外具体投资事项审批；外汇局负责对境外投资的外汇登记及备案①。不同类型和金额的对外投资项目要分别经过国家发改委、商务部、外汇局及地方相关主管部门的核准。如果一切顺利，整个审批流程可能要花费数月时间，繁琐的审批过程中浪费的时间可能会让出口企业浪费稍纵即逝的商业机会，也加大了企业的运行成本。

3. 对外投资保障体系不健全，投资保护机制亟需完善

企业走出国门从事跨国经营，一般会面临比国内更多的不确定性，有较大的政治、经济和竞争风险，对于单个的经营主体而言，单凭一己之力，往往是一条难以跨越的鸿沟，这时就需要政

---

① 王迪："境外投资审批流程，最新境外投资审批流程2013"，北京联合国际登记注册代理事务所，百度文库，http：//wenku.baidu.com/link? url = gUPSJ2exoBo_HPRb_ kPCVQqLx_ 0pQAyaHvnf1nGmWfwqWm5qJw6X 3S7ovs1VmCV_ 7ANG1k - -3CRFcRQ3CcO4mkbdiT342VTG9sfMjDjE6YBC。

府给予必要的帮助。我国政府当前的对外投资促进体系还不完善，在企业境外投资政治风险预警、经济风险担保与赔偿等方面的制度建设还十分欠缺，亟待完善。我国企业一般是在没有任何政策保障的情况下独立承担对外投资的各种风险，如前文提及的华为海外并购案。这样大大降低了企业境外直接投资活动中规避风险的能力以及应对挫折的信心。

4. 信息体系亟待进一步完善

"走出去"企业要应对瞬息万变的国际市场，就需要及时捕捉有关国际政治、经济、文化等诸多方面的信息并进行加工分析，单靠企业自身的力量很难完成如此艰巨复杂的重任。向从事境外直接投资的企业提供准确、及时、完整的相关信息是政府实施"走出去"战略的基础工作和具体体现。我国当前信息资源体系的建立较为滞后，不能提供满足企业了解国际市场、应对复杂经济环境的全面、及时、科学、有效的信息咨询查询服务，加大了企业拓展国际市场的难度，降低了企业"走出去"的信心和决心。

五、中介服务体系的发展无法适应企业"走出去"的步伐

政府各部门为支持企业"走出去"颁布并实施了很多鼓励政策和规范制度，各相关行业协会及中介机构也在各自的领域内积极献计献策，帮助企业走出国门，取得了一定成效，但在中介服务体系建设上始终重视不足，表现为政府有关部门和中介机构提供的服务信息严重滞后，成为实施"走出去"战略工作中的一块"短板"。在国际经济一体化背景下，"走出去"的企业亟需深入了解与东道国投资经营活动相关的法律法规、金融证券、财务税务、会计审计等各方面的"游戏规则"，必然带动中介服务体系国际化。而中介服务软实力的国际化建设又反过来为企业

"走出去"保驾护航,并促进企业"融进去"。否则,如果只停留在"走出去"上,"走出去"战略最终将难以为继。

企业进行跨国经营会面临诸多难以预计或不易察觉的风险,东道国的政治形势、法律制度、经济模式、风土人情等方面都与国内存在较大差异。部分企业不熟悉国际投资方面的法律法规、会计政策、税收制度等相关要求,前期调研不充分,项目可行性分析不科学,对当地的传统风俗文化未进行深入的了解,对跨境经营风险也估计不周全,在厂址选择、合作伙伴等方面不进行科学的经营决策论证,某些企业好大喜功,盲目进行扩张,不注意风险规避和资金管理,一旦面临价格或金融市场波动,会应对不及时从而带来巨大损失。特别是大型并购类投资,尤其需要资深的律师事务所、会计师事务所、资产评估机构、工程咨询公司、投资银行、保险公司等各类中介机构提供特定领域的咨询、顾问、评估、尽职调查、保险等专业服务,从而形成对各类中介机构的巨大市场需求,也为中介市场带来巨大的发展潜力。因此,很多国际大型会计师事务所(如"国际四大")、律师行(如贝克·麦肯锡)和投行(如摩根斯坦利)纷纷进入中国,开设分支机构,攫取丰厚利润。相反,中国本土的各种中介机构的发展却严重滞后,类似的国内服务机构远不能满足企业"走出去"的需求。除少数几家(如中金公司、中银国际等)之外,绝大多数中介服务机构在专业服务水平、国际化服务网络、信息平台、人才队伍建设等方面均不能与国际机构同日而语,在中国公司"走出去"过程中只能充当一个配角,众多中国公司如中海油、三一重工等在跨国并购业务只能聘用高盛、瑞银等国际机构为其提供中介服务。导致中国企业过分依赖于国外服务性公司,不仅加大了企业成本,而且存在信息不对称、信息安全风险等严重问题(因为其很多传统客户往往就是中国企业的竞购对手)。

第三章 我国企业"走出去"现状及存在的主要问题

当前,国内中介机构在诸多方面尚远远落后于国际中介机构,具体表现在以下方面。

(一)国内中介机构欠缺国际大型中介服务机构的先发优势

一般而言,国际中介机构都经历了几十年甚至上百年的成长历史,在管理经验、品牌商誉、客户资源、经营人才、商业网络等诸多方面已有深厚的积累;全面的原始数据网络和模型积累,可为对并购标的企业价值或市场价值(非简单"资产估值")进行更精准的评估;社会认可度好的优势品牌可以吸引优质广泛的客户资源,经常参与国际并购重组业务积累了丰富的经验,有机会深入了解各行业企业的经营状况与资产质量;长期关注国际市场动态,深入了解各国法规政策,对进入壁垒、定价策略、交易结构和避税手段游刃有余,能够提供可行的系列并购方案及后续延伸服务;与投资所在地的政府、议会、媒体长期合作,有丰富的人脉关系,必要时可供游说和公关服务;等等。上述种种优势在短时期内(甚至很长的时间内)中国本土中介服务机构没有能力也没有机会借鉴或复制。

(二)中介服务机构的国际化是一个长期而复杂的系统工程

中介服务机构的国际化会涉及大量专业领域的国际接轨问题,包括法律法规、会计原则与准则、资产评估准则、税收政策、工程标准化体系等诸多范畴,要让中国中介服务机构被东道国乃至国际市场所广泛认同绝非一蹴而就。第二次世界大战以后,日本大量参照美国迅速建立起自己的商业法规体系,但是其中介服务机构打入国际仍然耗时近半个世纪,直至今天,仍然不能与欧美抗衡。

(三)中介服务业不享受政策性保护

中介服务业属于开放性市场,按照2001年中国入世签订的承诺书,依据非歧视性原则,政府不能直接通过政策性保护或倾斜扶持本土中介服务机构，只能靠企业自身在竞争中不断自我积累、逐步成长壮大。

（四）中国中介服务机构国际化的促进与管理存在多头管理问题

中国中介服务机构国际化的促进与管理还存在多头管理的问题，包括财政部、商务部、证监会、外汇管理局在内的诸多部门均具备与境外投资活动相关的职能，难免造成相互掣肘、重复推诿等问题，要达成共识、形成合力既需要高瞻远瞩的信念和智慧，又需要壮士断腕的勇气和决心。

境外直接投资所涉及的事务千头万绪，企业走出国门以后要妥善处理相关事务，必需求助于各类法律服务、财务税务审计咨询、研究开发、知识产权代理等相关中介机构[①]，绝大部分境外投资风险防范和维权工作都需要各类中介机构特别是熟悉财务会计制度与实务、税法经济法等的注册会计师及事务所的参与和实施。加强对社会中介机构的培育和规范，为"走出去"的中国企业健康茁壮成长提供坚强后盾乃当务之急。

综上所述，"走出去"是中国企业在新世纪主动应对全球经济一体化、积极参与国际竞争，进而实现民族复兴、经济腾飞的需要，更是解决我国当前经济结构矛盾的战略举措。实施"走出去"战略，是中国应对全球化挑战的必然选择和经济发展的必然产物。"走出去"战略可以帮助国内企业抓住机遇，在国际舞台上充分利用国内、国外两个市场、两种资源；可以使政府积累管理经验，通过政策引导进行经济结构调整和优化资源配置，从微观和宏观两个层面为我国经济持续、健康、协调发展提供源

[①] 王翔："海外知识产权纠纷中的维权路径"，《法人》，2008 第 6 期，第 66－67 页。

动力。

由于各种主客观原因，我国企业当前还面临着"走出去"的困境，其中既有企业自身积累的不足，也有政府管理水平的缺陷。商场如战场，当前国际上对于市场、资源、人才的竞争日趋激烈，我国企业要成功地走出国门，必须要有明确的战略目标，在国际市场获得相应的份额和经济效益，带动国内资源优化配置和经济结构调整。时不我待，我国企业必须在国家政策的引导下，专注自身发展，学习和积累先进的管理经验，吸引和培养大量优秀人才，不断发展壮大，培养国际视野，为更好地"走出去"奠定雄厚的基础。同时，政府也亟需加快职能转变步伐，建立健全相关法律法规和配套体系，为我国企业"走出去"创造良好的环境。而当务之急则是加强对社会中介机构的培育和规范，特别要重视对注册会计师及事务所的建设，为"走出去"的中国企业提供坚强后盾。

第四章

本土会计师事务所跟随企业"走出去"的必要性与可行性研究

2007年，中国注册会计师协会（以下简称"中注协"）在《关于推动会计师事务所做大做强的意见》中对会计师事务所国际化发展作出战略部署：第一步是做大做强，即用5到10年的时间壮大规模、提升执业质量，发展培育100家具有一定规模、能够为大型企业和企业集团提供综合服务的会计师事务所。第二步是"走出去"，即在做大做强的基础上，跟随中国企业"走出去"，培育10家能够提供资本跨国综合服务的会计师事务所。商务部、财政部等九部委联合发布了《关于支持会计师事务所扩大服务出口的若干意见》，为会计师事务所跟随企业"走出去"提供政策指导与支持。2009年10月，国务院办公厅转发了财政部《关于加快我国注册会计师行业

第四章 本土会计师事务所跟随企业"走出去"的必要性与可行性研究

的若干意见》（国办发[2009]56号，以下简称56号文），标志着我国注册会计师行业进入新的发展阶段，会计师事务所做大做强战略全面展开。2011年9月，中注协印发了注册会计师行业发展五年规划，对事务所国际化发展进行纲领性指导。五年规划中，提出会计师事务所应该通过发展国际网络、完善扶持措施、提高国际认可度等措施加快"走出去"步伐，提升"走出去"能力。

近年来，在56号文和行业发展五年规划的指导下，注册会计师行业抓住机遇，积极采取重组整合、完善内部治理、落实转制制度等措施，实现了规模不断扩大、业务质量稳步提高、内部治理日趋规范，逐步形成一批具有影响力的大型会计师事务所群体。与此同时，不少大规模、高品质的会计师事务所通过加入国际会计公司、组建国际网络等方式，纷纷走向国际市场，积极探索国际化发展的方式，得到客户与境外资本市场的认可，海外市场份额不断提升，国际影响力逐步显现。

由于历史发展的特殊性，本土会计师事务所与国际"四大"等全球知名事务所仍有一定差距，当前不少中国企业依然倾向于选择"四大"提供海外会计服务。然而，"四大"等国际知名会计师事务所与中国企业在政治立场、文化、语言等方面存在着重大差异，不仅给中国企业的海外经营造成不便，而且可能导致企业秘密泄漏，严重威胁国家经济安全。出于中国企业海外发展、维护国家经济安全的需要，本土会计师事务所跟随企业"走出去"势在必行。

第一节 文献回顾

一、国外及港台关于事务所"走出去"必要性与可行性的研究

国外及港台地区不少文献对事务所国际化的动因进行了研究，代表性观点主要有：第一，会计公司进军国际市场的最主要原因是维持客户关系，企业海外扩张推动了会计师事务所国际化发展，如 Post 和 Albertus（1995）、Wilderom 和 Douma（1998）。第二，会计师事务所国际化发展是出于自身价值的考虑，如 Harris Ramcharran（1999）指出事务所在国际范围内提供会计服务，是为了实现合理的地域分布以提升公司价值，Charles 和 Normand（2003）认为会计师事务所国际化是为了通过规模经济，寻求多元化发展。第三，国际影响力、财务绩效、利润状况等因素是会计师事务所实施国际化发展战略的原因，如 Wu 和 Hackett（1978）。

二、国内关于事务所"走出去"必要性与可行性的研究

国内关于会计师事务所国际化动因的研究，主要分为三个方向。一是从注册会计师行业发展背景的角度出发，认为经济全球化、信息技术革命等因素推动了会计服务的全球化。如陈晓芳、宋芝宏（2004）提出，经济全球化发展和一体化不断加强，越来越多的公司进行跨国经营，在国际范围内提供会计服务是会计师事务所发展的必然趋势。陈娟（2007）认为，会计市场开放、跨国公司产生以及信息技术革命等客观环境的变化，是事务所国际

第四章　本土会计师事务所跟随企业"走出去"的必要性与可行性研究

化发展的外在动因。二是从客户关系的角度进行研究，认为事务所国际化发展主要是为了维持现有的客户关系。如韩晓梅、徐玲玲（2009）指出，会计师事务所国际化发展的驱动因素是客户的国际化扩张。龚翙（2011）的研究表明，为跨国客户提供境外会计服务是事务所国际化发展的主要动因。三是从事务所自身发展的角度展开，认为国际化是事务所提升自身实力的一种主动行为。如杨代金、刘草茵（2005）提出事务所进入国际市场，是为了丰富海外执业经验，通过参与国际竞争，提升业务水平与管理水平。

综上，国内外文献对会计师事务所实施国际化发展战略的驱动因素及可行性操作进行了较多研究，不少学者持共同的观点：会计师事务国际化的驱动因素之一是客户的国际化，事务所跟随企业"走出去"是一种国际化的模式。但是，专门针对支持企业"走出去"，从企业"走出去"的困难出发，研究会计师事务所国际化发展的文献甚少。本课题从支持我国企业"走出去"的视角，分析会计师事务所"走出去"的必要性与可行性。

第二节　会计师事务所跟随企业"走出去"的必要性

"走出去"战略的实施，为中国企业国际化发展产生了积极影响。"走出去"企业的数量不断增长，投资覆盖范围日益扩大，对外投资规模持续增加。截至2012年12月31日，我国"走出去"进行国（境）外直接投资的企业共1.6万家，已投资设立的境外企业共2.2万家。全部投资覆盖全球179个国家和地区。中国企业的境外总资产突破2.3万亿美元，对外直接投资存量（又称对外直接投资净额）已经达到5319.42亿美元，其中股本投资 1689.1 亿美元，占 31.8%，利润再投资 2227.6 亿美元，占 41.9%，其他投资 1402.7 亿美元，占 26.3%[①]。但是，中国企业在"走出去"的过程中仍然面临着许多困难。本书第三章对中国企业"走出去"面临的困难作了较详细分析，本部分主要就企业"走出去"与中介机构服务的关联性，探讨事务所跟随企业"走出去"的必要性。

一、事务所跟随企业"走出去"是中国企业海外经营的迫切需要

随着"走出去"战略的实施，不少企业走出国门开展国际化经营，虽然取得了一定成绩，但也不乏失败的案例。中国企业"走出去"屡遭不顺，海外经营也面临各种困难，需要会计师事务以及其他机构的专业帮助与技术扶持。会计师事务所作为提供会计服务的专业机构，可以解决中国企业面临的各种财务、税收、审计等困难，发现企业在会计核算、财务管理、内部控制等方面的缺陷或风险，切实发挥管理咨询、信息引导、国际鉴证的重要作用，为企业更好地参与国际竞争提供技术支持，促进中国企业全面提升国际经营管理水平。此外，由于本土会计师事务所与中国企业在文化、语言等方面比较一致，双方能够更好地沟通与合作，避免因文化差异而产生的冲突与分歧，降低交易成本。如果在其他条件相同的情况下，中国企业更倾向于选择本土会计师事务所提供技术服务。事实上，由于我国会计师事务所海外执业水平有限，国际影响力不够，不少企业的境外业务仍然由"四大"或其他知名事务所承接，增加了额外的成本支出。

可以看出，本土会计师事务所在企业国际化发展的过程中扮

[①] 资料来源：2012 年度中国直接对外投资统计公报。

第四章 本土会计师事务所跟随企业"走出去"的必要性与可行性研究

演着十分重要的角色,不仅能帮助中国企业解决海外扩张中的各种专业问题,还可以减少不必要的冲突,促进企业更好地适应海外竞争市场,中国企业的海外经营对本土事务所的国际化发展提出了迫切需要,本土事务所也应该加快提升自身实力,为企业"走出去"提供必要帮助。

二、事务所跟随企业"走出去"是维护国家经济安全的客观要求

国有企业特别是大型央企是"走出去"企业中的一支重要力量,而这些企业大都关系到国计民生。国有企业海外扩张战略的深入实施,促进了资源的优化配置,提升了公司治理机制,同时引出国家发展战略及经济安全问题。出于国际市场认可度的需要,目前大多数国有企业及大型央企都是聘请国际知名会计师事务所,主要是国际"四大",进行审计。为了配合审计工作的开展,企业必须允许审计师在执业过程中不受限制地接触相关资料。我们通过调研得知,从技术上讲,美国及欧洲总部合伙人可以直接查阅国际"四大"中国所的工作底稿,而且,一些重大审计项目都有四大总部高级别合伙人直接参与,由此增加了国家重大战略发展方向及经济秘密泄漏的可能性,给国家经济安全造成严重威胁。如果由本土会计师事务所进行审计,这种风险将大大降低,因为两者同属一个国家,不存在政治利益冲突。加快实施会计师事务所国际化,提高会计师事务所的海外执业能力,跟随中国企业"走出去",是维护国家经济安全的客观要求。

三、事务所跟随企业"走出去"是CPA行业国际化发展的现实选择

自我国加入世贸组织以来,经济迅速发展,中国企业与注册

会计行业都顺势扩大规模与实力，不少中国企业已经积累了国际扩张的实力并实施了海外经营、参与海外市场竞争。企业"走出去"了，会计师事务所将面临两个选择，一是放弃客户的海外业务，这样可能危及客户本土市场的服务，甚至失去客户的全部业务，二是跟随企业"走出去"，进军海外市场，即保留国内市场的同时，争取海外市场。随着越来越多的企业实施海外经营，会计师事务所只能勇敢地"走出去"，否则将失去大量客户。

资本全球流动，导致会计市场的竞争日趋激烈。注册会计师行业在全球范围内已形成以国际"四大"为主导的全球性产业。国际"四大"凭借其先进的管理方法和审计技术，利用品牌优势在中国会计、审计领域占据了较大了市场份额，对本土会计师事务所造成了巨大冲击。如果本土事务所不积极参与国际竞争、提升自身实力，将失去更多的国内审计市场及国际高端市场，最终退出历史舞台。可见，经济全球化在背景下，实施国际化发展，跟随企业"走出去"是注册会计师行业的现实选择。

四、事务所跟随企业"走出去"是事务所做大做强的必由之路

本土会计师事务所要想在国际市场上拥有一席之地，必须跟随企业"走出去"，积极参与海外市场的竞争。首先，事务所主动实施国际化扩张，可以规避国际惯例和政策倾斜的不利影响，赢得更为宽阔的生存发展空间；有利于学习国际知名会计师事务所的管理经验，引发知识创新与技术创新，提升本土会计师事务所的管理水平，完善内部治理机制。其次，实施国际化战略，跟随企业"走出去"，有利于注册会计师积累海外执业经验，开阔视野、增长见识，提高业务素质与执业水平，培养出通晓国际语言和国际准则的专业人才。再次，本土会计师事务所只有主动到

国际市场上开展业务,才能提升业务水平,提高在海外的知名度,进而打造出国际品牌。

第三节 会计师事务所跟随企业"走出去"的可行性

全球经济一体化不断发展,会计师事务所顺应历史潮流实施国际化发展战略是大趋势。企业国际化扩张迫切需要会计师事务所"走出去",我国会计师事务所由于自身条件的限制,单独"走出去"步伐缓慢,跟随企业"走出去"具有一定的可行性。进入21世纪,依托中国在亚太经济圈的重要影响力,中国企业以APEC为核心,"两岸四地"为基础,积极开拓海外市场,纷纷在东盟、北美、欧盟等地区开展境外上市与投资。目前,中国企业的海外直接或间接投资项目已遍布全球近180个国家或地区,为本土会计师事务所的国际化发展开辟了广阔的市场。此外,国家经济转型、注册会计师行业发展等一系列现实条件为我国会计师事务所"借船出海",跟随企业"走出去",提供了现实机遇。

一、国家政策大力扶持

无论是"十二五"发展规划、财政部《关于加快发展我国注册会计师行业的若干意见》,还是中注协《关于推动会计师事务所做大做强的意见》,都为本土事务所的海外扩张提供了大力扶持。无论是国家层面,还是行业层面都为事务所国际化发展营造了良好的氛围。注册会计师行业,是现代服务业的高端领域、是市场经济中的智慧产业、是知识经济时代的朝阳产业、是生产绿色无污染的智能产品的行业，适逢国家政策大力扶持的良好机构，应该抓住机遇，充分发挥服务业的优势，开创广阔的发展空间。

二、执业环境日臻完善

我国会计服务业和会计服务贸易的国际环境不断改善，国内、国际会计市场接轨，使得会计服务市场的前景更为广阔。企业会计准则、审计准则的持续全面趋同，"双重审计"和"补充审计"的取消，解决了事务所海外执业的标准问题和技术障碍，为事务所更好地参与国际竞争提供了条件。我国不少注册会计师已经取得ACCA、ACA等多项国际会计师执业资格，为事务所开展海外业务提供了技术可能。与此同时，中国注册会计师协会将我国注册会计师考试对港澳地区及其他欧洲等地开放，允许其他地区及国家的注册会计师通过考试或资格认证的方式进入我国开展执业，有利于壮大事务所国际化发展的执业队伍。

三、客户需求不断扩大

近年来，中国企业境外上市力度加大，资本市场动作日渐成熟，对本土会计师事务所的审计、会计等专业服务的需求不断扩大，为事务所国际化发展提供了契机。一方面，中国企业境外经营需要会计师事务所提供专业服务与技术支持，为事务所开辟了广阔的海外业务市场，有利于调动本土事务所国际化发展的积极性。另一方面，跟随企业"走出去"，从现有客户的境外延伸机构开始发展业务，降低了事务所海外扩张的难度，有助于加快事务所国际化发展的步伐。此外，注册会计师为"走出去"企业在境外市场上提供会计、审计等专业服务，可以积累国际化发展经验，为事务所提升国际竞争力、形成国际品牌打下基础。

第四章 本土会计师事务所跟随企业"走出去"的必要性与可行性研究

四、人才培养初具规模

中注协在"十二五"发展规划中明确了注册会计师行业的人才培养目标：在数量上，通过实施人才培养战略壮大执业队伍，使全国注册会计师人数达到12万；在质量上，采取结构调整、专业技术培养、职业道德教育等措施，着力提升注册会计师素质，培养行业领军人才350名、在全球范围内具有一定认可度的注册会计师600名、复合型业务骨干5000名，锻造一批高水准、高素质的注册会计师队伍。截至2014年12月31日，中注协全国共有个人会员超过20万人，其中，注册会计师99045人，非执业会员103566人，为我国会计师事务所海外扩张提供了人才支撑。

五、业务能力显著增强

自2006年开始，中注协实施准则国际趋同、做大做强、人才战略、业务拓展、信息化五大战略，取得显著成效。截至2014年12月31日，全国共有会计师事务所8295家，其中，具有证券期货业务资格事务所40家，内地大型会计师事务所中，取得H股审计资格的11家。注册会计师行业承接了全国范围内企事业单位的大量会计、审计服务，行业客户总量达到420万家以上，其中上市公司客户2500余家，会计师事务所已发展成为会计专业服务领域的中坚力量。中注协2014年的统计数据显示：排名靠前的100家事务所中，有将近一半会计师事务所收入超过1亿元，15家事务所收入达到5亿元以上，突破10亿元、20亿元大关的会计师事务所分别占到11%和6%，行业综合实力显著增强。部分国内大所通过在我国香港、新加坡设立分支机构或成为国际成员所的方式提供境外服务，显示出一定的海外执业能力。

总之，无论从理论上分析，还是从事务所"走出去"的内外部条件来看,本土会计师会计师事务所跟随企业"走出去"都具有现实可行性。

第四节 会计师事务所跟随企业"走出去"可提供的服务种类

会计师事务所跟随企业"走出去",必须深入了解企业海外经营面临的困难以及对会计服务的需求,分析事务所国际化发展的业务种类,明确事务所的市场定位,从而更有针对性地帮助中国企业解决现实困难。现阶段企业"走出去",对注册会计师专业服务需求主要体现为以下两个方面。

一、审计服务

会计师事务所的境外审计业务主要有三大类:第一,提供上市审计服务。企业在境外,包括香港,上市,需要事务所提供专业支持,协助完成上市审计工作,以取得境外上市资格,并在海外进行融资。第二,开展企业海外投资、工程承包等项目的财务报表审计。一方面是按照证监会的要求,依据审计准则对中国企业的海外子公司、分公司的财务报表进行审计,看其是否按照我国企业会计准则及相关会计制度的规定进行编制,并实现公允反映;另一方面,是按照企业所在地监管部门的要求,对境外企业的财务报表进行审计。第三,资产延伸审计。主要是配合国资委,对国有企业境外资产的保管、使用、计价等方面进行审计,加强对国有资产监督与管理,防止国有资产境外流失。国有企业特别是大型央企的境外政府审计项目,需要本土会计师事务所的协助与配合,从人员和技术方面提供支持,以维护国家资产安全。

第四章 本土会计师事务所跟随企业"走出去"的必要性与可行性研究

二、咨询服务

中国企业对事务所的咨询服务主要集中在四个方面：一是投资项目咨询。即协助中国企业进行海外投资项目的调查与咨询，对境外收购、兼并等重大投资计划进行可行性分析，从战略和财务管理的角度对项目现金流量进行预测，帮助企业作出正确的决策，避免因投资失误或整合不当而造成资源浪费。二是会计咨询。由于对国际法律环境、资本市场不熟悉，境外经营的中国企业需要会计师事务所提供会计咨询服务，主要是按照当地会计法律法规及有关政策的要求，进行会计核算、编制财务报表。三是税务咨询。主要包括提供税务咨询和纳税筹划。税务咨询业务如帮助企业编制或审阅纳税申报表、提供税收法律法规咨询等。纳税筹划业务指利用税收优惠政策，结合企业自身情况合理避税，减少税务支出。四是管理咨询。境外企业对会计师事务所咨询业务的需求十分广泛，涉及企业经营管理中的各个方面，不仅有财务、市场营销、人力资源，还包括生产运营和公共关系等。

综上所述，经济全球化背景下，中国企业海外经营范围和投资规模不断扩大，虽然取得一定成就，但面临不少困难。会计师事务所跟随企业"走出去"是企业国际化扩张的迫切需要，是维护国家经济安全的客观要求，是注册会计师行业发展的现实选择，是会计师事务所做大做强的必由之路。特定优势理论、规模经济和范围经济理论为事务所国际化发展奠定了理论基础；国家政策大力扶持、执业环境日臻完善、客户需求不断扩大，人才培养初具规模，业务质量显著增强等为事务所跟随企业"走出去"提供了现实条件。本土会计师事务所应该抓住机遇，针对中国企业海外经营的主要困难，提供审计、咨询等专业服务，帮助中国企业更好地参与国际竞争。

第五章

本土会计师事务所国际化准备及效果

我国注册会计师审计制度自1980年恢复重建以来，经历了1998年的脱钩改制、2000年以来的规模化发展，及2005年开始实施的准则国际趋同、做大做强、人才培养、业务拓展及信息化五大战略，会计师事务所数量稳定，规模不断扩大，注册会计师行业已经成为促进我国经济社会与资本市场健康发展不可或缺的重要力量，为国际化做了多年的准备。本部分主要论证做大做强规模化发展与人才战略对本土事务所国际化准备的贡献与效果。

第一节 事务所合并的效果分析

会计师事务所规模化发展的重要途径是合并。1998年，北京会计师事务所和京都会计师事务所合并，更名为北京京都会计师事务所，拉开了我国会计师事务所合并的序幕。截至目前，我国注册会计师行业共经历了四次较大的合并浪潮[①]。

一、四次事务所合并浪潮概况

（一）第一次合并浪潮——规模化发展

2000年3月，财政部发布《会计师事务所扩大规模若干问题的指导意见》（以下简称《指导意见》），对事务所规模化发展进行具体政策指导。《指导意见》结合证券、金融市场以及大型国有企业审计市场的需求，提出规模化发展是适应市场发展、应对加入WTO，以及提升竞争力的迫切需要，鼓励和引导事务所采取合并（吸收合并或新设合并）、设立分所、吸收专业人员等方式扩大规模。自此，注册会计师行业开始了第一次合并浪潮。据相关资料记载整理，截至2001年3月31日，全国共有28个省、市、自治区的407家事务所合并成150家事务所[②]。第一次合并历时一年多，推动事务所开展合并的原因主要有三种：（1）事务所为了取得证券、期货从业资格[③]。（2）为了通过合并达到某些审计业务资质的要求，或者在政府或事业单位的项目竞标中取得更多的参与机会。（3）为了实现规模经济效益。

（二）第二次合并浪潮——事务所做大做强

2007年，中国注册会计师协会正式发布《关于推动会计师事务所做大做强的意见》，积极引导会计师事务所加强内部治理机制、推进事务所做大做强。这是贯彻落实国务院大力发展服务贸易、提升注册会计师行业对外开放水平，更好地服务中国企业

---

① 也有观点认为经历了三次、五次、六次等不同次别的合并浪潮。

② 钟注："全国会计师事务所合并情况一览表"，《中国注册会计师》，2001年第7期。

③ 事实证明，这一资格为事务所后来的生存与发展至关重要。

"走出去"战略部署的重要举措。这一举措标志着我国注册会计师行业在实施准则国际趋同战略、人才战略的基础上，正式启动了事务所做大做强战略。由此，本土事务所掀起了规模更大的第二次合并浪潮。

与第一次合并浪潮相比，第二次合并浪潮的动因不仅包括增强事务所竞争力，还包括适应"走出去"战略需要，服务中国企业做大做强"走出去"。

（三）第三次合并浪潮——获取H股企业审计服务资格

2009年10月，国务院办公厅转发财政部《关于加快发展我国注册会计师行业若干意见》的通知（国办发〔2009〕56号文），56号文是指导近年来我国注册会计师行业快速、规范、可持续发展的纲领性文件。56号文明确提出：计划用5年左右的时间，重点扶持10家左右具有核心竞争力、能够跨国经营并提供综合服务的大型会计师事务所。鼓励大型会计师事务所继续扩大规模，采取收购、合并等措施在境外市场上实施规模扩张，通过设立分所或成员所的形式发挥其窗口和平台作用，增强本土所在海外市场上的业务竞争力。同年，财政部会计司会同证监会会计部制定了《会计师事务所从事H股企业审计业务试点工作方案》，对H股资格作了相应要求。本土会计师事务所为了达到试点工作方案中的要求，获得H股审计资格，开始了第三次合并浪潮。2009年，信永中和、利安达、大信、京都天华、浙江天健东方、中审亚太、万隆亚洲、天健光华等事务所为取得H股审计资格，均进行了较大规模的合并。中注协统计数据显示，经过前三轮合并，我国具有证券期货从业资格的事务所数量减少将近一半，从2000年的100多家降至2009年的54家。可见，此次合并浪潮以强强联合的形式开展，事务所在合作伙伴的选择上显得更加理性。

第三次合并的动因主要有两点：（1）提升综合实力，获得H股审计资格。这是最主要的原因。（2）获取其他业务资格。如内部控制审计、管理咨询等特殊业务或者新业务资格。也有少量事务所是为了通过合并取得海外执业资格。

（四）第四次合并浪潮——与"四大"抗衡，提高国际竞争力

2013年，两家分别具有证券资格和H股资格、2012年在事务所综合排名前百强（含"四大"）中分别排在第6位和第9位的中瑞岳华与国富浩华合并为瑞华会计师事务所，完成合并后，瑞华拥有2600名注册会计师、9000名员工，2012年合并业务收入22亿元。几乎同一时间，立信会计师事务所通过合并、吸收专业人员、设立分所[①]等渠道，实现快速扩张。2012年，立信拥有1431名注册会计师，当年业务收入15亿元。

2013年，瑞华拥有1951名注册会计师，业务收入达到24亿元，在事务所综合排名前百强中居第三，首次超过"四大"中的安永华明和毕马威华振，立信当年实现业务收入17亿元，拥有注册会计师1612人，排名第五，在毕马威华振之前。到了2014年，瑞华和立信分别实现业务收入26亿元和23亿元，排名第三和第四，均超过安永华明和毕马威华振[②]。

第四次合并浪潮的动因非常明显，即通过强强联合与"四大"在中国审计市场上开展竞争，提升本土所的国际影响力。

综观中国注册会计师行业的四次合并浪潮，从合并对象的角度可以合并大致分为以下三类：（1）国际"四大"兼并本土大

[①] 如立信羊城并入立信，变成立信广东分所；天健正信无锡分所并入立信，变成立信无锡分所；新设珠海分所；新设山东分所；从天健正信分拆出了杨雄为首的一批合伙人和业务等。

[②] 本部分事务所收入及综合排名数据均来自于中注协发布的"会计师事务所综合评价前百家信息"。

所（具有证券从业资格）。如安永兼并上海大华会计师事务所等。这种方式下，本土所实质上演变成国际"四大"在中国的分支机构，必须按照"四大"的业务标准开展审计工作。由于涉及文化、管理等方差异，合并的关键在于双方能否实现执业标准、业务开展、人员交叉配置等方面的融合。（2）本土证券资格所的强强联合，如中瑞岳华与国富浩华合并。这种合并方式双方在立场和利益等方面更容易达成一致，兼并后的资源整合以及高层人员配置等方面的问题是重点。（3）本土证券资格所兼并其他小所，如中瑞华兼并中恒信。这是方式通常用于事务所发展的初期，小所一般被实质上融合于大所之中[①]。

本土事务所通过合并、吸收专业人员、设立分所等方式，确实实现了做大目标。但做大后是否做强了，是否做到1+1大于等于2的效果？本部分拟采用实证研究方法分析事务所合并与审计收费的关系，从而研究合并的效果。

二、事务所合并对审计收费的影响

会计师事务所大规模的合并行为会引起审计市场结构的变化，审计市场结构变化将导致会计师事务所采取不同的竞争策略。产品定价是衡量市场中企业所采取的竞争策略的标准，通过研究会计师事务所合并对审计定价的影响，可以验证，近年来事务所大规模的合并浪潮是否达到预期效果[②]。

（一）文献回顾

国内外学者关于会计师事务所合并对审计收费的影响主要存

---

① 李长爱、吕伶俐、黄益雄："会计师事务所规模化发展问题研究"，《会计论坛》，2010年第2期。

② 本部分参照了课题组成员李长爱指导的硕士研究生，也是课题聘请成员，中南财经政法大学会计学院研究生姜红新的硕士论文。

在三种观点。

一种观点认为，会计师事务所合并会使审计收费降低。原因是事务所合并后能够带来审计效率的提高和审计总成本的降低，而审计收费和审计成本正相关。如，Lyer（1996）选取"四大"审计的270家英国公司进行实证检验，结果显示：事务所合并没有显著提高审计收费；Firth和Lau（2004）对香港关黄陈方事务所与德勤事务所1997年合并事项、永道与普华1998年合并事项进行研究后，发现合并后审计收费都没有显著提高。其他学者（Penney，1961；Tonge和Wootton，1991；Ivancevich和Zardkoohi，2000；GAO，2003a；Firth和Lau，2004；Lai，2005；Pong和Burnett，2006；Chan和Wu，2011）也发现合并未带来审计收费的提高。

另一种观点认为，会计师事务所合并会带来审计收费的提高。原因是：（1）会计师事务所合并后，不仅能提高参与合并的会计师事务所的市场势力而且也能够使得其知名度进一步提升，进而要求的收费标准提高；（2）合并会使得事务所数量减少，缩小上市公司的选择范围，导致审计市场上的供求关系变化，进而引起审计产品的价格上升。如，Lee（2005）以我国香港审计市场为样本进行研究，发现在发生合并后的事务所审计收费显著高于那些未经合并的"八大"可比的水平；McMeeking等（2007）选取英国审计市场1985－2002年的样本数据，检验大事务所合并以及安达信破产事件对审计市场集中度、审计定价的影响，研究发现，事务所合并与审计市场集中度正相关，合并促使审计市场集中度提高，进而导致审计收费的相应提高。也有其他学者认为事务所合并直接促进其市场势力的提高，从而间接推动了审计定价的提高。（Menon和Williams，2001；Lee，2005；McMeeking等，2007；Rong Dinga和Yuping Jiab，2012）

还有观点认为，合并对审计收费的影响不明显，如 Tonge 和 Wootton（1991）、Ivancevich 和 Zardkoohi（2000）和 GAO（2003a）以美国市场为研究对象，Firth 和 Lau（2004）以我国香港地区为研究对象，Iyer 和 Iyer（1996）和 Pong 和 Burnett（2006）以英国为研究对象，Hariri 等（2007）以马来西亚为研究对象，均未发现事务所合并会影响审计收费，审计环境的变化与客户期望的提高则被认为是 20 世纪 90 年代以来审计定价不断攀升的因素。Lai（2005）通过考察香港市场上德勤与香港本土 KWTF 合并案发现，德勤在合并之前收取的审计溢价伴随合并的发生而消失，合并之后新老客户均未支付溢价，因此得出结论，规模经济效应是一个很普遍的现象，足以抵消行业专长可能产生的溢价。Chan 和 Wu（2011）对中国 1999 - 2006 年间事务所合并的数据研究后也发现，事务所合并后，其审计收费不会立刻上升。另有部分学者如 Lee（2005）研究发现，合并提高了事务所的市场势力，其要求的审计收费提高。McMeeking 等（2007）认为，环境是影响大型事务所合并后的声誉溢价以及价格竞争的重要因素，如果事务所的合作方是比自己更强的对手，则合并后的审计收费提高幅度会更大，其主要原因在于产品差异而非垄断价格。

大陆学者对事务所合并与审计收费关系的研究起步较晚，现有文献多认为事务所合并后审计收费将显著提高。如蒋力、刘尔奎和崔宏（2009）认为本土所与国际"四大"的合并直接将本土所的收费水平提升至与国际"四大"相当的水平，说明事务所品牌价值具有显著作用，品牌培育非常重要。蔡春、孙婷和叶建明（2011）选取 2002 - 2008 年的审计收费进行描述性统计，研究发现注册会计师行业第一轮合并浪潮后，无论是本土事务所还是"四大"审计收费溢价都不断增加。房巧玲和李晓燕

(2011) 以 2006－2008 年间发生的事务所合并事件为对象，通过多元回归分析方法检验了审计收费与事务所合并行为、审计收费与事务所规模之间的关系，实证结果显示，控制客户规模、客户风险、审计意见类型等因素后，事务所合并、事务所规模与审计收费存在显著正向关系。李明辉、张娟和刘笑霞（2012）利用 2003－2009 年间的十起事务所合并案展开研究，利用合并事务所在合并前后两年其上市公司客户的面板数据进行实证检验，发现事务所合并促进审计收费提升，对所有事务所客户审计费用的横向比较也印证了该结论。蒋力等（2009）的研究表明，事务所合并不仅扩大了事务所规模，还有利于审计收费的提高。

大陆也有学者认为并非所有的事务所合并能提高审计收费，如邓川（2012）的研究表明，如果大所在合并后能进入内资事务所排名前十，则审计收费较合并前显著提升，反之，则审计收费在事务所合并前后变化不大。也有学者认为事务所合并对审计收费的提高没有显著影响，如曾亚敏和张俊生（2012）以 2006－2009 年年初发生的 8 起"强强联合"事务所合并案为研究对象，发现我国本土所的市场力量在逐渐增强，但与国际"四大"之间还存在非常明显的差距。仅从单变量检验来看，合并后的事务所对同一客户的审计收费较合并前确实有显著增加，但在控制其他影响审计收费的因素后发现，合并对审计收费虽仍有正向作用，但在统计上并不显著。

（二）理论分析

一方面，从理论上讲，事务所合并导致规模扩大，可能会产生规模经济效应，带来审计成本下降，进而导致审计收费下降，主要体现在如下方面：（1）规模扩大后，事务所相关的固定成本可以在更大范围内得到分摊，内部生产要素之间将产生更大的协同效应。（2）事务所规模越大，可用于技术改进和方法创新的资源投入就越多。研发活动具有专业化分工的效果,能发挥技术上的规模经济效应;大型事务所业务量较大,也能提高研发成果的利用率,有效降低单位产品占用的研发成本。(3)与小型事务所相比,大型事务所有机会承接到更多的大客户业务,可以更广泛地了解不同行业的专门化知识,积累相关的专业技能,并有效地运用这些知识和技能。从事特定行业审计的员工之间相互交流和学习也可以提高工作效率,降低事务所的总成本。(4)规模扩大的事务所一般拥有较多的区域性分支机构,能减少合并前异地审计的差旅费开支及其他支出等。

另一方面,事务所合并能增加与客户进行审计定价谈判时的相对优势,导致审计收费提高。审计收费实际上是审计师的市场势力与上市公司的影响之间博弈的均衡结果(Bandyopadhyay 和 Kao,2004)。Caren 等(2000)发现,较高的市场份额允许事务所将审计定价水平提升至成本之上,这一现象是事务所具有市场势力的一种信号。事务所合并之后,其市场势力会有提升,在与客户的定价谈判中将会变得更强势,从而索取更高的审计收费。从整个审计市场的角度来看,事务所合并导致市场集中度不断提高,为上市公司提供服务的事务所数量减少,从而提高事务所的相对势力,甚至可能导致审计市场出现垄断,垄断的事务所之间容易达成合谋协议,控制审计服务价格,进而获得高于市场平均收益水平的溢价。

其三,事务所合并后更有能力提供差异化的审计服务,从而获取较高的收费溢价。审计市场存在信号机制,高质量产品的提供者能获得溢价激励,但审计服务产品属于"经验商品",通常难以直接观察和感知其质量,往往要经过较长时间才可能得到验证。此时,事务所的行业专长、独立性及担保能力等常被当作衡量审计质量的重要标准,因此,提供差异化的审计服务成为事务所的理性选择。合并后的事务所有实力投入更多的资源进行员工培训和技术研发，有助于审计师行业专长的形成，大型事务所能提供更高的薪酬待遇和更多的发展机会，有助于其吸引一流的审计师，事务所的专业胜任能力也得以增强。事务所规模的扩大能带来更多客户，"准租金"的提高将有助于增强其独立性，大型事务所也能更有效地监督合伙人行为，促使其保持独立（Watt和Zimmerman，1981）。因此，合并提高了事务所声誉和审计质量，为收费溢价提供了很好的基础，而事务所声誉和审计质量得到注册会计师审计市场的高度认可，也会促使上市公司愿意接受更高的审计收费。

（三）假设提出

依据现有文献，会计师事务所合并后一方面会提高审计效率，另一方面由于注册会计师的专业胜任能力提高、事务所规模的扩大，以及品牌知名度的提升，使得单位审计资源所需的价格提高。根据 Simunic（1980）提出的审计定价的理论模型：$E(C) = CQ + E(d) \times E(\theta)$，其中 $E(d) \times E(\theta)$ 是对审计风险的量化，审计成本 E（C）受预计投入的审计资源数量（Q）以及单位审计资源的价格（C）共同决定。本课题认为，合并后审计效率提高的程度受事务所合并时间的长短以及合并后内部资源整合情况的影响，短时间内合并不会带来审计效率的大幅度提高。此外，会计师事务所合并初期会发生较高的整合成本，本课题认为合并不会带来审计成本的大幅度下降。

同时，伴随着合并后会计师事务所的独立性增加，声誉提高，客户数量增加，在与客户谈判时，会计师事务所的谈判能力提高，针对审计收费的议价能力也随之提升。这有效地遏制了事务所的"低价揽业"以及低价竞争行为。因而合并对审计定价的提高有一定的积极作用。基于上述分析，短期内事务所合并所带来的审计成本下降幅度有限,而规模的迅速扩大、声誉的提高却有利于会计师事务所在审计议价中占据有利位置。因此,本书提出假设1。

H4-1:会计师事务所合并后,在短期内审计收费提高。

(四)数据来源与样本选择

1. 会计师事务所合并案件的选取

对于事务所合并案的选择,本书遵循以下原则:(1)参与合并的事务所必须位于中注协颁布的会计师事务所综合评价前百名之内;(2)必须是可以辨认的会计师事务所合并,不包括采用管理公司的形式的合并(如上海立信长江会计管理公司),也不包括事务所加入国际事务所联盟的形式;(3)参与合并的事务所应有上市公司客户2006-2011年的数据;(4)必须是本土所之间的合并,不包括国内所与国外所的联姻;(5)参与合并的事务所必须有合并前2年、合并后2年的清洁期(即合并前2年、合并后2年不再发生合并)。根据上述原则,共筛选出6起会计师事务所合并案,见表5-1。

表5-1 会计师事务所合并案例

合并后名称	参与合并的事务所	合并时间	-1年度	+1年度
中瑞岳华	岳华、中瑞华恒信	2008年1月	2007	2009
五洲松德联合	北京五洲联合、万隆松德	2008年2月	2007	2009
京都天华	天华、北京京都	2008年12月	2007	2009
天职国际	天职国际、北京大公天华	2009年10月	2008	2010
信永中和	信永中和、四川君和	2009年7月	2008	2010
中兴华富华	中兴华、江苏富华	2009年12月	2008	2010

2. 上市公司的选取

样本上市公司筛选的原则是:(1)该上市公司在事务所合

并前由参与合并的事务所审计,在事务所合并后仍由合并后的该事务所审计;(2)能够获取该上市公司连续 6 年的数据;(3)该上市公司所处行业为非金融行业;(4)该上市公司在观察期内无数据缺失。依据上述筛选原则,共筛选出 696 个样本观测值。本部分选取的上市公司相关数据来源于国泰君安 CSMAR 数据库中的中国上市公司财务报告板块。

在筛选过程中,剔除了审计费用缺失、财务报表上其他数据缺失的上市公司后,最后得到 116 个样本公司 6 年的数据,总共 696 个。其中,合并前 334 个公司年,合并后 362 个公司年。这 116 个公司全部属于稳定客户[①]。这样本书就获得了上市公司客户在事务所合并前后共 6 年的样本数据,以此为依据检验事务所合并对审计定价的影响。

(五)模型构建与变量定义

为了检验假设 1,本文对 Simunic (1980) 修正模型修改的基础上构建如下模型:

$$LnF = b_0 + b_1 Region + b_2 Opin + b_3 LnA + b_4 Rec + b_5 Liq + b_6 Asl + b_7 Merge + u \qquad (1)[②]$$

表 5-2 给出了各变量所代表的含义,以及预期符号。

(六)描述性统计

表 5-3 是按是否合并进行分类后,各变量的统计值,包括 Mean (均值)、P50 (中位数)、Max (最大值)、Min (最小

[①] 稳定客户是指该客户连续 6 年均有合并前后的会计师事务所审计,不存在会计师事务所变更的行为。

[②] 由于通货膨胀因素的影响,审计费用存在自然上涨的情况,为了控制通货膨胀对审计收费的影响,本书将名义审计收费调整为实际审计收费,LnF = ln (Fee/CPI)。式中以 2006 年的 CPI 为基数,2007 年的 CPI 为 104.80%,2008 年的 CPI 为 110.98%,2009 年的 CPI 为 110.20%,2010 年的 CPI 为 113.84%,2011 年的 CPI 为 119.99%。

表 5-2　　　　　　　　变量说明及预期符号

变量名称	变量说明	预期符号
LnF	审计收费的自然对数	
Region	公司所在地区：北、上、广、深取值为1，否则为0	+
Opin	审计意见类型：标准审计意见为0，否则为1	+
LnA	总资产的自然对数	+
Rec	应收账款及存货在总资产中所占比重	+
Liq	流动比率	−
Asl	资产负债率	+
Merge	是否合并：合并取值为1，否则取值为0	+

值）、Sd（标准差）。其中 Merge = 0 代表合并前的样本，共 334 个观测值；Merge = 1 代表合并后的样本，共 362 个观测值。由表 5-3 分析发现，全部样本的审计费用自然对数的均值为 13.285，合并前审计费用自然对数的均值为 13.180，合并后审计费用自然对数的均值为 13.381。与合并前相比，合并后审计费用自然对数的均值上涨了约 0.2，被审计单位总资产的自然对数均值上涨了约 0.4，流动比率上涨了约 22 个百分点，资产负债率上涨了 1 个百分点。全部样本资产负债率的均值为 49.7%，最大值为 299.2%，最小值为 8.3%，标准差为 0.23。

表 5-3　　　　　　　　变量描述性统计

变量	Merge	N	Mean	P50	Max	Min	Sd
LnF	Total	696	13.285	13.262	15.309	11.513	0.609
	0	334	13.180	13.122	14.809	11.849	0.551
	1	362	13.381	13.385	15.309	11.513	0.645

续表

变量	Merge	N	Mean	P50	Max	Min	Sd
LnA	Total	696	21.762	21.634	27.849	18.291	1.211
	0	334	21.554	21.502	27.319	18.757	1.137
	1	362	21.954	21.784	27.849	18.291	1.246
Rec	Total	696	112700	49400	3736000	0	260800
	0	334	79600	40600	903000	0	114600
	1	362	142900	61000	3736000	0	339500
Liq	Total	696	1.452	1.226	7.594	0.136	0.899
	0	334	1.338	1.124	5.362	0.136	0.790
	1	362	1.558	1.294	7.959	0.179	0.977
Asl	Total	696	0.497	0.491	2.992	0.083	0.230
	0	334	0.433	0.500	2.271	0.111	0.196
	1	362	0.500	0.480	2.992	0.083	0.257

注：Rec 代表存货和应收账款净额之和，单位：万元。

（七）单变量的统计结果分析

表 5-4 报告了各变量之间的 Pearson 相关系数以及 Spearman 相关系数。结果表明客户总资产的自然对数（LnA）、是否合并（Merge）、所在地区（Region）与审计收费的自然对数在 1% 的水平上显著正相关，资产负债率（Asl）与审计收费正相关；流动比率（Liq）审计意见类型（Opin）以及应收账款和存货占资产总额的比率（Rec）与审计收费负相关。各自变量之间相关系数没有超过 0.4。这表明，各自变量之间不存在严重的多重共线性。故本书未对各控制变量做多重共线性检验。

（八）多元回归结果分析

通常而言，面板数据的回归方法有固定效应回归模型、随机效应回归模型以及混合效应回归模型。为了选择更符合实际的模

表 5-4　　　　　　　　变量相关性检验系数

	LnF	Region	Opin	LnA	Rec	Liq	Asl	Merge
LnF		0.2746	-0.1081 ***	0.7111 ***	-0.1603 ***	-0.1108 ***	0.1498 ***	0.1746 ***
Region	0.294 ***		-0.0135	0.1832 ***	0.0788 **	0.1482 ***	-0.0211	-0.0216
Opin	-0.132 ***	-0.013		-0.1918 ***	0.0424	-0.1243 ***	0.0982 ***	-0.0062
LnA	0.738 ***	0.227 ***	-0.241 ***		-0.2351 ***	-0.1924 ***	0.2707 ***	0.1778 ***
Rec	-0.130 ***	0.083 **	0.061	-0.219 ***		0.4267 ***	0.1516 ***	-0.0211
Liq	-0.134 ***	0.101 ***	-0.085 **	-0.215 ***	0.262 ***		-0.5857 ***	0.1307 ***
Asl	0.055	-0.021	0.385 ***	0.118 ***	0.218 ***	-0.472 ***		-0.0104
Merge	0.165 ***	-0.022	-0.006	0.165 ***	-0.025	0.123 ***	0.015	

注：***、**、*分别表示变量间 Pearson（左下部分）及 Spearman（右上部分）相关性检验在 10%、5%、1%水平上显著（双尾）。

型，本书通过 F 检验，比较固定效应与混合效应回归模型的适用性，通过 LM 检验比较随机效应模型与混合效应回归模型的适用性，通过 Hausman 检验比较随机效应模型与固定效应模型的适用性。最后确定，采用随机效应回归模型。

1. 回归模型选择

在比较混合效应回归模型与固定效应回归模型的适用性时，通常采用 F 检验。表 5-5 给出了 F 检验的结果。

表 5-5　　　　　　　F 值检验结果

统计量		统计值	统计量	统计值
R^2	within	0.3900	F	61.17
	between	0.5808	P	0.0000
	overall	0.5478		
Sigma_u		0.3621	Sigma_e	0.2164
rho		0.7369		
F（检验）		15.59	P	0.0000

第五章　本土会计师事务所国际化准备及效果

由表 5-5 可知，采用固定效应回归模型时，各变量参数联合检验的 F 统计量为 61.17，P 值为 0.0000，可以看出参数整体上相当显著。表 5-5 最后一行检验固定效应回归模型是否显著的 F 统计量为 15.59，P 值为 0.0000，表明固定效应非常显著，固定效应回归模型优于混合效应回归模型，故应采用固定效应回归模型。

在比较混合效应回归模型与随机效应回归模型的适用性时，通常采用 LM 检验。表 5-6 报告了 LM 检验的结果。

表 5-6　　　　　LM 检验结果

	Var	Sd
LnF	0.3712	0.6093
e	0.0468	0.2164
u	0.1192	0.3453
Test	Var（u）= 0	Chi2 = 859.07 P > chi2 = 0.0000

注：LnF = xb + u[cor] + e[cor,t]

由表 5-6 的结果可知，LM 检验得到的 P 值为 0.0000，故应拒绝原假设，随机效应非常显著，随机效应回归模型也优于混合效应回归模型。

在实际操作时，通常采用 Hausman 检验比较随机效应回归模型与固定效应回归模型的适用性。表 5-7 给出了 Hausman 检验的结果。

表 5-7 列示了固定效应回归模型和随机效应回归模型下变量的系数，表格最后一行给出了 Hausman 检验的结果，P 值为 0.7764，无法拒绝原假设。个体随机效应显著，故应采用随机效应回归模型。

表 5-7　　　　　　　　　Hausman 检验结果

变量	FE 系数（b）	RE 系数（B）	b - B	Sqrt（diag（V_b - V_B））
Opin	0.1330	0.1417	-0.0088	0.0255
LnA	0.3446	0.3506	-0.0060	0.0167
Rec	0.1869	0.1399	0.0470	0.1080
Liq	-0.1848	-0.0193	0.0009	0.0053
Asl	-0.0056	-0.0371	0.0315	0.0232
Merge	0.0837	0.0804	0.0033	0.0074
Test	Chi2	3.25	P	0.7764

2. 多元回归结果分析

通过上文对混合效应回归模型、固定效应回归模型以及随机效应回归模型的比较，最后确定应采用随机效应回归模型。表 5-8 给出了随机效应回归模型的结果。

表 5-8　　　　　　　随机效应模型回归结果

自变量	预期符号	RE 系数	P 值	T 值
Merge	+	0.0804 **	0.000	2.63
Region	+	0.199 *	0.014	2.12
Opin	+	0.142	0.105	1.20
LnA	+	0.351 ***	0.000	10.73
Rec	+	0.140	0.301	0.84
Liq	-	-0.0193	0.254	-0.75
Asl	+	-0.0371	0.594	-0.37
cons		5.575 ***	0.000	7.55
R^2	within		0.3897	
	between		0.6032	
	overall		0.5667	
Sigma_u		0.3453		
Sigma_e		0.2164		
rho		0.7180		
	Chi2 = 537.70　　P = 0.000			

注：* $p < 0.05$，** $p < 0.01$，*** $p < 0.001$

表 5-8 给出了随机效应回归模型下，审计收费与会计师事务所合并之间的回归结果。分析可知，回归模型整体的拟合优度为 0.5667，P 值为 0.0000，回归结果整体显著。其他变量除流动比率和资产负债率外，都与审计收费正相关。资产负债率与审计收费负相关，但统计上不显著（P = 0.594，T = -0.37），为 -0.0371。从理论上讲，企业财务杠杆系数的大小可以反映出财务风险的大小。如果企业中负债适当，调整资本结果能给企业带来额外收益，此时企业的财务风险相对较小，会计师事务所面临的审计风险也较小。反之，如果企业举债过度，那么将使企业面临很大的财务风险，会计师事务所面临的审计风险较大。由变量描述性统计结果可知，所有样本的资产负债率均值为 49.7%，适度的负债有助于企业利用财务杠杆作用带来额外收益，降低企业风险。

审计收费与会计师事务所合并在 5% 的水平上显著正相关（P = 0.000，T = 2.63），为 0.0804，表明事务所合并后审计收费显著提高。回归结果验证了本书的假设 1。这主要是会计师事务所合并提高了对会计师事务所对审计客户的议价能力。而会计师事务所合并虽然能带来规模收益使得审计成本降低，这种效应要低于合并带来的议价能力的提高和审计产品质量的提高效应。因而综合来看，会计师事务所合并后审计收费提高。

吕伶俐、李长爱（2014）以我国证券审计市场 2009 年的事务所合并案为研究样本，通过合并前一年（2008 年）至合并后两年（2011 年）共四年数据之间的两两比较，考察了事务所合并对审计收费影响的动态变化过程。其研究结论概括为如下两点：其一，合并当年与合并前一年相比、合并后一年与合并前一年相比、合并后两年与合并前一年相比，事务所的审计收费均显著提高，但控制审计收费的其他影响因素后，仅第三组发现审计收费与事务所是否合并显著正相关,而前两组均未发现,这说明与合并前一年相比,事务所的合并行为在合并当年、合并后一年尚未对审计收费产生显著影响,仅在合并后两年才有显著作用。其二,合并后一年与合并当年相比、合并后两年与合并当年相比、合并后两年与合并后一年相比,事务所的审计收费均显著提高,但控制审计收费的其他影响因素后,仅第二组发现审计收费与年份变量显著正相关,而其他两组均未发现,这说明与合并当年相比,事务所的合并行为在合并后一年尚未对审计收费产生显著影响,在合并后两年才体现出显著效果,而合并后第二年与第一年的审计收费没有明显差异①。

根据研究研究结论,进一步得出启示:第一,事务所的合并行为对审计收费的提高有促进作用,时间越长,作用越显著,说明我国本土证券资格事务所逐步得到了市场的认同,这在一定程度上证明财政部、中注协和证监会关于推动事务所做强做大的政策取得了初步成效,因此,现阶段应继续支持和引导事务所做强做大。第二,事务所应进一步增强声誉和品牌建设意识。审计收费的提高在事务所合并后第二年才显现出来,说明合并后事务所的品牌和声誉,要花费较长的时间才能得到资本市场的认可。本土事务所的发展不能急于求成,合并事务所的资源整合与内部机制建设是一个长期过程,应该制定长远发展战略,切实提高业务质量、不断提升核心竞争力,逐步建立本土事务所的品牌和声誉,最终实现本土事务所既"做大"又"做强"的发展目标②。

---

① 吕伶俐、李长爱:"我国本土会计师事务所合并对审计收费的影响研究",《中国注册会计师》,2014年第4期。

② 吕伶俐、李长爱:"我国本土会计师事务所合并对审计收费的影响研究",《中国注册会计师》,2014年第4期。

三、事务所合并对审计质量的影响

近年来，关于合并效果的实证研究一直是理论界探讨的热点问题，除了研究合并对审计收费的影响外，有关合并与审计质量、合并与审计市场集中度、合并与公司股价、合并与审计生产效率等研究成果众多，通过中国知网检索"会计师事务所合并与审计质量"，仅硕博论文就有近200篇。从实证研究结论看，并没有达成一致的观点，如关于合并与审计质量，国（境）内外学者均得出两种截然不同的观点。

国外（境外）学者对于事务所合并能否提高审计质量的研究成果主要有两类观点：

第一，事务所合并能提高审计质量。DeAngelo（1981）研究表明，事务所规模与审计质量存在正相关关系。DeFond和Jiambalvo（1991）和Colbert和O'Keefe（1995）发现，事务所规模越大，其所审客户存在会计差错或违规行为的可能性越小。林宗辉和戚务君（2007）选取勤业与众信会计师事务所的合并案进行实证分析，用客户的操纵性应计利润、盈余反应系数作为审计质量的衡量指标，研究结论表明事务所合并后审计质量显著提高。张谦恒（2005）、Wang，Liu和Chang（2008）对台湾"四大"之一的致远会计师事务所（现更名为安永）和台湾当地事务所荣聪联合之间的合并案进行研究，发现两家事务所合并之后审计质量均得到提升，其中荣聪会计师事务所审计质量的提升幅度大于致远会计师事务所，说明合并所带来的利好效应对小所更明显。Choi等（2010）选取非正常应计项目衡量审计质量，在控制事务所规模、行业专长等因素之后，检验事务所分部规模与非正常应计项目的相关性，回归结果显示两者显著负相关。Chan和Wu（2011）分析了内地1999–2006年的事务所合并案，从合并双方是否具有证券资格的角度进行实证检验,结果显示审计质量的提升只出现在强强合并(合并双方均为证券资格事务所)后,强弱合并(证券资格事务所合并一家或多家非证券事务所)不会导致审计质量的提升。Joel 和 Chris(2012)认为合并之后的会计师事务所要想真正做大做强,需要进行有效整合,逐步缩小差异实现融合。

第二,事务所合并不能带来审计质量的提升。Penney(1961)指出事务所合并不会导致审计质量的提升,仅对管理咨询业务产生积极影响。GAO(2003a)在对已有文献进行归纳总结后指出,事务所合并与审计收费、审计质量、注册会计师独立性之间没有明显关联性。GAO(2003b)对大型上市公司的159位职员进行调查访问,结果显示:只有少数人认为事务所合并会影响审计质量,其他人认为前者对后者影响不大或没有影响。台湾地区学者吴清在和曾玉琦(2008)选取台湾地区当时三次合并案进行研究,用持续经营审计意见作为审计质量衡量指标,将事务所合并前后的审计质量进行比较分析后发现,两者不存在显著差异,合并并未带来审计质量的提高。

内地在事务所合并能否提高审计质量这一论题上的研究起步较晚,早期主要采用规范研究方法,近几年才开始运用实证检验研究方法。其研究成果也分为两类:

其一,合并能有效提高事务所审计质量。李眺(2003)从产业经济学的角度进行分析,指出事务所合并是受到审计质量信号传递机制的推动,即事务所规模及品牌是客户选择事务所的重要影响因素,事务所为了获得更多优质客户,积极走向合并道路,扩大自身规模。规模扩大之后,平均审计成本和固定成本得到降低,劳动生产率不断提高,同时还可以获得更多的人力资源,进而促进审计质量的提升。刘颖斐和余玉苗(2007)认为事务所规模对审计质量有较大影响，他们通过将国内外审计市场集中度进行比较分析后发现，我国审计市场集中度还相对较低，与国外相比，有较大的上升空间。在对国外注册会计师行业发展的经验进行归纳总结后指出，为了提高本土事务所的审计市场集中度、培育寡头型事务所，需要借助法律法规等非市场力量进引导，同时要保障事务所的权力，在强化审计师独立性的基础上提高审计质量。漆江娜等（2004）和王艳艳等（2006）研究表明，与"非四大"审计的客户企业相比，"四大"客户的可操纵性应计利润明显较低，说明规模较大的"四大"具有更高的审计质量。蔡春等（2005）同样选取可操纵性应计利润来衡量审计质量，利用"前十大"与"非前十大"的审计客户进行实证检验，结果显示：前者审计质量更高。曾亚敏和张俊生（2010）研究了2006－2009年间8起典型的事务所合并案，结论表明事务所合并后，审计质量显著提高，这种积极影响在实质性合并中表现得更为明显。以中瑞岳华为代表的实质性合并产生的效果比形式性合并效果更好。刘启亮、刘波罗和何威风等（2011）对本土大型事务所合并后几年的审计质量进行实证检验后，指出审计质量的提高直到合并后的第三年才显现出来，之前两年合并效果不显著。此外，还发现大型本土所的兼并与品牌联盟战略对审计质量的提高并未产生较大影响。许馨元（2014）选取2006－2010年的事务所合并案为研究对象，发现事务所合并后审计质量提高，吸收合并的事务所审计质量高于新设合并的事务所，特殊普通合伙制将成为事务所"做大做强"的有效制度框架。王汇华（2015）从合并方式和合并动机等角度对2009－2013年事务所合并对审计质量的影响进行了横向和纵向的实证考察，发现事务所合并可以提高审计质量，吸收合并在合并初期可以提高审计质量，但从长期来看，新设合并更能提高计质量。

其二，事务所合并不能导致审计质量的提高。吴溪（2006）以中天勤的合并案例为样本进行研究后，指出中天系和天勤系合并前审计质量存在显著差异，合并之后审计质量并未提高。他们认为这起案例失败的原因是双方质量控制存在差异，合并之后没有进行有效的资源整合，进而导致未能实现规模效应，反映了政策推动下事务所合并的盲目性以及合并准备不充分。李凯（2010）采用会计稳健性和异常性营运资本衡量审计质量，实证检验中瑞岳华等四起会计师事务所合并案例对审计质量的影响，结果显示仅吸收合并有助于审计质量的提高，其他合并方式下审计质量没有明显改善。其中，新设合并事务所可能需要更长的时间来进行资源整合，所以短期内审计质量的提升不显著；仅仅是形式上进行合并、实质上没有进行整合的事务所，基本没有达到提高审计质量的效果。王咏梅和邓舒文（2010）选择1998－2007年间事务所合并案，研究不同类型的事务所合并对审计质量的影响，结论表明不同合并方式对审计质量的影响有差异：新设合并与审计质量显著正相关，即会促进审计质量的提升；吸收合并对审计质量影响不显著。李明辉（2011）以2005年德勤与北京天健合并、德勤与深圳天健信德合并，2008年中瑞华恒信与岳华合并案为研究样本进行研究，选取操控性应计额的绝对值来衡量审计质量，结果显示事务所合并不仅没有提升审计质量，反而导致审计质量显著下降，即使是合并之前规模小的事务所审计质量也未得到提高。李明辉（2012）、邓川（2012）认为本土事务所合并后审计质量有所下降。武晓玲等（2007）、刘笑霞和李明辉（2011）则发现，事务所规模与审计质量之间呈倒U型关系。近两年，也有多位学者研究发现，事务所合并未导致审计质量提高（邓川和杨文莺，2014；王琰等，2014；李明辉和刘笑霞，2015；张凯鹏，2015；祝嘉伟和汪开明，2015）。唐建新、付新宇和陈冬

(2015)以2005年信永中和合并香港何锡麟会计师行、2006年中天华正和广州羊城加盟立信的品牌联盟等案例为研究对象,发现信永中和合并何锡麟会计师行后,审计质量整体上有明显提高,而立信系整体审计质量在联盟后出现下降。综上所述,充分重视合并后的实质性整合,才是提高审计质量的关键。

吕伶俐(2014)以我国证审计市场2009年的事务所合并案为研究样本,通过合并前一年(2008年)至合并后两年(2011年)共4年数据之间的两两比较,得出事务所合并行为对审计质量的影响并不是单向的,在合并当年审计质量显著降低,之后合并的积极作用逐步体现出来,审计质量稳步回升,到一定阶段趋于稳定[①]。

整体来看,学者们普遍认为事务所合并能够促成本土事务所快速扩张、实现规模化发展、提高市场竞争力,为注册会计师行业的做大做强奠定了较好的基础。从近年来注册会计师行业规模化发展实践来看,本土事务所通过规模化发展,在综合实力排名,争取大客户,支持企业"走出去"等方面均取得显著的成绩,也验证了合并促进本土事务所规模化发展,增强了整体实力,为本土事务所的国际化发展做好了较充分的准备。

事务所规模化发展实现了做大做强战略的基本目标,其效果得到了社会各界的广泛认同,为突出"做强"目标,2010年,中注协将"做大做强"战略调整为"做强做大"战略。

2012年6月,中注协又发布《关于支持会计师事务所进一步做强做大的若干政策措施》,提出一系列措施,进一步支持本土事务所加快规模化发展,实现做大做强以及国际化发展。一是

---

① 吕伶俐:《中国本土会计师事务所合并绩效研究》,湖北人民出版社2014年版,第96-97页。

鼓励事务所强强合并。自 2012 年开始，根据事务所的综合排名以及累计排名，给予不同程度的中注协会费返还。如果事务所首次入围全国排名前 15 位，返还其当年上交中注协会费的 25%；已进入综合评价排名前 15 位的事务所，如果排名进步 3 位以上的，或者年业务收入超过 5 亿元且增幅高于行业平均值的事务所，返还其当年新增上交中注协会费的 25%[①]。二是鼓励事务所"走出去"。针对事务所在境外设立分支或开展业务活动的情况实施奖励办法。事务所在境外某一国家和地区自主设立分支机构（包括并购吸收所在国家和地区的知名事务所成为其成员所），且实现品牌统一，能够正常开展业务，并对分支机构的业务、人事等重大事项决策和质量控制等具有控制力，经事务所申请，中注协给予 25 万元的资助；对单个事务所在境外设立分支机构的资助，最高限额为 100 万元；事务所以自主品牌参与权威国际会计公司网络排名进入全球前 20 位，并且国内业务收入超过 10 亿元，一次性给予 100 万元奖励；事务所加入国际排名前 10 位国际会计公司网络成为其成员所，并且在本国际网络排名进入前 10 位同时担任本国际网络高层决策机构成员的，一次性给予 50 万元奖励[②]。

第二节　人才战略的实施与效果分析

一、有关人才战略的文献回顾

国内外学者对人才战略研究的时间并不长，且并没有形成一

---

① 中注协："关于支持会计师事务所进一步做强做大的若干政策措施"，2012 年 6 月发布。

② 同上。

个相对完整的统一研究框架,更多的学者和实务工作者是探讨事务所人力资源管理存在的问题,或者从事务所角度研究人力资本特征对经营绩效和审计质量的影响等。

(一)人力资本对经营绩效的影响

作为人力资源密集型服务业,人力资本就是事务所的核心力量,即事务所创造收入的主力军。因此,很多学者从事务所层面对注册会计师的特征进行分析,研究事务所的人力资本特征对审计质量、事务所业绩等的影响。

Pennings, Lee 和 Witteloostuijn (1998) 采用行业经验和教育水平作为人力资本的衡量指标,选取荷兰会计公司 1880 – 1990 年的数据进行实证检验,结果显示:事务所人力资本与其解散的可能性成反向关系,即人力资本权重越高,事务所持续发展能力越强,倒闭、被吸收、解散的可能性越小。Bröcheler, Maijoor 和 Witteloostuijn (2004) 利用 1930 – 1992 年荷兰事务所的数据,研究人力资本特征对新设会计师事务所绩效的影响,发现事务所从业人员的教育水平在设立期间和存续期间,都有助于改善事务所的绩效;而从业人员经验水平对事务所的影响在各阶段不尽相同:设立阶段,从业人员经验水平与事务所绩效正相关,存续阶段则反相关。

谌嘉席 (2011) 以 2007 – 2009 年中国注册会计师协会发布的《会计师事务所全国前百家信息》为数据来源,具体分析了人力资本的几个要素对事务所收入、发展规模的影响,通过实证检验发现:(1) CPA 人数与事务所收入呈显著正相关性,是决定事务所收入的关键因素;(2) 年轻 (40 岁以下) CPA 的比重与事务所收入显著正相关,年轻 CPA 所占比重越高,越能给事务所带来更多收入;(3) CPA 的教育结构和继续教育完成率对事务所收入影响不明显,培训程度也不能显著增加收入。

Chen 和 Lin（2007）以台湾地区会计师事务所的人力资源数据为基础进行研究，指出合伙人学历与执业经验有助于提升事务所的业绩。

Chang、Chen、Duh 和 Li（2011）对台湾地区 1993-2003 年事务所数据进行研究，选取 51 家会计师事务所作为研究样本，实证结果显示会计师事务所的 IT 技术和教育水平、经验等人力资本会影响其经营效率。

Stewart（1997）从行业竞争的角度分析企业人力资源与绩效之间的关系，表明高素质人力资源是不容易被模仿的资源，企业拥有的核心资源越多，越容易创造利润、形成竞争优势。

Chih-Hsien Liao（2011）采用问卷调查法研究后续职业教育培训对企业市场价值的提升作用，指出后续教育支出有助于提升企业当前以及未来的经营绩效，与企业市场价值成显著正向关系。

Norman Chiliya（2012）取南非东伦敦大都会地区的小型商贸企业作为研究对象，实证检验企业从业人员教育水平、工作经验等与企业经营绩效之间的关系，结果显示：两者存在正向关系。

刘笑霞、李明辉和吕伟（2012）选用会计师事务所业务收入、事务所的 CPA 人数以及事务所从业人员数量三个指标，来衡量事务所规模，以我国沪深两市 A 股上市公司 2007 年、2008 年两年的数据为基础，分析事务所规模与审计收费之间的关系，结论表明两者显著正相关。

（二）人力资本对审计质量的影响

Deis 和 Giroux（1992）认为审计人员的教育水平、后续教育、先前的工作经历等都会影响其职业质量。

Niemi（2004）以芬兰的小事务所作为样本，以注册会计任职年限的长短、注册会计师是否为第一层次认证、注册会计师是否具有学位,来衡量注册会计师的业务能力,研究表明三个衡量注册会计师业务能力的因素与事务所的小时费用率之间是显著正相关的。

Cheng,Liu 和 Chien(2009)通过调研取得台湾地区事务所相关数据,以此为基础研究事务所人力资本对审计质量的影响,结论表明注册会计师的学历学位、实践经验、各类资格证书的获得、是否参加后续培训等人力资本特征与事务所的规模及事务所的品牌之间存在正向联系。

Francis(2011)认为会计师事务所的内部治理对审计质量的影响至关重要。事务所通过人员的聘用与培训、薪酬与激励政策、内部业务管理等措施来确保审计质量。

刘笑霞和李明辉(2012)以 2008 - 2009 中国注册会计师协会公布的百强事务所的数据为研究样本,研究事务所人力资本特征与审计质量的相关性。以 CPA 占从业人员比重、学历结构、年龄结构及参加中注协行业领军人才的情况衡量人力资本特征,通过实证检验后发现,高年资的注册会计师占全体注册会计师的比例越高、入选行业领军人才数量越多,审计质量越高,但是,研究并未发现事务所中 CPA 所占比例和 CPA 的学历结构与审计质量存在显著关系的证据。

(三)事务所人力资源管理问题

近年来,在政府相关政策的扶持下,注册会计师行业虽然已经取得了飞速发展,但与国外同业整体水平相比,特别是在人力资源管理方面,仍存在着较大的差距,注册会计师行业人才建设与培养,加强人力资源管理是全行业与每个事务所都必须重点关注的问题。已经有不少的学者和实务工作者都对事务所人力资源管理存在的问题进行了分析,且普遍认为现阶段我国事务所在人力资源管理方面还缺乏一套完整的战略思想和高效的管理体系。

代金宏和倪筱楠（2006）认为人力资源是对企业发展至关重要的稀缺资源，进而把人力资源的管理提到了事务所的战略层面之上，并指出事务所战略人力资源管理的重点是核心员工，即项目经理和高级审计人员，核心员工的战略人力资源管理应制定战略规划、实施规划、战略制衡和调整评价四项工作，来吸引、留住核心员工进而推进事务所快速、健康和持续发展。

孙万欣（2008）分析了我国会计师事务所核心人力资源管理在聘用、培训体系、激励机制、员工离职后的延续管理等方面存在的主要问题，并对如何加强事务所核心人力资源的管理提出相应的对策。

刘春和孙亮（2008）在分析我国会计师事务所人才流向的基础上，归纳出人才流失的根本原因是事务所不合理的内部组织结构、分配评价制度和培训制度，并有针对性地提出了相关对策。

张媛媛（2010）认为会计师事务所对人力资源的优化与组合，是检验其是否成功走向规模化经营的生产力标准，从中小所人力资源战略管理的角度出发，得出人力资源战略管理工作是一个需要细化的过程，从制定到实施涉及事务所组织结构、所处环境、竞争优势的获取等，只有站在战略的高度，制定一套长远的人才建设方案，逐步完善内部运营管理机制、树立和谐的企业文化来增强凝聚力，才能使中小所摆脱现有的弊端、保持和提升其核心竞争力以实现持续稳定发展。

余强（2011）以注册会计师行业特点为出发点，分析了事务所人力资源管理中的问题，并针对本土所普遍存在的问题提出以下建议：建立人力资源管理信息系统；通过时间管理，进行基于项目的人工成本核算；促进知识型人才向能力型、创新型人才转变；建立多维度的绩效考核体系，有效地评价与激励员工；转变人力资源管理部门及人员的角色，发挥其战略作用。

陈薛孝、谭文浩和邓春艳（2012）基于国际视角，提出了本土事务所发展的框架，首先就提到了人才战略，认为本土事务所应当重视人才队伍建设，尤其是对高端人才的培养和储备，可以通过充分利用本土所自身灵活性的特点，在管理和薪酬机制上下功夫，为行业人才提供更大的发展平台和空间。

李竞男（2012）认为会计师事务所是在"资合"的基础上，由人组成的"人合""智合"的企业，在此基础上分析了事务所人才流失的原因，指出本土事务所必须在薪酬、文化以及人力资源管理方面进行完善，以留住优秀的人才。

Chang 等（2011）以台湾 51 家事务所作为样本进行研究，发现技术积累与人力资本积累是影响会计师事务所效率提高的两大主要因素。

国内外相关研究主要是考察事务所人力资源状况与审计质量、经营绩效等的关系，或对事务所人力资源管理问题的探讨及对人才战略的解读，而从实施人才战略的角度研究对事务所国际化发展的影响的文献还不多见，而且鲜有研究是从战略的高度去研究和分析事务所人才现状，只有从战略发展的角度去探讨行业人才建设，才能注重行业发展长期目标，摒弃短期盲目行为。

二、人才战略的实践探索及效果

在 20 世纪 80 年代以前，人力资源活动没有经过系统设计，只是停留在技术层面，并不是真正意义上的人力资源战略管理活动。直到美国经济学家安索夫在《战略管理论》《企业战略》中提出了关于战略的理论，学者们才开始从企业整体层面考虑人力资源管理问题，人力资源战略随着战略管理理论和实践的发展而正式形成并逐步发展。

而在我国,第九届全国人大四次会议,第一次把人才问题提升到国家战略的高度,由此国内理论与实务界开始关注人才战略研究。一方面,理论界学者们针对人才战略的内涵、属性、战略目标体系、战略内容、战略实施,提出了各自的见解;另一方面,各行业实务工作者们根据自身在人力资源管理方面的经验,在实践中探索人才建设途径,研究适合企业自身发展的人才战略。尤其是近年来,本土事务所面临国际大所的强势竞争,发展空间受到进一步挤压,本土所合并之风兴起,关于事务所发展战略的研究也开始受到关注。这些研究不仅拓宽了我国战略管理研究的领域,也为我国本土事务所面临的现实发展问题提供了若干解决思路。

随着我国会计、审计市场对注册会计师专业人才的需求大幅增长,教育部、财政部、中注协等各级机构都加大了对注册会计师专业人才的培养力度,包括设置会计学本科专业注册会计师专门化方向、MPAcc 教育、会计领军人才的培养、注册会计师后续教育等方面,以顺应人才发展的需要。

(一)会计领军人才的选拔与培养初见成效

为贯彻落实国家人才强国战略,财政部于 2005 年启动全国会计领军人才培养工程,并在《全国会计领军(后备)人才培养十年规划》中,提出"在全国范围内,有计划地分别企业类、行政事业类、注册会计师类、学术类 4 类,争取用 10 年左右的时间,培养 1000 名左右会计领军人才"这一目标。旨在为各行业培养高素质、复合型、国际化高端会计人才,并通过发挥领军人才的引领和辐射作用,全面提升我国 1200 多万各级各类会计人才队伍素质。培训事项由北京、上海和厦门三家国家会计学院在财政部的指导下具体实施,其中领军的培养还扩展到了海外,自2007年中注协在英国启动首期境外培训，先后有学员远赴澳大利亚、英国、法国等地求学，同时还定期组织学员参与国际型交流、学术论坛。全国会计领军人才工程自2005年启动以来，分别企业类、行政事业类、注册会计师类和学术类四个种类，累计招收32个班1132名学员，截至2014年12月累计有402名学员先后顺利毕业。近年来，培养工作得到了业内和用人单位的充分肯定，受到社会各界的广泛关注，社会认可度持续提升。

（二）国家会计学院后续教育影响深远

自1998年起，北京、上海、厦门三所国家会计学院相继设置成立，成为了培养高级管理人才及高级财会人才的会计后续教育培训基地。历年来，依靠中国注册会计师协会及各地方协会的合作与支持，主要以注册会计师相关知识为培训内容，并结合不同时期对人才素质的不同需求，开展CPA及非执业会员的继续教育培训，并逐步形成短期培训、学位教育、远程教育三种模式相结合的培训格局，以完成中注协委托培训的工作计划。另外，三所国家会计学院都开设了MPAcc、EMPAcc、EMBA的学位教育课程，培养适应行业发展需要的高端人才。

（三）金融审计高级人才培训班收效明显

金融审计作为高端业务，是事务所国际化发展的重要标志，因此，监管部门和事务所已对拓展金融审计领域业务形成共识，然而，金融审计领域较其他审计领域更加专业，对审计人员的专业素质、技术能力、学习能力、服务水平提出了更高的要求。中注协专门组织业务主管合伙人和业务骨干开展行业领军（后备）人才（金融审计方向）培养，2011－2013年先后启动了三批注册会计师行业领军人才（金融审计方向）的培养，期间组织学员访问了澳大利亚、英国等地的事务所、行业协会、银行及保险公司，就事务所的发展、金融机构审计及行业监管等进行了深入交流和沟通，使学员能够多维度、多角度地获得信息和知识，对新的业务领域有更多的理解和认知。

（四）会计学本科专业 CPA 专门化方向办学日趋成熟

自 1994 年 4 月，国务院批准设立 CPA 专业方向以来，全国先后有 23 所[①]高等院校将注册会计师专门化作为会计专业大类下的一个方向，设立 CPA 专业方向，由于高等院校合并等原因，至今，被中注协认可并给予经费资助，且定期进行质量检查的高校共有 19 所，20 余年共培养学生 3 万余名，向注册会计师行业及相关领域输送了大批优秀人才。

近年来，各高校的硬件设施和教学方法都在不断完善，其中硬件配备更加先进完善，多媒体教学和现代化的实验设备不断普及，通过计算机和互联网实现了资源共享，专业图书资料和数据库丰富多样。同时，为了使学生在实践中了解审计程序及方法，部分高校还提供了境外实习的机会。此外，自 2006 年开始，中注协每年会从这些高等院校中选拔一批品学兼优的学生，安排到境外国际会计公司实习 3 个月，截至 2014 年底，该项目已举办了 9 期，出境实习学生共计 777 人。

各专业院 CPA 专业方向的教学效果都有一定程度的提高，学生素质总体有提升趋势。但是，部分院校的实习基地建设有待加强，专业核心课程教师综合素质有待提高，专业课程设置和时间分配上仍存在诸多不合理现象，专业特色不突出，无论在培养还是就业上都不能与会计、审计专业区分开来。

（五）MPAcc 教育规模不断扩大

2003 年 12 月，为了推进熟悉国际会计准则、市场经济知

---

① 当时具有会计学硕士点的 23 所高校均取得本科会计学专业（CPA 专门化方向）办学权。

识、具有国际化视野的的全方位应用型会计人才的培养,国务院学位委员会通过了会计硕士专业学位(Master of Professional Accounting, MPAcc)设置方案,除了具有本科学历外,报考条件中还要求报考者必须具有 2 年以上实践工作经验。2004 年具有会计学博士点的 21 所高校及三家国家会计学院取得办学资格,通过全国联考招收 MPAcc 单证(仅有学位证书)研究生。直到 2009 年,为适应社会主义市场经济对高端会计人才的迫切需要,我国扩大了 MPAcc 的招生规模,2010 年开始全日制会计硕士专业学位首次面向应届本科毕业生招生(全国统考、双证)。MPAcc 教育最大的特点在于更加注重实务,以培养适应会计行业需要的高层次专门人才为目标。

截至 2014 年底,我国取得 MPAcc 办学权的高校已达到 177 家,且几乎每个办学单位 MPAcc 下设的专业方向都有 CPA 方向,我国的 MPAcc 教育将为我国 CPA 高端人才的培养作出重大贡献。

MPAcc 教育在我国尚未成熟,仍处于发展时期,近年来虽得到国家有关部门的进一步重视,但与欧美发达国家相比,还存在较大差距,未来仍需多方努力,进一步提高其培养质量。

(六)CPA 考试选拔制度日趋完善

我国自 1991 年开始实行注册会计师全国统考制度,通过考试选拔注册会计师人才。1991 年,财政部、中注协先后发布了《注册会计师全国第一次考试、考核办法》《注册会计师考试命题原则》《注册会计师全国第一次统一考试工作规则》等规则和办法,对注册会计师全国统一考试报名条件、考试科目、考试大纲、试题结构等内容进行规范,并计划每隔 1 年举办一次(即每 2 年一次)注册会计师全国统考,注册会计师考试基本制度和组织管理制度初步形成。1991 年 12 月 7 日至 8 日,我国隆重举办了第一次注册会计师全国统一考试,考试科目共有 4 科,分别是会计、审计、财务管理和经济法,当年各行业、不同年龄层次共 2.3 万余人报名参加考试,其中 472 人取得了全科合格成绩,约占全部报考人数的 2%。1991 年注册会计师考试的顺利举行,标志着注册会计师考试制度的正式确立,从此我国注册会计师行业开始通过规范、严格的考试渠道选拔高水平注册会计师人才,而不再依赖考核选拔注册会计师队伍。

1992 年,新加坡前总理吴庆瑞先生来华访问,提出中国需要 3 个 "30 万",即需要 30 万名注册会计师、30 万名律师和 30 万名注册税务师。由此,时任国务院副总理的朱镕基在《关于发展我国注册会计师事业的谈话》中指出:要搞好中国的财政经济工作,需要 30 万名注册会计师、30 万名律师和增加 30 万名税务人员。时任财政部副部长的张佑才在 "1993 年度注册会计师全国统一考试工作会议上的讲话"中指出:党中央国务院领导,非常重视我国的注册会计师事业的发展,时任中共中央总书记的江泽民就建立 3 个 "30 万"问题,曾三次给财政部王丙乾部长带信,希望王部长抓一抓这件事情。《人民日报》也于 1993 年 12 月 2 日在经济版发表该报记者李建兴题为 "我国需要 30 万名注册会计师"的一篇文章,指出:市场经济体制下,发行债券、向社会集资、多种所有制联合、发生的各种经济纠纷等,都需要注册会计师以客观、公正、独立的身份发挥 "独立警察"的作用,可是我国只有 1 万名注册会计师,实际上我国需要 30 万名注册会计师。因此,自 1993 年开始,我国开始实行每年一次的注册会计师全国统一考试制度。

1994 年 1 月 1 日实施的《注册会计师法》,明确中国注册会计师协会为实施全国注册会计师统一考试的职能部门,对注册会计师考试报名条件与豁免条件也已法律条款予以明确,并自

1994年开始，全面取消了注册会计师考核取得资格制度，由此考试成为取得注册会计师资格的唯一途径。中注协不辱使命，下大功夫积极推动注册会计师考试与组织管理制度改革，不断完善考试办法，确保考试质量，注册会计师考试制度体系日益健全。鉴于注册会计师执业对相关法律知识的较高要求，我国从1995年开始，对注册会计师考试科目规定有4门增加至5门，即将原来的"经济法"科目分解为"经济法"和"税法"两个考试科目，其他科目不变。至2010年，我国已成功举办20次注册会计师全国统一考试，2009年底累计15.4万人取得了全科合格证书。

中注协又于2009年1月正式发布了"中国注册会计师考试制度改革方案"，这次改革对注册会计师创新执业理念和技术、增强职业判断能力，培养和选拔注册会计师国际化人才，以及注册会计师行业的健康发展和会计师事务所的做大做强都具有重大意义。此次改革主要涉及注册会计师考试基本制度，其内容有以下三个方面：第一，将考试划分为两个阶段，即专业阶段与综合阶段。专业阶段主要测试考生对专业知识的理解和掌握情况。综合阶段，侧重于测试考生在具体环境中对专业知识的应用，以及职业道德与职业态度的保持情况。相比专业阶段，综合阶段更加注重考生解决实务的能力。两者均每年举行一次考试。第二，调整考试科目。第一阶段，将原考试制度的5科改为6科，即会计、审计、财务成本管理、公司战略与风险管理、经济法、税法。公司战略与风险管理为新增科目，考试涉及审计与财务成本管理中拆分的部分内容，以及新增内容。第二阶段，设职业能力综合测试1个科目。两个阶段均不再设英语附加题。第三，调整成绩有效期。专业阶段的单科成绩有效期为5年。对在连续5年内通过专业阶段6个科目考试的学生，发放专业阶段合格证。综合阶段的考试应在专业阶段全科合格后的5年内完成。综合阶段成绩合格后，发放全科合格证。2009年的全面改革，是实现我国注册会计师考试与国际趋同的重要里程碑。2012年，我国注册会计师考试制度再次实现重大跨越，成功开展了以命题为核心的考试质量保证制度改革以及以机考为重点的考试组织管理制改革。

2014年，为解决注册会计师全国统一考试管理中存在的部分缺陷，进一步规范考试组织工作，财政部修改了《注册会计师全国统一考试办法》（2009年财政部令第55号）的部分条款，发布了《财政部关于修改〈注册会计师全国统一考试办法〉的决定》（2014年财政部令第75号），并于2014年4月23日起施行。此次修改的主要内容包括：第一，明确了以计算机考试作为注册会计师考试的主要方式；第二，增加了考生可以申请成绩复核的规定；第三，取消了综合阶段考试须在取得专业阶段考试合格证书后5个年度考试中完成的规定；第四，增加了考试组织实施中有关保密的规定。

至今，我国注册会计师全国统一考试已成功举办24次，累计有17万余人取得了全科合格证书。全国注册会计师统一考试是国内声誉最高的执业资格考试之一，该制度为我国注册会计师行业选拔了大量的高素质人才队伍，为我国注册会计师行业的健康发展提供了重要的人才支撑。

三、注册会计师行业人才建设现状

（一）行业人才建设相关政策

2011年3月14日，第十一届全国人民代表大会第四次会议审议通过了国务院提出的《中华人民共和国国民经济和社会发展第十二个五年规划纲要》，其中明确提出实施人才强国战略。

为保障行业发展与国家经济社会发展需要相适应，财政部、中注协紧紧围绕国家"十二五"规划纲要精神，分别制定了《会计改革与发展"十二五"规划纲要》《中国注册会计师行业发展规划（2011－2015年）》。其中，财政部明确提出要"全面实施会计行业人才规划，不断提高会计人员素质"；中注协也从深入推进行业人才建设方面提出了四条措施。

此外，为了更好实施人才强国战略、在激烈的国际竞争中赢得主动，中共中央、国务院2010年6月印发了《国家中长期人才发展规划纲要（2010－2020年）》，制订了10项重大人才政策，12项重大人才工程。财政部、中国注册会计师协会根据《中长期人才发展规划》的总体要求，分别制定了《会计行业中长期人才发展规划（2010－2020年）》《中国注册会计师行业人才发展规划（2011－2015年）》，对行业人才队伍建设作出了重要部署。

其中中注协《中国注册会计师行业人才发展规划（2011－2015）》提出了五年内注册会计师达到12万人，会员人数达到25万名，着力培养350名领军人才、600名具有国际认可度的注册会计师、5000名新业务领域复合型业务骨干的发展目标；明确了达成目标的8项措施：大力加强高端人才培养、充分发挥事务所在行业人才培养中的主体作用、不断完善行业人才选拔准入制度、积极创新会员继续教育、强化后备人才培养、打造人才培养服务平台、努力提高行业人才培养工作科学化水平、全力营造良好的行业从业人员成长氛围；并提出了4项重大工程，包括"会计师事务所人才培养示范基地工程""注册会计师行业领军人才培养工程""国际化人才培养工程""产学研联盟工程"。

可见，无论是国家、财政部，还是中注协，都十分强调对人才的重视，人力资本对事务所而言，重要程度更是不言而喻。

（二）行业人才现状横向、纵向比较分析

1. 各国注册会计师考试制度、能力框架比较

中国本土事务所要走向世界，实现国际化、得到别人的认可，就需要更多具有国际视野、通晓国际惯例的注册会计师，而注册会计师考试制度设计是否合理、对注册会计师能力框架的要求将直接影响注册会计师的水平，进而影响我国注册会计师行业国际化发展的步伐。由于各个国家具体情况不同，考试制度存在很大差异，下面主要从报名资格、考试科目、对实践经验的要求等方面比较各国注册会计师考试制度，详见表 5-9。

表 5-9 各国家和地区注册会计师资格考试管理情况对照

国家或地区	负责机构	报名资格	考试科目	对实践经验的要求
美国	美国注册会计师协会（AICPA）	有会计、商法和经济学等相关学科的学分150分，并需要有一定的实践经验	财务会计与报告、审计、商法与职业责任以及商业理念与经营环境	通过全部考试并取得至少80小时的实践经验，即可成为AICPA会员。
英国	英格兰-威尔士特许会计师协会（ICAEW）	高中以上学历，考试分为：职业级考试和高级考试两个层次，且参加高级考试前必须与ICAEW会员所在的事务所签订一份3年的培训协议	职业级考试科目：会计、审计与鉴证、企业财务、企业管理、财务报告、税法，另外还要通过法律方面的评估 高级考试科目：高级技术胜任能力测试，高级案例分析	通过两个层次考试并完成三年培训计划后，将成为ICAEW的会员

续表

国家或地区	负责机构	报名资格	考试科目	对实践经验的要求
英国	英国特许公认会计师公会（ACCA）	未对报名资格做出严格的限制	财务信息应用与管理、财务报表编制、人力资源管理、信息系统、审计与内部控制、公司法与商法、财务管理与控制、企业税务、财务报告、高级公司报告、战略经营计划与开发、战略财务管理，并在审计与认证业务、业绩管理、高级税务、企业信息管理这四门课程中选择两门	考试通过者，须有相关行业三年的工作经验，才可申请ACCA会员资格
德国	德国法定审计协会（WPK）	具有大学本科以上学历及具备至少3年的职业经验	审计、企业估价和职业规则、企业管理和经济学、公司法、税法、职业法	报考前至少具备3年的职业经验
日本	日本公认会计师协会（JICPA）	对报考者的学历、年龄没有限制	第一阶段：财务会计、管理会计、审计和商法 第二阶段：会计学、审计、商法、税法，并在管理学、经济学、民法、统计学中任选1科	考试通过者，须有1-3年在注册会计师事务所工作的业务研修的经历，再经协会的考察合格后才能申请JICPA会员资格

续表

国家或地区	负责机构	报名资格	考试科目	对实践经验的要求
中国	中国注册会计师协会（CICPA）	具有大专以上学历或者具有会计或相关专业中级以上技术职称者	专业阶段：会计、审计、税法、经济法、财务管理和公司战略与风险管理 综合阶段：职业综合能力测试	无

从报名资格看，自2000年起，经AICPA的一般会员投票决定，报考学分要求从120分上升到150分，按美国大学生每学年可修30学分计算，报考学历资格也相应的提高到硕士研究生水平，是相对较高的。然而与美国不同，英国并不要求考生具备较高的学历，可见其对考生的教育并不依赖学校教育，而是以协会自己组织和安排的培训为主。而德国的报考条件则介于美国和英国之间，既依赖学校的学历教育，又依赖事务所的自主培养，报名限制条件包括教育要求和实践经验要求。日本对于报名条件的设置相对宽松，对报考者的学历、年龄完全没有限制，而是设置了相对较多的考试科目，对考生的能力的考察主要通过考试结果来评判，而不依赖学校的学历教育。

从考试科目的设置可以看出，美国、英国、德国都十分注重课程设置、知识体系、能力结构等多个方面，并想借助考试来评估考生的判断分析能力和业务技术知识，不仅要考察考生对会计、审计基本原理相关内容的掌握，还考察考生是否对商务运作法律环境有着充分的了解，以及考生是否能充分运用专业知识对商业行为进行评估，并从战略的高度理解财务人员的作用。可见，他们在注册会计师行业的人才培养方面，不但注重对高端人才业务技能的培养，而且重视对其职业情商能力的培养。此外，德国注册会计师考试还设有面试环节，笔试和面试成绩分别占60%、40%。可以看出WPK既考查注册会计师专业水平，又考查其口头表达能力，且考试的针对性极强，即仅限于从行业内选拔执业人才。

除中国地区外，各国家对考生的实践经验都有一定要求，部分国家要求报名前就具有在事务所的实务经验；部分要求考生在参加考试期间事务所签订培训协议在通过考试并完成培训计划后，才能成为行业会员；还有一部分则要求考生在通过各阶段考试后，须有相关行业一定年限的工作经验，才可申请会员资格。可见，其他国家选拔人才针对性极强，即仅限于从行业内选拔职业人才。

2. 人力资本特征统计分析

以中国注册会计师协会公布的前百家会计师家事务所为对象，选取注册会计师人数占比、注册会计师年龄结构、注册会计师学历结构、注册会计师继续教育培训完成率、会计领军人才人数5个人力资本特征，对近年来各变量的变化进行描述性统计。由于自2011年起，中国注册会计师协会公布的《会计师事务所综合评价前百家信息》中不再提供事务所从业人员数量、会计领军人才数、注册会计师年龄及学历分布等信息，所以选取2007—2010年数据作为研究对象。

自2003年以来，中国注册会计师协会已经连续12年（2003—2014）公布了的《会计师事务所全国前百家信息》，本书中使用的相关数据均来自中注协网站公布的前百家信息，其中2007—2010年公布的排名实际上是根据2006—2009年的相关数据进行综合打分得出的。

（1）注册会计师人数占比统计分析。注册会计师是事务所的一项重要核心资源,事务所中注册会计师人数占从业人员的比例可以从一个侧面反映该所是否具备提供审计服务所需的专业人才。见表5-10。

表5-10　　百强事务所中注册会计师占从业人员比例统计表

年份	最大值	最小值	平均值
2007年	80%	9.03%	45.69%
2008年	88.24%	8.04%	44.96%
2009年	212.50%	11.25%	66.43%
2010年	381.82%	15.77%	88.13%

从表5-10中可以看到,前百家事务所中注册会计师占比的平均值从2007年至2010年呈上升趋势,从2007年的45.69%到2010年的88.13%,翻了一番。一百家事务所中注册会计师占比最大值2007年为80%,到2009年上升到212.5%,2010年甚至高达381.82%,数据显然存在异常,是不符合逻辑的。这主要是因为注册会计师行业中存在着"挂靠"现象,部分通过注册会计师资格考试的人员并未在事务所执业,但为了取得执业资格,将资格证书挂靠在事务所,并可以从事务所取得一定经济利益,另一方面,事务所则通过这样弄虚作假的方式,向审计市场及客户传递其拥有强大注册会计师执业团队的信息。

但是,从一百家事务所注册会计师占比的最小值来看,2007年最小值为9.03%,2009年上升至11.25%,到2010年占比是15.8%,这一数据是较符合实际情况的。从最小值看,CPA在从业人员中的占比有所提升,呈上升趋势,说明事务所提高竞争力,加强了人力资本投资,吸收或者培养出了更多的注册会计师。

(2)注册会计师年龄结构统计分析。注册会计师行业工作强度高、工作压力大，尤其在年报审计期间需要在较短时间内完成审计工作，而且长期出差、加班熬夜，这都对 CPA 的年龄、身体条件有很大要求，所以，年轻的 CPA 可能更能胜任这样高强度、高压力的工作，而且思维更敏捷，工作效率可能更高。对于年龄结构的分析，以 40 岁作为一个分界点，对百强事务所中注册会计师年龄不超过 40 岁的比例进行统计。

由于 2008 年的数据中，注册会计师年龄结构是以 30、50、70 岁作为分界点来分段划分的，而 2009 至 2010 年是以 40、60 岁作为分界点，为保持数据的统一性，假设 2008 年 20 至 50 岁之间的注册会计师是平均分布的，则统计 2007 年不超过 40 岁的注册会计师人数占比时，即等于 30 岁以下所占比例加上 30 至 50 岁所占比例的一半。见表 5 – 11。

表 5 – 11　　百强事务所中 40 岁以下注册会计师占比统计表

年份	最大值	最小值	平均值
2008 年	82.45%	26.83%	49.52%
2009 年	97.82%	26.09%	65.31%
2010 年	99.23%	23.94%	62.66%

注：2007 年排名中未公布注册会计师的年龄分布，故无数据。

从表 5 – 11 的对比中可以看出，三年中前百强事务所不超过 40 岁的注册会计师占比的最小值分别是 26.83%、26.09%、23.94%，没有发生太大变化，基本保持平稳；从平均值看，从 2008 年的 49.52% 大幅上升至 2009 年的 65.31%，2010 年为 62.66%，略有下降；最大值逐年上升，到 2010 年达到 99.23%，从这一变化趋势看，CPA 队伍整体上是呈年轻化趋势的。一方面，可能是因为注册会计师行业的高强度、高压力对从业人员的身体素质要求较高；另一方面，也体现了我国本土事务所整体加快了注册会计师年轻化的步伐，提升了整个行业的执业环境。

（3）注册会计师学历结构统计分析。注册会计师行业是一项高强度、高风险的脑力活动，注册会计师的教育背景、所受教育程度的高低在很大程度上会影响其专业胜任能力和职业判断能力，因此，教育背景也是事务所人力资本特征的一项重要因素。本书对百家事务所的注册会计师中硕士（含双学位）和博士占从业人员的比例进行统计分析。见表 5 – 12。

表 5 – 12　　百强事务所注册会计师中硕士及以上学历占比统计表

年份	最大值	最小值	平均值
2008 年	28.21%	0.00%	7.22%
2009 年	29.82%	0.00%	7.32%
2010 年	35.19%	0.00%	8.22%

注：2007 年排名中未公布注册会计师的学历分布，故无数据。

从表 5 – 12 可以看到，3 年中前百家事务所的注册会计师中硕士（含双学历）以上占比的平均值从 7.22% 上升到 8.22%，而占比的最大值也从 2008 年的 28.21% 增长到 2010 年的 35.19%。所以，从整体上看，具有硕士（含双学位）和博士学历的 CPA 占比是在逐年上升，虽然上升幅度不大，但说明事务所已经开始重视注册会计师的教育背景、学历结构，加大了对高学历人才的引进及对现有人才的后续教育，使事务所的人才教育结构得到了一定改善。

但是，从百家事务所的注册会计师中硕士以上学历占比的最小值看，2008 至 2010 年 3 年间均为 0，有部分事务所并没有意识到教育背景对 CPA 专业胜任能力和职业判断力的重要性、对提高事务所执业水平的帮助，并未加大对人力资本的投入。

(4) 会计领军人才占比统计分析。自 2005 年起，财政部推出了会计行业领军人才培训计划的项目。一方面，参加行业领军人才培训计划，可以在一定程度上提高这些参与人员的专业知识和执业技能；另一方面，一家事务所拥有的领军人才数量越多，体现了该事务所人才质量较高，也是在向市场和客户传递其可以提供更高质量审计服务的信息。见表 5-13。

表 5-13　　　　百强事务所领军人才数量统计表

年份	最大值	最小值	平均值
2007 年	6.00	0.00	0.58
2008 年	10.00	0.00	0.84
2009 年	13.00	0.00	1.37
2010 年	14.00	0.00	1.65

从表 5-13 可以看出，百强事务所中会计领军人才数量的平均值 2007 年是 0.58，2008 年、2009 年均有所上升有所上升趋势，到 2010 年是 1.65；2007 年领军人才数量的最大值是 6，2008、2009 年分别增加 4 和 3，到 2010 年为 14。平均值和最大值均呈上升趋势，可见事务所已经意识到领军人才的榜样作用，可以带动事务所做大做强，所以响应财政部有关注册会计行业领军人才培养计划的号召，加大了对人才培养的力度。

(5) 注册会计师培训完成率统计分析。如表 5-14 所示，各年百强事务所中注册会计师培训完成率无论是最大值、最小值还是平均值均无太大变化，除个别所存在未完成规定的继续教育学时的情况外，基本均能完成培训要求。

通过对 2007 年至 2010 年百强事务所的以上 5 项人力资源特征的纵向比较分析，我们可以看出，注册会计师行业作为人力资源密集行业，事务所整体上已经开始逐步意识到人力资源的重要性，开始增加人力资本的投资，注重对年轻、高学历人才的吸引和培养，使执业队伍不断壮大，满足审计市场的需求。

表5－14　　　百强事务所注册会计师培训完成率统计表

年份	最大值	最小值	平均值
2007年	100%	98.98%	99.98%
2008年	100%	90.57%	99.57%
2009年	100%	96.67%	99.91%
2010年	100%	99.43%	99.99%

3. 本土事务所与国际"四大"比较分析

随着我国资本市场的不断发展完善，注册会计师行业逐渐成熟，本土事务所处于不断发展壮大中，但"四大"中外合作所一直在中国审计市场中占据有利位置。目前，我国四大国有商业银行以及大部分上市公司和国际跨国公司的审计业务基本都是由"四大"完成，所以本土所与国际大所之间的竞争也变得更为激烈，而人力资源便是这场竞争中取胜的关键因素。

近年来，以瑞华、立信、天健、大华等为代表的一系列本土所已经逐渐形成了自我品牌，并吸引了一大批人才，促进了人才类型的优化和人才层次的提升，但即便是较大规模的本土事务所，与"四大"在人才培养、留住人才方面仍存在着强烈的差距和不足。2007年中国注册会计师协会在发布的《关于推动会计师事务所做大做强的意见》中提出了"发展培育10家左右能够服务于中国企业'"走出去"'战略、提供跨国经营综合服务的国际化事务所"，因此，将中注协公布的各年事务所综合评价前百家分为：国际"四大"、国内"十大"和国内非"十大"三类，对国内所和国际所所拥有的人力资源状况进行横向对比分析，考察不同类型事务所的人力资本的特点，以期寻找差距。

（1）注册会计师人数及比例比较。如表5-15所示，历年来各类事务所拥有的注册会计师人数上，都是在随时间逐年增长，但国内"十大"的注册会计师人数增长最为迅速，从2007年的337人到2014年的1113人，8年增加了近800人，其中，在2010年首次超过了国际"四大"，且之后几年中均领先于国际"四大"。而相比之下，国内非"十大"的所均注册会计师增长较为缓慢，8年中增长了36人，且国内"十大"的所均注册会计师人数（743人）要远远高于国内非"十大"的142人。这主要是因为近年来国内事务所响应中注协"做大做强"的号召，通过合并等方式努力扩张。而从注册会计师的占比来看，国内所却显著高于国际"四大"，主要是因为一方面，存在前面讲到的"挂靠"现象，另一方面本土所并没有充分利用其拥有的资源，导致国内所虽然在注册会计师人数上占优，但实际绩效却远不如国际"四大"。

表5-15　　各类事务所注册会计师人数及占比统计表

项目	国际"四大"		国内"十大"		国内非"十大"	
	所均CPA数量	平均占从业人员比例	所均CPA数量	平均占从业人员比例	所均CPA数量	平均占从业人员比例
2007年	418	11.84%	337	45.53%	113	47.28%
2008年	481	10.75%	430	42.93%	127	46.78%
2009年	639	14.41%	515	50.31%	140	70.73%
2010年	727	18.72%	751	63.55%	148	94.21%
2011年	835	—	849	—	153	—
2012年	726	—	938	—	155	—
2013年	785	—	1008	—	150	—
2014年	822	—	1113	—	149	—
平均值	679		743		142	

注：自2011年起中注协未公布各所从业人员数量，无法统计CPA占比。

（2）注册会计师学历结构比较。如表5-16所示，硕士及以上学历的注册会计师人数国际"四大"为170，而国内"十大"和非"十大"分别为49和9；所占比例国际"四大"为27.21%，远超出国内"十大"的8.56%和国内非"十大"的5.56%，国内所还不到国际所同一比例的1/2，并且三年中各类事务所的这一比例均在增长，增长速度基本一致，所以三年来这三类事务所之间的相对差距基本保持在同一水平。在当前形势下，事务所要为客户提供高端、增值服务，首先自身要有较为充裕的中高端人才团队，才能开拓领域、凸显优势。可见，国内所在提高人才学历结构方面还有待改善，为人才建设工作敲响了警钟。

表5-16 各类事务所硕士及以上注册会计师人数及占比统计表

项目	国际"四大"		国内"十大"		国内非"十大"	
	所均硕士及以上注册会计师人数	平均所占比例	所均硕士及以上注册会计师人数	平均所占比例	所均硕士及以上注册会计师人数	平均所占比例
2008年	114	23.88%	36	7.92%	8	6.37%
2009年	168	26.40%	45	9.04%	9	6.23%
2010年	228	31.36%	66	8.72%	11	7.08%
平均值	170	27.21%	49	8.56%	9	6.56%

（3）注册会计师年龄结构比较。如表5-17所示，从40岁以下注册会计师所占比例上看，国际"四大"维持在近90%的水平上，而国内十大和国内非十大的比例仅分别为68%和57%，相差了20多个百分点。可见，国际"四大"的主力军是属于有较强工作能力的正处于黄金年龄段的年轻派，而本土所的主力军中大龄注册会计师占的比重接近一半，国际所的注册会计师团队

的年轻化趋势更明显。在如今这样一个新准则、新技术、新业务、新方法不断涌现，知识更新频率加快的形势下，面对现代化、国际化的服务对象，年龄偏高的注册会计师在外语、电脑等方面可能很难适应新形势的发展要求。因此，国内事务所有必要加快其人才新老更替的进程。

表 5-17　各类事务所中注册会计师年龄结构统计表

项目	国际"四大"		国内"十大"		国内非"十大"	
	所均40岁以下注册会计师人数	平均所占比例	所均40岁以下注册会计师人数	平均所占比例	所均40岁以下注册会计师人数	平均所占比例
2008年	361	74.51%	196	54.59%	34	47.77%
2009年	617	96.66%	385	76.78%	89	62.52%
2010年	702	96.60%	541	72.59%	90	59.92%
平均值	560	89.26%	374	67.99%	71	56.74%

注：仅 2008-2010 年中注协公布了各事务所中注册会计师的年龄结构，故其他年份未统计。

（4）师均收入统计比较。如表 5-18 所示，从整体上看，随着国内事务所的发展，已由 2007 年国际"四大"创造的业务收入独占百强事务所总收入的 53% 的局面，变为 2014 年国际"四大"、国内"十大"、国内非"十大"基本均分百强事务所总收入的局面。而从各类事务所的所均收入看，国际"四大"平均总收入为 23 亿多，是国内"十大"的近 4 倍，更是国内非"十大"的近 30 倍，可见，不同规模的事务所之间收入的差距非常之大。但是，近年来，国内"十大"与国际"四大"之间的收入差距正在逐年缩小，同时国内"十大"与国内非"十大"之间的差距就越来与大，这表明国内"十大"的收入增长速度不仅高于国内非"十大",也高于国际"四大",这是因为,国内"十大"现在已成为我国事务所做大做强的中坚力量。

从每个注册会计师创造的业务收入来看,国际"四大"的师均业务收入为363万,是国内"十大"的4倍多(83万),更是国内非"十大"的近6倍,可见,国内所并没用充分有效地利用其人才资源,在人才建设、人才使用方面还有很大改善空间。

表 5-18　各类事务所平均收入及师均业务收入统计表

年份	国际"四大"			国内"十大"			国内非"十大"		
	所均业务收入总额（万元）	占百强事务所总收入比例	师均业务收入（万元）	所均业务收入总额（万元）	占百强事务所总收入比例	师均业务收入（万元）	所均业务收入总额（万元）	占百强事务所总收入比例	师均业务收入（万元）
2007年	156477	53.00%	379	16472	13.95%	48.69	4539	33.05%	45.95
2008年	225269	54.72%	480.62	24629.1	14.96%	60.89	5807	30.32%	49.21
2009年	259729	52.81%	411.55	36218.9	18.41%	71.65	6583	28.78%	51.51
2010年	228261	44.30%	320.24	53172.3	25.80%	72.82	7166	29.90%	56.54
2011年	237922	41.19%	285.89	64189.6	27.78%	76.52	8335	31.03%	66.09
2012年	252277	36.18%	348.2	88433.6	31.71%	93.03	10411	32.10%	76.06
2013年	266076	33.46%	342.08	117201	36.84%	116.71	10987	29.70%	78.48
2014年	273604	31.49%	337.55	132578	38.14%	121.6	12273	30.37%	97.4
平均值	237452	—	363.14	66611.8	—	82.68	8262	—	65.16

通过以上几项数据的比较,我们可以看到,我国本土事务所的人力资本要素与国际"四大"之间尚存在着较大差距,"四大"在各项指标上都占有明显优势。因此,要实现我国本土事务所的"国际化"发展,必须从核心资源——人才着手,将人

才战略作为发展的核心战略，在扩大事务所规模的同时吸引更多优秀人才、优化拥有的注册会计师的学历结构、年龄结构，增强其业务承接能力，尤其要注重国际化业务的培养。

总体来看，虽然本土事务所人力资本与国际"四大"仍有差距，但注册会计师的年龄结构在优化、学历水平在提高，整体职业技能在提升，与"四大"的差距在逐步缩小。

通过人才战略的实施，我国的注册会计师人力资本建设取得显著成绩。截至2014年12月31日，全国共有会计师事务所8295家，注册会计师99045人，非执业会员103566人，其中外国及我国港澳台地区非执业会员508人[①]。全国会计领军人才培养工程已招收32个班级1132名学员，包括此次毕业的182名学员在内，共有402名学员先后顺利毕业[②]。这表明，人力资本储备已为本土会计师事务所的国际化发展做好了较充分的准备。

---

① 资料来源于中注协网站。
② 余蔚平：《顺时应势，进一步推动会计领军人才建设》，2014年11月3日在厦门国家会计学院讲话。

第六章
本土会计师事务所国际化实践及困难

近年来,我国政府及相关部门加快实施"走出去"战略,国内大批企业特别是大型央企纷纷"走出去",不断拓展海外业务、扩大对外投资。企业"走出去"催生了对会计专业服务的巨大需求,而服务客户及维护国家经济信息安全,要求我国本土会计师事务所必须国际化发展与之对接。当然,本土事务所不能盲目"走出去",自身做强做大,站稳本土市场,跟随客户"走出去"是国际化的基础。本部分在探讨国内注册会计师行业对外开放的基础上,分析会计师事务所的本土市场份额状况,阐述本土事务所"走出去"现状,实证研究本土事务所"走出去"效果及存在的主要问题。

第一节　境内国际大所与本土事务所对比分析

自 1978 年我国十一届三中全会实行对外开放政策后，大量"三资企业"在国内主要是沿海地区设立，按照国际惯例，需要对"三资企业"实施注册会计师审计。我国于 1980 年恢复注册会计师制度，1980 年成立甘肃会计师事务所，1981 年成立上海、广州、南京、新疆、昆明、中信、北京 7 家会计师事务所，除中信挂靠中信公司外，其余全部挂靠当地财政部门。至 1986 年，全国 86 家事务所绝大多数都是挂靠财政部门[1]。最初设立注册会计师审计制度的目的是对"三资企业"查账验资，由于事务所设立采用挂靠体制，注册会计师资格通过考核取得，缺乏相应执业标准，监管不到位，执业水平参差不齐，整体审计质量较低，国际大所趁机跟随客户进入中国。我国的改革开放政策允许国际大所（主要是当时"八大"）在大陆设立常驻代表机构，由此，普华于 1979 年、永道于 1981 年、安永于 1981 年、安达信于 1982 年、德勤于 1983 年、毕马威于 1983 年陆续进入中国，至 1998 年底，16 家国际会计公司，在中国大陆设立 27 个代表处[2]。

但因为我国注册会计师审计制度的限制[3]，"四大"进入中国的最初十多年里，主要是为其客户的分支机构提供零星的税

---

[1] 杨纪琬：《中国现代会计手册》，中国财政经济出版社 1988 年版，第 414－421 页。

[2] 易琮："有关审计市场集中度问题的探讨"，《中国注册会计师》，2002 年第 5 期。

[3] 当时规定，在中国设置的三资企业，必须接受中国注册会计师的验资和审计服务。

务、法律咨询服务，没有介入审计与验资业务。随着我国改革开放政策的深入，外商投资企业在中国大陆快速扩张，而此时我国注册会计师行业发展状况不能适应其需求，因此，要求国际大所为其提供审计服务的呼声越来越高，很多企业不得不实行双重审计。1990年，我国发展资本市场设立上市公司之后，于1992年开始批准外国会计师事务所与中国会计师事务所根据《中外合作经营企业法》设立中外合作会计师事务所，当时的国际"六大"（即安达信、普华、永道、德勤、毕马威和安永）成为第一批中外合作会计师事务所，合作期限为20年[①]。由此，国际大所中外合作事务所开始全面进入中国审计市场，并一度成为我国上市公司审计业务的主导者，2008年，四大中外合作所业务收入占综合排名前百强事务所收入总额的52.8%。

一、我国注册会计师行业对外开放现状

（一）国际会计网络（联盟）在中国内地设立分支（成员）机构情况

截至2013年12月31日，德勤华永、普华永道中天、安永华明、毕马威华振、立信、致同、信永中和、瑞华、天职国际等9家事务所加入国际排名10位的国际会计网络（联盟），成为其成员所；证券资格事务所中，共有18家事务所加入了17家国际会计网络（联盟）[②]。具体见表6-1。

[①] 后来普华与永道合并，安达信倒闭，至中外合作会计师事务所合作到期的2011年底，共有4家中外合作所，分别为普华永道中天、德勤华永、毕马威华振和安永华明。

[②] 此处资料来自于中注协行业发展研究资料（No.2014-7）：《中国会计服务贸易发展报告（2014）》，殷德全、齐振梅、苗英华执笔。

第六章 本土会计师事务所国际化实践及困难

表 6-1 国际会计网络在中国内地设立分支机构一览表

序号	国际会计网络（联盟）名称	分支（成员）机构名称
1	德勤（Deloitte）	德勤华永
2	普华永道（PwC）	普华永道中天
3	安永（Ernst & Young）	安永华明
4	毕马威（KPMG）	毕马威华振
5	德豪（BDO）	立信
6	致同国际（Grant Thornton International）	致同
7	普安西提（Praxity）	信永中和
8	罗申美国际（RSM International）	瑞华
9	国富浩华	瑞华
10	天职国际（Baker Tilly International）	天职国际
11	国富浩华国际（Crowe Horwath International）	瑞华
12	尼克夏国际（Nexia International）	北京永拓
13	马施云国际（Moore Stephens International）	北京兴华、大华
14	鹏歌富达国际（PKF International）	大信
15	克瑞斯顿国际（Kreston International）	华普天健、中汇
16	浩信国际（HLB International）	中审华寅五洲
17	华立信国际（Morison International）	中天运
18	恩哈扬国际（UHY International）	众华

注：国际会计网络（联盟）排名以 2014 年 1 月 IAB 发布的各网络（联盟）2013 年度业务收入为序。

（二）境外会计师事务所来华临时执业情况

按照《境外会计师事务所在中国内地临时执行审计业务暂行规定》，我国香港、澳门特别行政区事务所临时执业许可证有效期为 5 年，台湾地区事务所临时执业许可证有效期 1 年，外国事务所临时执业许可证有效期为半年。据统计，2013 年，共审批境外事务所来内地临时执行审计业务31批次。其中，香港事务所11家、台湾事务所7家、美国事务所6家、加拿大事务所3家、新加坡事务所2家、马来西亚事务所1家、韩国事务所1家[①]。

二、四大中外合作所与本土事务所对比分析

根据中国注册会计师协会网站的数据显示，截至2014年12月31日，全国共有会计师事务所8295家，其中，具有证券期货业务资格事务所40家，获准从事H股企业审计业务的内地大型会计师事务所11家。中国注册会计师协会个人会员超过20万人，其中，注册会计师99045人，非执业会员103566人。注册会计师行业为全国420万家以上的企业、行政事业单位提供专业服务，为2500余家上市公司提供审计鉴证等专业服务[②]。根据中注协2014年度发布的事务所综合评价全国前百家信息，前百家事务所中，业务收入超过1亿元的有46家，其中，超过5亿元的有15家，超过10亿元的有11家，超过20亿元的有6家。

虽然本土事务所规模在不断扩大，但从整体上来看，本土事务所的专业影响力与"四大"中外合作所（简称"四大"或"国际四大"）差距仍然较大。目前，在国内审计市场，"四大"的业务范围主要集中在对国民经济有较大影响的金融、保险、通讯、能源等特大型企业，其规范的业务流程与执业质量、广泛的国际网络与品牌专业影响力、先进的治理架构与合伙制文化，与本土事务所相比仍占有较大优势，本土会计师事务所在合伙人文化建设、产品多元化、诚信文化建设、人才培养等方面还需进一

[①] 此处资料来自于中注协行业发展研究资料（No.2014-7）：《中国会计服务贸易发展报告（2014）》，殷德全、齐振梅、苗英华执笔。

[②] 资料来源：中国注册会计师协会网站。

步加强。Lawrence 和 Zhang（2011）认为客户特征是导致"四大"的审计质量优于非"四大"的主要原因。

本部分主要依据中国注册会计师协会 2009－2013 年各年公布的《会计师事务所综合评价前百家信息》，从事务所规模、业务范围、市场份额、人力资源和执业质量等方面，对我国本土事务所与"四大"中外合作所的部分核心指标进行比较，找出本土事务所存在的不足，并在此基础上探讨促进我国本土所国际化发展的对策。

（一）事务所规模

事务所业务收入反映了会计师事务所产出水平，是国内外衡量会计师事务所规模的常用指标。2008－2013 年全国前百家事务所中本土所与国际"四大"的收入总体情况见表 6－2。

表 6－2 本土所与国际"四大"2008－2013 年收入统计表

年度	本土所		国际"四大"		"百强"合计总收入（万元）
	年度收入（万元）	占"百强"总收入比重	年度收入（万元）	占"百强"总收入比重	
2008	928295.00	47.20%	1038917.00	52.80%	1967212.00
2009	1148009.00	55.70%	913042.00	44.30%	2061051.00
2010	1358695.40	58.81%	951687.24	41.19%	2310382.64
2011	1779653.40	63.82%	1009109.16	36.18%	2788762.56
2012	2080552.65	66.16%	1064302.00	33.84%	3144854.65
2013	2381222.09	68.51%	1094415.50	31.49%	3475637.59

从表 6－2 中可以看出，"百强"中 96 家本土所总收入规模在 6 年间显著提高，且本土所总收入占综合排名前百家总收入的比例也是逐年提高的，收入比重由 2008 年的 47.2% 增长到 2013

年的68.51%。另外,根据中国注册会计师协会发布的事务所排名前百强信息(2008-2013年)可以发现,本土所中收入超过5亿元的事务所由2008年的2家增加到2013年的15家,收入超过1亿元的事务所由2008年的28家增加到2013年的45家;2008年,前百家收入最高的本土会计师事务所与"四大"中外合作所平均收入比为1:3.98,到2013年缩小为1:1.01,由此可以看出,本土事务所的业务规模在不断扩大,其发展趋势越来越好。

从各家事务所的情况来看,2013年国际"四大"中收入最多的是普华永道中天335141万元,最少的是毕马威华振234717万元,比较而言,本土所中排名第20位的利安达会计师事务所2013年收入为41346万元,仅占毕马威华振收入的17.62%,排名第35位的四川华信(集团)会计师事务所2013年收入为16733万元,仅占毕马威华振收入的7.13%。由此可知,就事务所个体而言,本土事务所年度收入与"四大"中外合作所相差悬殊,本土所在产出能力上与国际"四大"还存在很大差距。

但另一方面,如图6-1、图6-2所示,较之"四大",本土所的发展更加迅速,2012年度中国排名前十的会计师事务所中,本土所的增长速度要远高于"四大"。可见,在国内相关政策的大力支持及协会的积极规划和推动下,本土会计师事务所在发展扩大自身规模的同时,也积极开展并购、重组,并尝试走国际化道路,发展迅速。

(二)业务范围

长期以来,本土会计师事务所主要以审计业务为主,2008-2009年全国百家中本土所与国际"四大"收入结构分析见表6-3。

第六章 本土会计师事务所国际化实践及困难

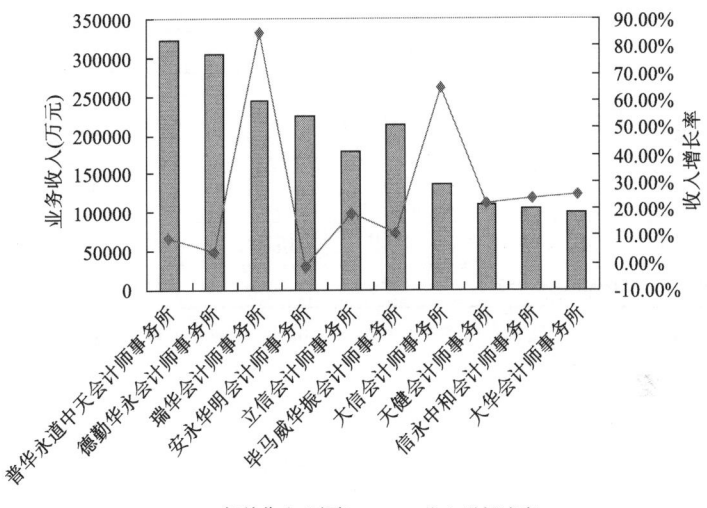

图6-1 2012年全国前十事务所收入增长情况图

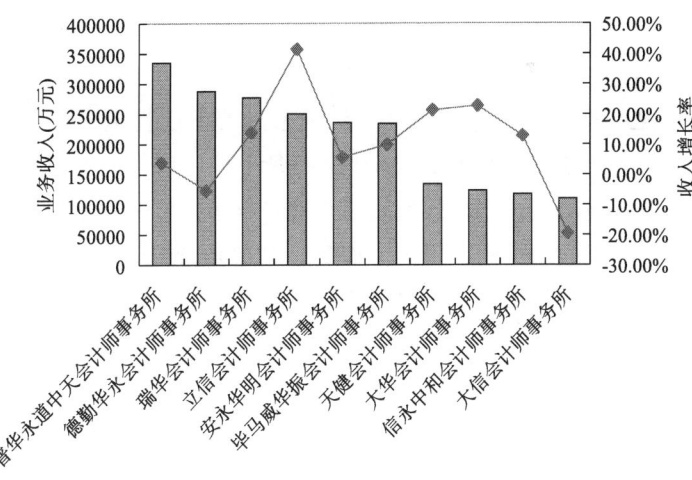

图6-2 2012年全国前十事务所收入增长情况图

表 6-3 本土所与国际"四大"2008-2009 年收入结构统计表

年度	本土所			国际"四大"		
	年度总收入（万元）	审计业务收入（万元）	审计业务收入占总收入比例	年度总收入（万元）	审计业务收入（万元）	审计业务收入占总收入比例
2008 年	928295	767520	82.68%	1038917	811701	78.13%
2009 年	1148009	952611	82.98%	913042	746316	81.74%

注：因中注协公布的全国百家信息中仅 2008 年和 2009 年将"业务收入"中的"审计收入"一项单独列示，而 2010－2013 年未公布"审计收入"该项金额，故仅就 2008 年和 2009 年相关数据进行分析。

由表 6-3 可以看到，目前，我国本土事务所的业务收入主要仍来自传统的审计业务，尽管国际"四大"收入构成中，非审计业务占比略高，整体上优于本土所，但整体来看，国内审计市场会计师事务所的收入主要来源于审计业务，而管理咨询、税务服务、代理记账、资产评估等非审计业务收入所占份额甚少。2009 年前百家事务所的审计收入均在 80% 以上，与 2008 年审计业务收入占比相当。尽管 2015 年以来随着 IPO 提速、新三板爆发，注册会计师证券市场审计业务有所上升，但传统审计业务领域竞争日益激烈，市场的发展空间越来越小，单一的业务结构或将制约事务所的可持续发展，而且审计鉴证业务是一项高风险、低收益的业务。因此，拓宽业务领域不仅可以为事务所带来新的经济增长点，还有助于帮助事务所规避审计风险，形成更为合理的收入结构。

相关行业主管部门为大力拓展新业务领域提出了指导性意见，2009 年 10 月 3 日，财政部在《关于加快发展中国注册会计师行业的若干意见》中指出，计划用五年左右的时间，在巩固现有财务报表审计、资本验证等传统业务的基础上，积极向企事业单位内部控制、管理咨询、并购重组、资信调查、业绩评价、司法鉴定、投资决策、政府购买服务等相关业务领域延伸，推动大型会计师事务所业务转变和升级，加速向高端型、高附加值、国际化业务发展[①]。2010年2月10日，中注协发布《会计师事务所服务经济社会发展新领域业务拓展工作方案》，提出力争用8年左右的时间，使非审计业务收入达到总收入的一半，从而使全行业的业务领域和收入结构得到优化[②]。此外，中注协还颁布《注册会计师业务指导目录（2010年）》，为实现全行业的业务多元化提供指导。

（三）市场份额

从表6-4和图6-3可以看出，若仅从业务数量上来看，国际"四大"业务少得可怜，所占比例甚至都未超过7%，这一方面表明在采用客户家数衡量市场占有率时"四大"市场占有率并不集中，同时也反映"四大"的客户资产规模都较大，在占有大客户业务方面，"四大"远优于本土所。虽然国内"四大"的审计客户数量相对比较少，但"四大"承接的往往都是本土事务所难以完成的"大单子"，如中国石油、中国石化、四大国有商行、中国移动、中国中车等，客户资产规模大，单位收费标准高，从单个客户审计收费形成的业务收入来看，国内的事务所与国际"四大"还有较大差距。

另一方面，瑞华、立信、天健、大华、信永中和、大信、天职国际等国内排名靠前的本土事务所承接的上市公司年报审计业务约占全部上市公司年报审计业务的50%，由此可见，部分排

---

① 财政部：《关于加快发展中国注册会计师行业的若干意见》，2009年。
② 中注协：《会计师事务所服务经济社会发展新领域业务拓展工作方案》，2010年。

名靠前、规模较大的本土事务所,承接了上市公司审计业务的相当大比例,本土大所对上市公司年报审计业务市场占有率相对集中,而在综合排名前百强中略靠后的规模较小的本土事务所,虽然也拥有证券期货业务审计资格,但其上市公司审计业务极少,这些事务所的业务构成主要来源于非上市的国有大中型企业公司审计及其他相关业务。

表6-4 2008-2013年本土所与国际"四大"客户统计表①

年度	本土所		国际"四大"		披露年报上市公司总数
	客户数量	比例	客户数量	比例	
2008	1512	93.10%	112	6.90%	1624
2009	1719	93.58%	118	6.42%	1837
2010	1998	93.85%	131	6.15%	2129
2011	2212	93.65%	150	6.35%	2362
2012	2319	93.85%	152	6.15%	2471
2013	2382	93.89%	155	6.11%	2537

(四) 人力资源

会计师事务所作为提供专业服务的知识密集型行业,人力资源是最重要的经营要素之一。本部分主要从CPA人数、年龄结构、学历结构和领军人才数量四方面对本土多和国际"四大"进行比较。因中注协公布的2008-2013年全国百家信息中,除CPA人数外,其他三项只有2008年和2009年有详细数据,而2010-2013年未单独列示,故CPA人数将对五年数据进行分析,其余三项仅对可获得数据的2008和2009年进行分析。

---

① 数据来源于中注协公布的事务所承接的上市公司2008-2012年年报审计业务数量统计。

第六章 本土会计师事务所国际化实践及困难

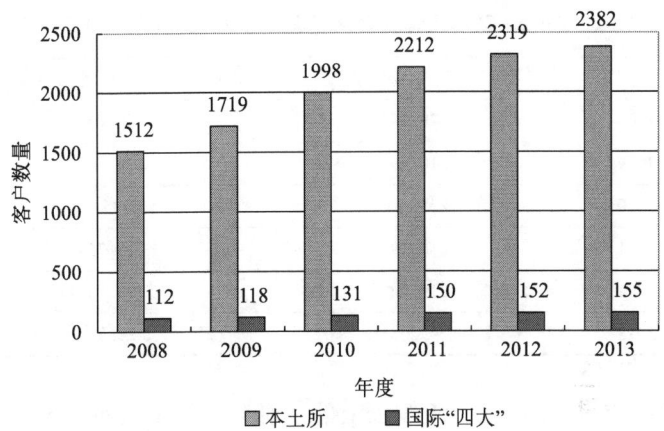

图 6-3　2008-2013 年本土所与"四大"客户统计图

1. CPA 人数

经统计，截至 2013 年底，"四大"拥有注册会计师总人数 3286 人，平均每所人数为 821.5 人；本土所拥有注册会计师总人数为 23912 人，平均每所人数为 249.08 人。由表 6-5 可以看出，国内本土所较之国际"四大"在所均注册会计师人数上存在显著差距，这主要是因为本土所所无论在薪酬体系、晋升机制以及培训体系等方面都远远不及"四大"在中国招贤纳才的条件，因而难以吸引并留住优秀人才。

但从近 5 年的总体发展趋势来看，本土所注册会计师人数是呈逐年上涨的趋势，而"四大"则呈现波动式上涨，这说明随着我国经济特别是资本市场的快速发展，注册会计师行业整体规模不断扩大，无论是"四大"还是本土所都很重视人力资源的引进、开发与培养。

2. 年龄结构

经统计，2008 年和 2009 年"四大"分别拥有注册会计师人数 40 岁以下的（含 40 岁）2469 人和 2808 人，40-60 岁的（含

表 6 – 5　2008 – 2013 年本土所与"四大"所均 CPA 人数统计表

年度	本土所所均 CPA 人数	国际"四大"所均 CPA 人数
2008	179.09	638.75
2009	210.59	726.75
2010	225.29	835
2011	236.19	725.75
2012	239.02	785.25
2013	249.08	821.50

60 岁）85 人和 99 人，60 岁以上的注册会计师 1 人和 0 人，本地所和"四大"各年龄段所均值人数如表 6 – 6 所示，其中 40 岁以上注册会计师人数，2008 年在"四大"占总人数的 3.37%，2009 年占 3.4%，这一比例在本土所要高得多，2008 年和 2009 年分别是 32.96% 和 34.80%。由于注册会计师行业劳动强度高，年轻人更能适应这一职业，因此可以看出，"四大"近年来引进人才成绩更突出，拥有的注册会计师资源更为年轻，四大重视后备人才培养、注重实施人才战略，对年轻人有较大吸引力；另一方面，"四大"人才流动频繁也对该指标有较大影响，也可以认为，"四大"的高龄注册会计师跳槽比例更高。但反过来看，年龄较大的注册会计师，也可能执业经验更丰富，执业判断能力更强，所以对这一指标的衡量，要因所制宜，辩证分析。

3. 学历结构

如表 6 – 7 所示，就注册会计师的学历结构而言，2008 年和 2009 年，本土所硕士以上学历的注册会计师人数分别占总人数的比例分别为 7.19% 和 7.95%，而国际"四大"2008 年与 2009 年该比例分别是 26.30% 和 31.37%，显然，"四大"员工的学历层次明显优于本土所。而注册会计师的受教育程度、学历水平、

表 6-6　　2008-2009 年本土所与"四大"注册
会计师年龄结构统计表

年龄段	2008 年		2009 年	
	本土所	国际"四大"	本土所	国际"四大"
年龄≤40（人/所）	120.06	617.25	137.31	702
40＜年龄≤60（人/所）	46.11	21.25	58	24.75
年龄＞60（人/所）	12.91	0.25	15.28	0
40 岁以上注册会计师比例	32.96%	3.37%	34.80%	3.40%

知识结构不仅直接影响其职业素养与执业能力，直接影响会计师事务所审计质量，对事务所的长期可持续发展也有较大影响，因此，提高注册会计师的受教育水平、重视培养员工的职业素养，是本土事务所在国际化发展道路中应当重视的重要问题。

表 6-7　　2008-2009 年本土所和"四大"注册
会计师学历结构统计表

学历	2008 年		2009 年	
	本土所	国际"四大"	本土所	国际"四大"
本科及以下比例	92.81%	73.70%	92.05%	68.63%
硕士（含双学位）比例	6.79%	25.83%	7.52%	30.99%
博士及以上比例	0.40%	0.47%	0.43%	0.38%

4. 领军人才数量

注册会计师行业领军人才是行业实施人才战略的重大成果，领军人才的选拔需经层层考试考核，选拔标准严格，培养体系较完善，是我国注册会计师行业当前及未来发展的专家及精英代表。如表 6-8 所示，本土所的所均领军人才数量，在 2008 年和 2009 年分别为 1.23 人和 1.51 人，而这两个年度"四大"的数据分别是 4.75 人和 5 人。由此可见，"四大"在领军人才数量上远高于本土所,说明"四大"更注重培养高层次注册会计师人才,也表明"四大"引进的青年人才整体素质更高。这一指标从一个侧面反映了本土所较之"四大"在人力资源上的欠缺。

表 6－8   2008－2009 年本土所与"四大"领军人才数量统计

年度	本土所所均领军人才数量（人/所）	国际"四大"所均领军人才数量（人/所）
2008	1.23	4.75
2009	1.51	5

5. 执业质量

根据中注协发布的《会计师事务所综合评价办法》规定,《会计师事务所综合评价前百家信息》中的处罚和惩戒情况,是指上一年度,事务所及其注册会计师因执业原因受到的刑事处罚、行政处罚和行业惩戒等情况[①]。行业惩戒与行政处罚是衡量注册会计师职业道德遵守情况与会计师事务所执业质量的一个重要指标,但无论行政处罚还是行业惩戒都不同程度存在着行政干预及私人感情影响处理结果。避重就轻,地方保护,事务所抽调的 CPA 互查,不愿得罪同行等现象,该指标值得进一步斟酌。本课题仍采用该指标比较。

根据中注协 2009－2013 年发布的《会计师事务所综合评价前百家信息》,2008 年至 2012 年间,"四大"的处罚和惩戒应减分值均为 0 分,而对本土所的处罚和应减分值依次为 153.5 分、172 分、45 分、49.5 分和 31 分,从这一数据看,本土所在注册会计师职业道德与事务所执业质量方面落后于"四大"。

---

① 中注协:《会计师事务所综合评价办法》,2012 年。

第二节 本土会计师事务所"走出去"的状况

2005 年以来，我国政府相关部门及行业协会大力推动我国注册会计师行业做强做大，以国际化发展为导向，深入实施准则国际趋同战略、人才战略和事务所做强做大战略，努力提高注册会计师行业服务企业"走出去"的能力。经过十年的努力，我国已建立了与国际准则持续趋同的会计审计准则体系；财政部、中注协已培养出一批具有国际视野、国际执业资质的注册会计师高端人才队伍；行业监管体系不断完善，实现行业监管体系与欧盟等效；引导、促进事务所做强做大，加强事务所内部治理机制建设，一批规模大、服务能力强的大型事务所脱颖而出。此外，中注协在香港设立办事处，发挥"战略规划、政策协调、国际联络、信息交流"作用，为事务所"走出去"牵线搭桥。在事务所"走出去"的实践中，利安达会计师事务所与信永中会计师事务所为本土事务所树立了好的典范。

早在 1998 年，利安达就曾与 RSM 的法国萨里德会计师事务所建立联系，尝试开展部分业务合作。但由于当时我国本土事务所脱钩改制尚未完成，对中外合作事务所设立无明确规范，双方在事务所名称、事务所归属、事务所业务领域等方面未能达成共识，由此利安达放弃了加入 RSM 国际网络。2002 年 9 月，利安达信隆会计师事务所正式成为当时国际第五大会计和咨询机构 BDO International 在中国的成员所。2007 年，BDO 整合在中国的 4 家会计师事务所，强行要求其"合并"，利安达会计师事务所的强烈反对该做法。这一"合并事件"促使利安达退出 BDO 国际网络。2009 年 4 月，利安达刘欧阳国际有限公司和利安达国际第一家海外成员所——利安达刘欧阳（香港）会计师事务所有限公司正式成立。2010年9月，由利安达会计师事务所联合其他中介机构发起，设立了国际会计网络"利安达国际（Reanda International）"，这是改革开放后设立的第一家具有中国自主品牌的国际会计网络。同时，利安达海外管理总部——利安达国际网络有限公司正式启动，并于2010年9月举行"利安达国际"与其在海外拟合并、吸收的成员所签约仪式。参加"利安达国际"成员所签约仪式的有来自中国内地、中国香港、中国澳门、日本、新加坡、马来西亚、柬埔寨等七个国家和地区的七家会计师事务所。

2013年5月，利安达国际俄罗斯成员所（原名 Postgraduate - RAA），加盟利安达国际，并于2013年11月正式更名 Reanda RusAudit。2013年12月，德国 AMC GmbH 事务所与利安达国际签订联系所协议，至此，该所成为利安达国际在德国及中西欧的首个联络点。2014年4月，台湾平和联合会计师事务所（M Y Wu & Co., CPAs）加盟利安达国际网络，并更名为"利安达平和联合会计师事务所"。

利安达2005-2006年先后成功在美国公众公司会计监督管理委员会（PCAOB）和加拿大公众公司会计监督理事会（CPAB）注册，具备了为在美国各证券交易所和在加拿大各证券交易所等北美国家资本市场融资上市企业提供专业服务的资格。自此，利安达的国际业务得到迅速的发展，为中国企业进入国际资本市场尤其是美国纳斯达克证券交易所、英国 AIM 证券交易所、香港证券交易所、新加坡证券交易所、加拿大多伦多证券交易所、德国法兰克福证券交易所、法国证券交易所等，实现中国企业"走出去"的发展战略提供了高效、优质地服务。

信永中和自2005年开始有规划地发展自己的国际网络，当年7月完成对香港何锡麟会计师行的吸收合并,成为国内第一家将业务实质性拓展到中国香港地区的内地会计师事务所。合并后,香港何锡麟会计师行变更为信永中和(香港)会计师事务所。2006年7月,信永中和会计师事务所成立审计国际业务部。该部门是在原审计日本组的基础上,经过所内志愿加入的员工进行考核与选拔后组成的,部门规模扩大至25人。从而使其在保持原有熟悉日本、国际等会计准则优势的基础上,扩大经营多语种服务业务范围。2007年5月,信永中和会计师事务所新加坡所获得新加坡会计企业监管局(Acounting & Corporate Regulatory Authority)批准注册,取得了信永中和会计师事务所在新加坡地区的执业资格。2008年7月,墨尔本信永中和会计师事务所成立。墨尔本信永中和是信永中和继在中国香港、日本东京、新加坡设立成员所之后在澳大利亚设立的第四家境外分支机构,它的设立使信永中和的国际网络线由亚洲延伸至大洋洲,使信永中和在"立足国内、放眼国际"的战略进程中又前进了一大步,为本土事务所"走出去"树立了很好的榜样。

2011年2月,信永中和成员所信永东京有限责任监查法人开业。当年3月,信永中和加入Praxity国际会计师事务所联盟,财政部和中注协等政府部门领导出席了会议,另有重要客户代表参加。当年7月,信永中和吸收澳大利亚Hall Chadwick会计师事务所为信永中和关联所,并约定过渡18个月后成为正式成员所。Hall Chadwick会计师事务所具有126年历史,分布于澳洲6个主要城市,合伙人及员工共460余人,服务能力覆盖全澳。现名称已全部改为ShineWing Hall Chadwick,中文名为澳大利亚信永中和会计师事务所。当年9月,财政部李勇副部长参观了信永中和澳大利亚成员所ShineWing Hall Chadwick(Brisbane),并高度赞扬了信永中和的国际化进程。2011年3月,信永中和正式签约成为 Praxity 联盟的成员机构。

2013年3月，国际会计师联合会新任执行总裁法耶泽尔·乔杜里先生访问信永中和。2013年8月，"2013年 Praxity 北京国际合作会议"在北京隆重召开，信永中和承办该次会议。来自 Praxity10 个成员所的 27 名高级管理层代表、Praxity 总部人员及信永中和 18 位合伙人、3 名经理参加会议。

2013年，信永中和首次以自主品牌参加国际网络排名，至 2013年12月31日，信永中和有包括本土所在内的 5 家成员所，分布在中国内地、中国香港特别行政区、新加坡、日本和澳大利亚。"利安达国际"作为由利安达会计师事务所于 2010 年 9 月发起成立的一家国际会计网络，至 2013 年 12 月 31 日，有包括本土所在内的 16 家成员所，分布在中国内地、中国香港特别行政区等，其中，2013 年在德国和中国台湾地区发展了成员所。

据不完全统计，截至 2013 年 12 月 31 日，全国共有 70 家事务所在境外发展设立了 43 个分支机构、成员机构或联系机构（见表6-9）。其中，天职国际等 9 家证券资格事务所在 3 个国家和地区发展设立了 10 个分支机构或成员机构；四川中砝等 61 家非证券资格事务所在中国香港特别行政区、匈牙利等国家和地区发展设立了 33 个分支机构或联系机构[①]。

另外，据美国公众公司会计监管委员会（PCAOB）公开的信息，截至 2013 年 12 月 31 日，包括国际"四大"中外合作所在内，共有 418 家中国会计师事务所在美国 PCAOB 登记，其中证券资格事务所 14 家，直接为中国企业在美国证券市场融资等提供专业服务。另外，2010 年起，中国有 12 家（国富浩华与中

---

① 此处数据资料仍来自于中注协行业发展研究资料（No. 2014 - 7）：《中国会计服务贸易发展报告（2014）》，殷德全、齐振梅、苗英华执笔。

表6-9　会计师事务所在境外设立执业网络情况表

（至2013年12月31日）

证券资格事务所发起设立国际会计网络情况		
名称	分布的国家和地区	分支（成员）机构数量（个）
信永中和	中国内地、中国香港特别行政区、新加坡、日本、澳大利亚	5
利安达国际	中国内地、中国香港特别行政区（总部）、中国澳门特别行政区、日本、马来西亚、新加坡、澳大利亚、柬埔寨、越南、塞浦路斯、印度尼西亚、毛里求斯、新西兰、俄罗斯、德国、中国台湾地区	16

证券资格事务所在境外设立分支（成员）机构情况			
序号	事务所名称	分布的国家和地区	分支（成员）机构数量（个）
1	天职国际	中国香港特别行政区	1
2	北京永拓	中国香港特别行政区	1
3	瑞华	新加坡	1
4	中审亚太	中国香港特别行政区	1
5	中天运	中国香港特别行政区	1
6	天健	中国香港特别行政区、中国台湾地区	2
7	中汇	中国香港特别行政区	1
8	大信	中国香港特别行政区	1
9	众环海华	中国香港特别行政区	1
		合计	10

非证券资格事务所在境外设立分支（联系）机构情况			
序号	事务所名称	分布的国家和地区	分支（联系）机构数量（个）
10	北京中瑞诚	中国香港特别行政区、匈牙利	2
11-70	四川中砝等60家事务所	中国香港特别行政区	31
		合计	33

瑞岳华合并后，现为 11 家）大型会计师事务所，包括国际"四大"中外合作所，获得了 H 股的审计资格，可以从事香港 H 股企业审计业务，迈出了国际化发展的重要一步。

2014 年 10 月 29 日，瑞华会计师事务所首席合伙人杨剑涛当选国富浩华国际（Crowe Horwath International）会计网络联席主席，这是中国注册会计师首次当选全球十大会计网络最高领导人。同时，立信、致同、信永中和、天职国际等一批大型会计师事务所的高管人员最近 3 年来也跻身相关国际会计网络的董事会成员，逐步在国际会计网络的核心决策层发挥重要作用，标志着中国注册会计师行业的开放度、竞争力和影响力迈上新台阶。

2015 年 3 月 11 日，北京市春立正达医疗器械股份有限公司在香港联交所主板挂牌上市，该公司的上市审计工作由天健会计师事务所承接。春立公司的 H 股 IPO 采用的是中国会计准则和中国审计准则，并由中国内地会计师事务所担任申报会计师，在境外资本市场上采用中国准则和聘用内地会计师均是第一次，实现了"双突破"。

第三节 会计师事务所"走出去"效果的实证检验

一、文献回顾

国外学者对于事务所加盟战略经济后果的研究，主要从审计质量和品牌效应两个方面展开。关于事务所的加盟战略与审计质量，一种较为普遍的观点认为通过加盟国际会计公司可以帮助新兴事务所在较短时间内利用资源共享的机会提升自身竞争力、获取优质的客户资源,从而提升审计质量,如 Cooper 等(1998)、Post 等(1998)。也有一些学者从存在方式、管理制度、技术支持等方面对成为"四大"成员所和加盟国际会计公司两种不同的国际化方式进行比较,提出后者更有利于事务所在多元化的业务中提供全面的服务,如 Greenwood 和 Suddaby(2006)。关于事务所加盟战略与品牌效应,众多学者,如 Aharoni(1993),Craswell 等(1995),Mayhew(2001)以及 Javalgi 等(2003)的研究结论比较一致,即会计师事务所打造自身品牌是一个漫长的过程,加盟国际会计公司是其实现品牌效应的一条捷径。加盟会计师事务所可以通过共享品牌声誉,扩大市场份额、提高审计收费,产生品牌"溢价"。另外还有学者检验地理位置对审计质量及独立性的影响,如 Choi 等(2012)研究地理位置对审计质量的影响,发现审计师与客户的距离越近,越能约束公司有偏的财务报告,审计质量越高。其原因可能是由于地理位置优势所产生的信息优势使得审计师在进行客户选择时,倾向于选择本地高质量客户。DeFond 等(2011)研究了 SEC 办公区域的地理位置与审计独立性的关系,结果显示,距其越远的审计师,审计独立性越差。

国内关于事务所加盟战略对审计质量影响的研究相对较少,大多数研究集中于"四大"与非"四大"审计质量的研究,主要观点有两种:一是"四大"审计质量优于非"四大",如吴水澎(2006),王良成、韩洪灵(2009)等;二是认为两者在审计质量上无差异,如刘峰(2009),郭照蕊(2011)等。有少数学者对加盟战略的经济后果进行了研究,王咏梅、王鹏(2012)根据 1998 – 2010 年 A 股市场上的数据进行实证研究,结果表明加盟战略有助于提高事务所的审计质量,国际成员所在中国审计市场上的认可度日益提升;曾亚敏、张俊生(2014)用 2010 年的数据进行回归,研究则表明"四大"成员所与国际会计公司成员所在审计质量方面不存在显著差异。

综上,加盟国际会计公司这一国际化模式对中国审计市场的影响日益受到关注,而国内学者的研究仍然较少。因此,本部分将中国审计市场上具有证券从业资格的会计师事务所划分为三类:国际"四大"合作所、国际会计公司成员所和纯本土所,对国际会计公司成员所与其他两类事务所审计质量之间的差异进行实证检验。

二、理论分析与研究设计

(一)理论分析

审计质量是指审计师发现并揭露被审计对象在会计制度上违规并公开揭露这种违规行为的联合概率(DeAngelo,1981)。审计质量是审计的生命,是衡量会计师事务所业务水平和重要指标。审计师能否发现会计违规行为,与其专业胜任能力有关。一般而言,业务能力越强的审计师发现被审计单位会计违规行为的可能性越大。审计师能否揭露会计违规行为,受到独立性的影响。审计师发现会计违规并不一定会揭露,可能因购买审计意见等威胁自身利益的情形存在,导致其作出损害独立性的行为。审计质量的高低在一定程度上取决于审计人员的专业胜任能力和独立性两个要素。

从审计师专业胜任能力的角度看,国际"四大"凭借其悠久的历史和强大的国际影响力吸引了不少高素质审计师,加上丰富的海外执业经验,"四大"发现错报的能力要高于其他会计师事务所。在独立性方面,"四大"可以凭借其规模和实力保持客观、公正,不至于受到客户购买审计意见的威胁。再者,在消费者保护主义兴起、法律环境越来越复杂的情况下,"四大"作为全球排名靠前的会计师事务所,一旦与客户合谋,将面临高昂的诉讼费用。受到声誉成本和"深口袋"理论的影响,"四大"更倾向于通过质量控制程度等手段来保持独立性,降低诉讼风险。因此,"四大"合作所的审计质量可能要高于国际会计公司成员所。但是,通过加盟战略实现国际化的事务所,本身就是中国审计市场上比较优秀的成员,加盟国际知名会计公司后可以利用资源共享的机会,提高专业胜任能力。此外,与"四大"合作所相比,国际成员所具有一定的自主决策权,不存在因合并产生的利益冲突,加上"品牌"溢价效应,审计质量会不断提升。经过近几年的发展,两者的审计质量可能已经接近,甚至"四大"合作所可能由于转制等政策的影响,审计质量已经被国际会计公司成员所超越。根据以上分析,提出假设:

H6-1:国际会计公司成员所与"四大"合作所相比,审计质量不存在显著差异。

国际会计公司是加盟模式实现国际化发展的典型,与纯本土所相比,审计质量也可能存在着差异。一方面,国际会计公司成员所依托于良好的国际平台,可能获得更多优质的客户资源,积累更多的海外执业经验;纯本土所没有实施国际化,境外业务能力可能相对较低。但是国际会计公司成员所加盟时间不长,是否真的借助国际知名会计公司实现了自身的发展还有待检验,为此提出假设:

H6-2:国际会计公司成员所与一般本土所相比,审计质量不存在显著差异。

(二)研究设计

审计质量是审计领域研究的核心问题,本书选用审计意见类型这一变量作为会计师事务所审计质量的衡量指标。当客户被出具非标准审计意见时,表明审计师发现并揭露了会计违规行为,审计过程中保持了独立性，与客户合谋的可能性小，审计质量比较高；反之，当出具标准审计意见时，表明审计师可能没有发现或揭露被审计单位的错报，客户购买审计意见的可能性比较大，审计质量相对较低。参照 Chan 和 Wu（2011）、Firth 等（2012）的研究成果，构建如下模型进行实证检验。模型中有关变量的解释见表 6 – 10。

$$MAO = \alpha + \beta_1 BIG4 + \beta_2 LOCAL + \beta_3 BEME + \beta_4 AUDITORSIZE + \beta_5 ECONDEP + \beta_6 CLISIZE + \beta_7 CURRENT + \beta_8 ARINV + \beta_9 LEV + \beta_{10} TURN + \beta_{11} ROA + \beta_{12} LOSS + \varepsilon$$

表 6 – 10　　　　　　　　模型变量及解释

因变量	变量解释
MAO	虚拟变量，若客户审计意见类型为非标准审计意见，则取 1，否则取 0
自变量	
BIG4	虚拟变量，若会计师事务所为国际"四大"合作所，取 1，否则取 0
LOCAL	虚拟变量，若会计师事务所为纯本土所，取 1，否则取 0
控制变量	
BEME	虚拟变量，若客户 $0 \leq ROA < 1$，取 1，否则取 0
AUDITORSIZE	会计师事务所规模，用其年收入总额的对数表示
ECONDEP	被审计客户资产占全部客户资产总额的比例
CLISIZE	客户规模，用客户资产规模的对数表示
CURRENT	流动资产/流动负债
ARINV	（应收账款 + 存货）/总资产
LEV	长期负债/总资产
TURN	营业收入/总资产
ROA	净利/总资产
LOSS	虚拟变量，若客户企业净利润 < 0，则取 1；否则取 0

第六章 本土会计师事务所国际化实践及困难

(三) 数据来源与描述性统计

1. 数据来源

会计师事务所收入数据来自于中国注册会计师协会公布的2013年、2014年事务所综合排名信息，国际会计公司成员所的信息来自于中国会计服务贸易发展报告（2013、2014）。上市公司数据来自于RESSET数据库中2013年、2014年非金融行业A股上市公司年报及审计报告。剔除缺失数据后共得到2826个样本，其中"四大"合作所样本160个，国际会计公司成员所样本1537个，纯本土所样本1129个。

2. 描述性统计

（1）全样本描述性统计见表6-11。可以看出，审计意见类型的均值为0.04，标准差为0.202，表明全部样本公司大多被出具了标准审计意见，出具非标准审计意见的占了少数，符合中国审计市场的事实。AUDITORSIZE标准差为1.000，CLISIZE标准差为1.869，表明三种类型的事务所规模差异较大，与之相对应的客户规模差异也较大。ECONDEP均值0.028，标准差0.005，表明事务所的收入没有过分依赖某一客户，有利于其保持独立性。BEME均值为0.89，标准差0.097，可见样本公司大多处于盈利状态，少数报表数据显示亏损，与LOSS这一指标反映的数据一致。样本公司的其他财务指标标准差都相对较大，反映出样本具有一定代表性。

表6-11　　　　全样本的描述性统计

变量	样本总量	最大值	最小值	均值	方差	标准差
MAO	2826	0.000	1.000	0.040	0.202	0.041
BIG4	2826	0.000	1.000	0.060	0.231	0.053
LOCAL	2826	0.000	1.000	0.400	0.490	0.240

续表

变量	样本总量	最大值	最小值	均值	方差	标准差
BEME	2826	0.000	1.000	0.890	0.311	0.097
AUDITORSIZE	2826	8.931	12.825	11.545	1.000	1.000
ECONDEP	2826	0.000	0.973	0.028	0.071	0.005
CLISIZE	2826	15.729	28.509	22.068	1.367	1.869
CURRENT	2826	0.011	45.181	2.168	2.888	8.340
ARINV	2826	0.000	0.894	0.274	0.188	0.035
LEV	2826	0.000	43.410	0.116	0.829	0.688
TURN	2826	0.004	8.787	0.695	0.593	0.352
ROA	2826	-48.316	2.312	0.017	0.921	0.848
LOSS	2826	0.000	1.000	0.110	0.311	0.097

（2）以会计师事务所特征为依据将全部样本为为三组，分别比较"四大"合作所、纯本土所与国际成员所客户企业特征之间的差异，具体描述性统计及差异比较见表6-12。从表6-12可以看出，与"四大"合作所相比，国际成员所出具了更多的非标准审计意见，且在1%水平上显著，表明后者具有更高的审计质量，而这种差异在纯本土所与国际成员所之间变得不明显。从事务所规模来看，国际成员所的规模显著小于"四大"合作所，但显著大于纯本土所，表明目前"四大"合作所在规模上比其他事务所更具优势。在客户对事务所的影响方面，国际成员所对客户的依赖要明显小于其他两类事务所，表明其具有更强的独立性。客户特征方面，规模大的企业更倾向于选择"四大"合作所，然后是国际成员所，最后才是纯本土所，在一定程度上说明我国大型企业还是更相信"四大"，也显示出"四大"在中国审计市场上的强大影响力。另一方面，反映出规模大的企业更愿意选择国际化程度高的事务所。

表 6 – 12　三类会计师事务所及客户企业特征描述及差异比较

变量	"四大"合作所		国际成员所		纯本土所		均值差异	
	均值	标准差	均值	标准差	均值	标准差	国际所 vs "四大"	国际所 vs 纯本土所
MAO	0.013	0.111	0.040	0.203	0.050	0.210	0.028***	-0.010
BEME	0.913	0.283	0.882	0.323	0.903	0.297	-0.031	-0.021
AUDITORSIZE	12.630	0.158	11.947	0.737	10.844	0.939	-0.683***	1.103***
ECONDEP	0.050	0.101	0.016	0.042	0.041	0.091	-0.034***	-0.025***
CLISIZE	23.905	1.621	22.053	1.326	21.829	1.174	-1.852***	0.225***
CURRENT	1.486	1.584	2.219	3.114	2.195	2.694	0.733***	0.024
ARINV	0.254	0.196	0.272	0.190	0.279	0.184	0.018	-0.007
LEV	0.141	0.125	0.135	1.120	0.086	0.112	-0.006	0.050
TURN	0.733	0.540	0.670	0.544	0.724	0.659	-0.063	-0.054**
ROA	0.043	0.053	0.003	1.239	0.033	0.176	-0.039	-0.029
LOSS	0.088	0.283	0.120	0.323	0.100	0.297	0.033	0.020*

注：***、**、*表示均值方程的 T 检验在 1%、5% 和 10% 水平上显著（双尾检验）。

（四）实证结果分析

运用 SPSS17.0 对全部样本数据进行 Logistic 回归，实证结果见表 6 – 13。调整后的 R^2 为 0.902，表明回归模型拟合优度较好。BIG4 的回归系数为负，但不显著，表明"四大"合作所与国际成员所的审计质量不存在显著差异，证明了 H6 – 1。结合表 6 – 12 的 T 检验结论可知，两者审计质量上差异在控制了其他变量之后变得不显著，可见事务所类型这一变量并不是影响审计质量的关键因素，可能是受到客户规模、盈利状况、偿债能力、营运能力等其他方面的影响。LOCAL 系数为正，不显著，表明控制其他变量之后，国际成员所与纯本土所的审计质量不存在显著差异，证明了 H6 – 2。从客户特征来看，CLISIZE 系数显著为负,反映出审计质量与客户规模显著负相关。一方面可能是由于规模大的企业业务更复杂,审计师查出错报的可能性受到挑战,另一方面大企业有更强的议价和更换事务所的能力,事务所可能因担心失去在客户而降低审计质量。

表6-13　　　　　　　　　样本回归结果

变量	样本回归系数
BIG4	-0.188
LOCAL	0.264
BEME	13.508***
AUDITORSIZE	0.091
ECONDEP	1.209
CLISIZE	-0.818***
CURRENT	-0.334***
ARINV	-1.561**
LEV	2.091**
TURN	0.057
ROA	0.015
LOSS	15.463***
调整后的 R^2	0.902

注:***、**、*分别表示在系数1%、5%和10%水平上显著。

(五)研究结论与局限性

本书结合2013年、2014年A股上市公司财务报表数据,检验加盟国际知名会计公司、与"四大"合并两种国际化模式对审计质量的影响,并比较分析加盟国际会计公司与纯本土所审计质量的差异。结果显示:第一,在中国审计市场上,不同的国际化模式对事务所审计质量的影响不显著。虽然单独来看,国际成员所比"四大"合作所审计质量高,但考虑其他控制变量之后,这种差异变得不显著。本土会计师事务所可以结合自身特点选择合适的发展模式。第二,国际成员所与纯本土所的审计质量不存在显著差异,这可能是由于成员所加盟时间不长,其利好效应还未充分显现出来。结果同时也表明,本土会计师事务所在国家政策的鼓励和支持下,不断做大做强,业务质量得到提升。从研究结论看,事务所通过加盟国际知名会计公司,迈出"走出去"的第一步,目前还没有取得明显效果。但为了事务所的长远利益,为了国家经济安全,事务所必须适时"走出去"。

本部分研究存在以下局限:第一,由于样本数据的制约,未能将高度介入模式的经济后果与其他两种模式进行比较。第二,本土会计师事务所在国际化发展的过程中,可能会同时选择两种不同的模式,如加盟国际会计公司的同时,又在境外设立分支机构,由于前面所述局限,本书将其视作采用加盟模式实施国际化,可能导致结果存在一定误差。第三,关于审计质量的衡量,众多学者采用了不同的指标,但每一个都不能尽善尽美,本部分所选变量同样存在这一问题。

第四节 本土会计师事务所"走出去"面临的主要问题

我国注册会计师行业自1980年恢复重建以来,经历了1998年的脱钩改制,2005年以来的审计准则国际趋同、人才战略及做大做强等战略,取得了令人瞩目的成绩,为我国的改革开放及国民经济的健康可持续发展作出重大贡献。但注册会计师行业快速发展的同时,仍存在诸多问题,从总体上看行业发展仍然较为粗放,如重速度轻质量、重业务收入轻品牌建设、重事务所效益轻内部治理、重做大轻做强、重合并轻整合、重人才培养规模轻人才培养质量、重国内业务轻国际业务等,这与我国经济的国际化发展的要求不相适应。这些问题均值得专题深入研究,但本部分仅探讨会计师事务所国际化特别是本土事务所"走出去"面临的问题。

一、"走出去"企业偏好选择"四大"为其提供中介服务

"四大"凭借其百年发展历史,丰富的海外市场经验,优秀的专业人才队伍,先进的审计技术,已经在国际资本市场上树立了强大的品牌效应。对于优质品牌的会计师事务所,企业可以直观感受其高审计质量的特征,如悠久的发展历史,科学的内部治理结构,严格的质量管理流程,强大的执业人员队伍,超强的风险防范能力等,从而使得企业对其产生高度信赖,即使付出高收费代价也愿意聘请国际知名会计师事务所。"走出去"企业普遍认为,选择四大可降低"走出去"风险,投资利益能够得到更好保障。目前,我国企业 B 股审计业务,H 股 IPO 业务,众多跨国公司在华分支机构审计业务,几乎被四大包揽;"走出去"企业前 50 强,其国内审计业务多选择四大(见本书第八章表 8-1),"走出去"时更是优选"四大"为其提供专业服务;世界 500 强中的中国企业,排名靠前者均选择"四大"为审计师(见本书第八章表 8-2)。企业的选择偏好直接影响事务所国际化发展,本土事务所只有做强做大,不断增强核心竞争力,做出自身品牌,才能得到本土企业的信任,也才能在"走出去"企业审计服务市场占领一席之地。

二、本土事务所国际化意识不强，更注重眼前利益

从中注协发布的 2014 年会计师事务所综合评价前百家信息看，本土事务所排名前 10 的事务所中，除了信永中和外，其他事务所国际化程度整体较低。多数事务所规模化发展是为了提高其在国内审计市场上的竞争力，不少事务所走向香港仅是为了满足 H 股审计资格的要求[①]。本土事务所"走出去"的整体意识不强，对"走出去"发展的重要性认识不足，没有"走出去"的整体规划与思路。本部分实证研究结果也表明，事务所"走出去"后，短期内审计质量没有明显提升，事务所收益没有明显提升，投资成本反而大幅增加，这也是事务所"走出去"动力不足的原因。但是若要提高事务所的国际影响力、办百年大所，更重要的是为了服务中国企业"走出去"，事务所必须选择"走出去"。

三、本土事务所不注重品牌建设，国际知名度整体不高

品牌在市场竞争中起着非常重要的作用，自古以来，市场经济的竞争在某种程度上就是品牌的竞争。注册会计师行业作为一个知识密集型产业，提供的是注册会计师的专业服务及专家服务，品牌更为重要。然而，我国的注册会计师行业至今仍没有培养出可以带动整个行业发展的品牌事务所，知名品牌的缺失已严重制约我国本土会计师事务所的快速发展特别是国际化发展。本土事务所国际化的很多困难，都与事务所的品牌建设不足相关，

---

① 财政部与证监会联合发布的关于《会计师事务所从事 H 股企业审计业务试点工作方案》中，要求申报 H 股试点的事务所必须在香港发展有成员所或者与香港会计师事务所同属某一国际会计公司的成员所。

品牌作为重要的无形资产，是会计师事务所的核心竞争力。目前很多本土事务所对其品牌建设还不够重视，未对品牌建设投入足够的人力物力财力，甚至损害事务所品牌的现象时有发生。虽然财政部、中注协等主管部门一再强调事务所的品牌建设，学者们提出一些关于事务所品牌建设的举措，事务所也为品牌建设作了诸多努力，但本土事务所的国内知名度整体不高，国际知名度更是非常欠缺。事务所自身品牌建设不足是品牌缺失的重要原因，相关外部环境对事务所品牌建设也有较大影响，如禁止事务所做广告是事务所扩大品牌影响的制约因素，相关媒体对事务所的报道仅止于负面消息，点开中注协网站有关品牌建设的专栏内容也只有寥寥数条。品牌建设非朝夕之功，需要多方努力，特别是需要事务所全员全方位努力。

四、本土事务所人才投入不足，国际化人才整体较缺乏

作为提供专业服务的机构，人才资源是会计师事务所最重要的资源，会计师事务所的国际化发展更需要高素质的国际化专业人才。虽然本书第四章论述了我国实施人才战略的显著成效，但是，国内会计师事务所在吸引和留住人才方面仍面临巨大的挑战。一方面，当前中国本土事务所在进行国际化经营中面临的主要问题是缺乏外语水平高且具有海外审计经验的专业技术人员，刚走出校门的年轻注册会计师外语语言水平较高，但缺乏审计实践经验，更缺乏海外审计经验，而大批具有丰富实践经验的资深注册会计师却外语水平一般，无法适应国际审计市场的需要。另一方面，国际"四大"因其优良的工作平台，优厚的薪酬待遇，优越的发展机会，每年吸引大批著名高校优秀毕业生加入，国内会计师事务所因没有完善的人才培养机制对一些年轻的专业人才失去了吸引力，导致国内会计师事务所的人才流失。大华会计师事务所首席合伙人梁春曾讲过：目前大华事务所的100多名合伙人中，能用英语直接与客户进行沟通交流的只有五六个人。近几年新引进的毕业生英语水平高，但其业务能力欠缺，没有国际业务经验，而国际业务经验丰富的注册会计师英语水平整体较差。人才问题是事务所"走出去"的最大困难。致同会计师事务所董事长徐华也认为：要留住海归人员、通过ACA、ACCA等境外资格考试的外籍人士，难度不小。国内注册会计师全国统一考试整体合格率不高，且相当一部分取得全科合格证甚至非执业会员资格的人，留在了高校，或选择大型国企、上市公司、金融部门或行政事业单位就业。我们经调研也注意到，很多事务所引进的优秀毕业生，经过几年的锻炼和事务所的精心培养，业务能力与外语水平优秀，本是事务所"走出去"战略的重要人力资源，但经常会被事务所服务的客户挖走；也有些注册会计师因不愿忍受事务所高强度工作压力，会重新选择工作单位，跳槽到国有企业、金融机构、政府部门；或经不起外面的诱惑，跳槽到"四大"工作。

五、本土事务所服务项目单一，业务质量整体不高

目前，我国注册会计师行业的业务收入中，传统审计业务占比仍然过大，非审计服务占比较小。我国本土会计师事务所提供的服务项目较少，业务领域较窄，鉴证服务几乎是所有本土大所的主营业务，非审计服务仅限于税务咨询、管理咨询的少量项目。而国际大型会计师事务所都将单纯的审计业务扩大至管理和财务咨询、人力资源管理咨询等多样化的服务，所以我国本土会计师事务所在今后多元化发展战略中将面临巨大挑战。

在非审计业务中，我国的管理咨询业务急需快速发展。由于我国多数本土事务所规模小，人力资源不足，事务所非审计服务主要是代理记账、税务代理、工商代理、资产评估、内控制度设计等，服务项目单一，业务质量标准欠缺，服务质量参差不齐。且事务所提供的管理咨询等相关服务如投资咨询、税收筹划等，由于与其他中介机构如税务师事务所、资产评估事务所等，在执业时存在一定程度的交叉，而税务师事务所的人脉优势等明显优于会计师事务所，所以本土会计师事务所的非审计服务发展速度缓慢。现阶段，"走出去"企业对本土事务所服务的需求，更多的是非审计服务，如投资可行性分析、税务协调、企业集团架构设计等，中注协已于2011年发布"中国注册会计师行业新业务拓展战略实施意见"，事务所需从努力拓展与企业"走出去"需求相关的新业务。

另一方面，与"四大"国际网络及四大中外合作所相比，本土会计师事务所的执业质量还有待进一步提升。随着市场经济的发展以及"走出去"企业队伍的不断壮大，本土事务所只有苦练内功，不断提高服务质量，才能提高自身公信力与社会认可度，也只有通过优质周到的服务，才能赢得"走出去"企业的信赖。

六、本土事务所规模化程度仍然不足

近年来，注册会计师行业实施做大做强规模化发展的战略，国内会计师事务所通过合并、设立分所、吸收专业人员等，规模化发展取得显著成效，瑞华和立信两家事务所是规模化发展的典型代表，详见本书第五章的论述。但是总体来看，本土事务所的规模化的程度仍然不高，与国际大型会计师事务所特别是国际"四大"相比，即使综合排名前十的本土事务所，仍然只属于中小事务所，其综合实力与国际大所也有较大差距，在国际市场竞争中处于劣势，在服务本土企业"走出去"的竞争中也没有优

势。从2014年中注协发布的《会计师事务所综合评价前百家信息》看,2013年度,排名第1的普华永道中天业务收入33.51亿元,排名第15的众环海华会计师事务所业务收入5.11亿元,仅有普华永道中天的15.25%;排名第50位的北京中天恒会计师事务所业务收入7700万元,仅有普华永道中天的2.30%;而排名第100位的杭州萧然会计师事务所业务收入3581万元,仅有普华永道中天的1.07%。2013年度,全球排名前4位的国际会计网络的业务收入达1138亿美元,其中德勤324亿美元、普华永道320.88亿美元、安永258.92亿美元、毕马威234.20亿美元[①]。

七、本土事务所国际化发展的定位不准、路径不明

尽管有信永中和与利安达等事务所"走出去"的优秀代表,但从本土事务所国际化总体状况看,多数事务所定位不准,路径不明,国际化的方式问题没有明确思路。典型问题如:何时"走出去";事务所独自"走出去"还是跟随企业"走出去",即事务所"走出去"市场定位问题;走到哪里去,"走出去"路线图如何设计,即区域发展路径问题;怎样"走出去",加入国际网络、建立海外网络还是合并境外事务所等。

八、本土事务所"走出去"面临的其他困难

除了上述问题外,事务所"走出去"还存在以下困难:(1)政治、文化、信仰的差异。由于西方、东亚、非洲等国家和地区在政治体制、文化教育、宗教信仰、思想观念、生活方式等与我们

---

① 数据来源于中注协行业发展研究资料(No.2014-7):《中国会计服务贸易发展报告(2014)》,殷德全、齐振梅、苗英华执笔。

均存在较大差异，事务所"走出去"，真正融入当地社会，需要付出长期艰辛的努力。（2）"走出去"成本高。设立海外分所、与当地事务所合并等"走出去"方式，都存在较高的运营成本，较高的生活成本、人工成本，管理费用和地方税负，对事务所来说都是不小的负担，而国外的会计市场已基本饱和，通过参与国际竞争去争取当地客户，困难巨大，仅仅服务中国企业的海外机构，业务量可能不足。如何在劣势中求发展，需要事务所治理层的勇气与高瞻远瞩，可以借鉴日本等松会计师事务所的发展经验。详见本书第七章的内容。

第七章

本土会计师事务所国际化发展的国际借鉴

国际"四大"的国际化发展无疑是全球会计师事务所学习的典范，本土会计师事务所国际化首先应学习"四大"的经验，但"四大"之外的其他国际大所如德豪、均富、罗申美等，也有诸多值得借鉴之处。同时，日本、中国台湾等国家或地区，将国际"四大"办成本土化的会计师事务所更值得我们学习参考。

第一节 文献回顾

会计师事务所的国际化扩张最早是从"四大"开始的。1890年，成立于英国的会计师事务所普华，在美国纽约设立第一家境外办事处，由此拉开了事务所国际化发展的帷幕。1906年，成立于伦敦的会计师事务所德勤，在经历大半个世纪的发展后，进入墨西哥设立分支机构。随后，越来越多的国际会计公司开始了国际化发展。经历一个多世纪的发展，"四大"已经成为世界范围内最具影响力的国际知名会计师事务所。国内外学者对"四大"国际化发展的研究主要有以下代表成果。

一、关于"四大"国际化发展动因的研究

无论是历史上的"八大""六大""五大"还是现在的"四大"，其国际化发展动因一直以来都是国内外学者探讨的热点，已有的研究结论主要集中于以下方面。

第一，客户国际化发展及维持现有客户关系是"四大"境外扩张的主要原因。Wu和Hackett（1978）的调查发现，事务所国际化发展主要是基于客户的需要，客户的国际化发展，促使事务所跟随其国际化，为客户提供更好的服务，避免丧失现有客户。Edgar（1981）指出，客户规模的持续增长及其对会计服务需求的不断扩大，共同促进了事务所的国际化扩张。Post和Albertus（1995）认为，会计师事务所的国际化发展主要为了稳定客户关系。Brown，John和Hinings等（1996）的研究发现，"六大"实施国际化扩张的初衷是服务国际客户的需要。Barwise，Patrick，Meehan和Sean（1998）的研究则表明，事务所国际化是为了更好地服务于大型企业的国际化发展，满足其对会计服务的巨大需求。Post，Wilderom和Douma（1998）指出，由于需求方与供给方的信息不对称以及会计贸易中输出竞争优势的存在，跟随客户"走出去"成为会计师事务所国际化发展的主要动因。美国审计署（GAO，2003）在其研究报告中指出，客户的国际化扩张，加速了为其提供服务的"四大"及其他国际大所国际

化发展进程。

第二,经济全球化等外部因素推动"四大"国际化发展。Cooper,Greenwood 等(1998)的研究表明,合伙制会计师事务所这种组织结构推动了国际"六大"的发展。Kirsch 和 Evans(2000)通过对"五大"在中国、中欧等市场的发展进行调查,发现良好的政治法律环境、增长潜力以及文化因素等对会计师事务所进军国外市场具有重要影响。李艳西(2000)指出,经济环境的发展对会计师事务所国际化扩张的影响功不可没。陈晓芳、宋芝宏(2004)认为,经济全球化和世界经济一体化,跨国公司的大量涌现,必然促使会计师事务所国际化发展。

第三,开发新市场、寻求海外联盟,保持国际形象、实现价值最大化等是会计师事务所国际化发展的内在动力。Wu 和 W. Hackett(1978)指出,国际会计公司海外扩张的原因,一是获取国外市场及与国外事务所进行合作,二是防御竞争对手,并维护自身在大众心中的国际会计公司印象,三是出于改善财务状况、提高投资报酬率等利润因素的考虑。Ramcharran(1999)认为,通过在全球范围内的合理地域分布来实现公司价值最大化以及保持国外市场份额是会计服务全球化发展的主要动因。吕志明(2006)的研究表明,"八大"实施国际化扩张并纷纷到台湾开展业务,主要是为了寻求结盟,取得联盟所的资源。韩晓梅、徐玲玲(2009)对"四大"的发展历史进行梳理,发现"四大"迈向国际后实施扩张的原因是开发潜在市场。

二、关于"四大"国际化发展模式的研究

国内外学者对"四大"国际化发展模式的探讨主要从以下方面展开。

第一,国际化发展的模式种类。Post,Wilderom 和 Douma

(1998）的研究发现，国际知名会计师事务所在国际化发展的初期是选择在国外建立自己的事务所联盟，以应对来自其他事务所的竞争，随后，出于竞争优势与客户关系的考虑，会采用加入国际联盟的方式。Stimpson（2000）指出，国际化发展的最好方式是寻求海外合作或同盟，以及建立全球联盟。Wootton、Wolk 和 Normand（2003）对全球各大会计师事务所的发展历史进行回顾之后，发现事务所国际化是并购的结果。杨海峰、张俊瑞（2004）指出国际"五大"事务所是先通过合并进行规模化发展，再实施国际化扩张。蒋瑞波（2006）对国际"四大"进入中国市场的战略进行研究，认为"四大"国际化扩张采用的模式包括：获取临时执业许可、设立代表处、发展中外合作所以及发展成员所。韩晓梅、徐玲玲（2009）认为，国际大所进入中国市场的初期，主要是通过设立代表处的方式高度介入，随着中国资本市场的快速发展，国家大所为资本市场提供服务越来越成熟，逐渐选择控制程度较低的模式，如建立中外合作所等。

第二，国际化发展模式选择的影响因素。Erramilli 和 Rao（1990）认为国际会计公司对外国市场的了解程度、国际化动因是影响其国际化模式选择的主要因素。Post、Wilderom 和 Douma（1998）指出，国际化发展动因是影响会计师事务所国际化发展模式选择的主要因素，通常情况下，如果跟随企业"走出去"是会计公司国际化发展的动因，那么事务所会更倾向于采取进入海外市场设立全资子公司的模式。邱学文、李书玲（2009）的研究表明，会计师事务所国际化发展模式的选择受到规模化、组织结构、业务结构、内部治理、执业质量等内部资源能力，以及品牌优势、行业管理、执业环境等外部环境的共同影响。胡波（2010）提出产权特质、所有权优势以及心理距离等因素会导致会计师事务所形成专属性国际化路径及国际化模式。产权特质会促进事务所在国际化发展初期选择控制程度较高的进入模式；所有权优势越高，事务所越容易选择控制程度高的进入模式；心理距离产生的不利影响可以通过采取控制程度较低的国际化模式来降低。

综合国内外学者的研究成果，"四大"国际化发展的模式主要包括兼并本土所、新建代表处、建立合作所、发展成员所以建立全球联盟等高度介入方式，以及寻求海外合作与同盟、加入全球联盟、获取临时执业许可等控制程度相对较低的模式。"四大"选择何种国际化模式除了受到国际化动因的影响外，诸如规模化、组织结构、业务结构、内部治理、执业质量等内部资源以及品牌优势、行业管理、执业环境等外部环境也会对其产生影响。由于会计师事务所在不同的发展阶段，产权特质及所有权优势不同，因而会采取不同的国际化模式；从地域上来讲，会计师事务所更容易在心理距离小的国家实施控制程度高的国际化模式。

第二节 "四大"及其他国际大所国际化发展路径分析

一、"四大"国际化发展路径

相关资料表明，西方的注册会计师制度是伴随着商品经济的产生与发展逐步发展和完善的，它最早起源于意大利的合伙制企业制度，在英国的股份制企业制度中逐渐成熟，在美国发达的资本市场制度中逐步完善。20世纪初至20世纪30年代，美国成为全球经济中心，资本市场不断完善，促进了注册会计师行业的繁荣。大批事务所通过设立分支机构、拓展业务等方式壮大规模，大型会计师事务所如雨后春笋般涌现。根据1932年《财富》杂志的统计数据，排名靠前的八家会计师事务所优势地位比较明显。这一八强格局在接下来的半个世纪基本没有发生改变。

注册会计师行业发展的历史，在很大程度上可以看作一部会计公司合并史。20世纪80年代后期，"八大"会计公司之间的合并重组，掀起全球会计师事务所之间的合并高潮。如图7-1所示，1987年"八大"之一的Peat Marwick Mitchell兼并"非八大"的Klynveld Main Goerdeler（以下简称KMG），这是"八大"历史上的第一次合并，至此毕马威（Klynveld Peat Marwick Goerdeler）成立。KMG是欧洲一家会计师事务所在美国设立的会员所，凭借着其在欧洲市场上广阔的执业网络及影响力，此次合并使得毕马威成为全球业务范围最大的事务所，且这一领先地位一直保持到1989年。1989年6月，"八大"中的Ernst & Whinney（以下简称EW）和Arthur Young（以下简称AY）合并，创建了安永（Ernst & Young）。合并之前EW和AY分别在"八大"中排名第4和第6，合并之后的安永在"六大"排名中跃居第二。同年8月，"八大"中排名最后的Deloitte Haskins & Sells（以下简称DHS）与Touche Ross（以下简称TR）合并，成立了"六大"中排名第三的德勤（Deloitte & Touche）。1998年，"六大"中的排名第5、第6的永道与普华合并，形成了普华永道（Pricewaterhouse Coopers），其排名仅次于排名第一的安达信。

经过以上四次大规模的合并，"八大"变为"六大"，"六大"变为"五大"，即安达信、普华永道、安永、德勤和毕马威。其中，安达信公司因安然公司财务丑闻事件的影响，声誉严重受损，客户资源大量流失，合伙人及员工也纷纷离职，最终于

2002 年解体，形成了目前的"四大"格局。

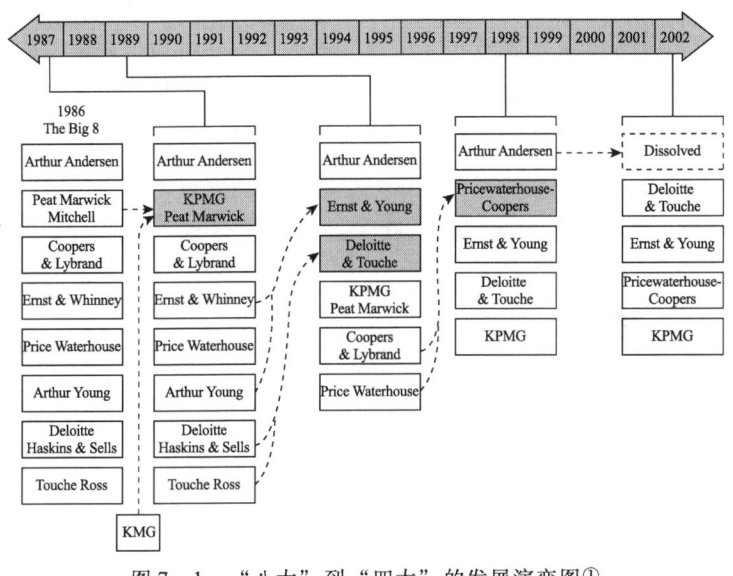

图 7-1　"八大"到"四大"的发展演变图①

二、"四大"国际化发展的模式

（一）单独设立分支机构

在国际化发展的初期，"四大"主要采用的是单独设立分支机构的模式，即采用高度介入的方式，单独在境外设立分所或办事处。从客户的角度来看，"四大"开展海外扩张的动因一是为了维持已有的客户关系，二是为了在国外市场上开发新客户。在前一种的情况下，由于对目标客户的了解更多，"四大"更容易选择单独设立分支机构的方式。

---

① 图片来源：GAO-08-163：Audits of Public Companies Continued Concentration in Audit Market for Large Public Companies Does Not Call for Immediate Action. Page 9.

从 19 世纪末到 20 世纪初，普华的海外扩张就是采用这一模式。如表 7-1 所示，1890 年普华在纽约设立第一家分支机构，随后几十年又陆续在欧美其他地区成立了分支机构。安永、毕马威、德勤在早期的海外扩张中，也是主要采用直接到境外设立分支机构的模式。比如德勤的前身之一的 Deloitte 公司，从 1890 年开始分别在美国、墨西哥、阿根廷等美洲国家设立分所，之后于 1919 年进入开始中国市场，在上海设立代表处，是国际大所最早进入中国市场的会计公司。

表 7-1　19 世纪末 20 世纪初普华在欧美国家设立分支机构的情况①

时间	分支机构所在国家及地区
1890 年	美国纽约
1891 年	美国芝加哥
1901 年	美国圣路易斯
1902 年	美国匹兹堡
1904 年	西班牙圣费拉兰斯科
1906 年	墨西哥城
1907 年	美国西雅图、费城、蒙特利尔
1909 年	美国波士顿
1910 年	加拿大多伦多
1911 年	美国洛杉矶
1912 年	加拿大温尼伯、温哥华
1914 年	美国密尔沃基
1915 年	美国底特律
1919 年	克利夫兰
1920 年	波特兰
1921 年	美国普罗维斯、华盛顿
1923 年	古巴哈瓦那

---

①　文硕：《世界审计史》，企业管理出版社 1996 年版，第 401－465 页。

（二）联合设立分支机构

联合设立分支机构是"四大"国际化发展早期的另一种典型模式。联合设立分支机构与单独设立分支机构不同，主要是通过与其他事务所联合设立分所的形式进入目标市场，是一种海外联盟，目标市场可能是联合的会计公司所在国，也可能是第三国。对于会计师事务所而言，国际化发展无疑是一个复杂的战略挑战。一方面是对海外环境的不熟悉，另一方面是组织赖以生存的协同能力能否在跨国服务中得到彰显，再者是人力资源与组织管理与客户需求是否对称。通过联合，会计师事务所与国外事务所形成一种合作关系，双方可以实现优势互补，以更好地进入目标市场。与单独设立分支机构相比，联合设立分所的模式体现了更多的合作与联盟。

德勤前身之一 Deloitte Plender &Griffith，1904 年与伦敦 Annan Dexter & Co. 在南非境内联合设立分所（Deloitte Dever Griffith）；1910 年与 George A. Touche & Co. 开展合作，分别在爪哇国的泗水、巴达维亚两地设立分支机构；1924 年进入欧洲市场，与 Binder Hamlyn & Co. 先后在德国柏林和奥地利维也纳成立的分所。与德勤的发展历程类似，普华也是在 20 世纪采取了联合设立分支机构的方式实施海外扩张。为了进入苏联、法国、荷兰等欧洲国家市场，普华与皮特公司在彼得格勒、巴黎、鹿特丹等地联合设立了 Peat Waterhouse & Co. 分所及其他分支机构。安永的前身之一 AY，在 20 世纪 20 年代与英国会计师事务所进行合作，联合设立伦敦分所。

（三）合并当地所

在"四大"国际化发展的中后期，主要采取的是合并当地所的模式，即主动"走出去"到目标市场上开展兼并。与前两种模式相比，合并方式需要会计师事务所积累更多的资源，拥有更强的市场影响力，所以这一模式出现的时间相对较晚。

1944年，安永前身之一的AY进军加拿大，兼并了Clarkson Gordon & Co. 这一具有良好声誉的本土会计师事务所，形成了加拿大安永会计师事务所（Arthur Young Clarkson Gordon & Co.）。与安永类似，普华的合并之路也主要集中于发达国家。1955年，普华与美国会计公司R. G. Rankin & Co. 合并，次年又将田纳西州的Osborn Page & Co. 事务所收入麾下，1961年与Pogson Peloubet & Co. 会计师事务所进行合并。德勤在亚洲的发展也经历了同样路径：1978年，德勤前身之一的TR兼并日本本土大所——等松会计师事务所；之后几年进入中国市场，先后在香港、台湾等地，选择大规模会计师事务所开展合并；1981年，与香港关黄陈方会计师行合并；1985年，与台湾众信崇庆会计师事务所合并。可见，"四大"多选择目标市场上的大型会计师事务所作为合并对象，这样可以利用本土所的当地影响力，迅速提高"四大"在国际市场上的地位，以便更好地开展业务。事实上，"四大"的垄断地位都是通过多次合并来实现的，合并扩宽了事务所的区域覆盖面、提升了其国际市场的领导地位，增加了"四大"审计市场集中度。

总之，从早期的单独设立分支机构到联合设立分支机构，再到后来与当地所合并，"四大"凭借着其强大的国际影响力，一直采取的都是高度介入的国际化模式。

二、其他国际大所国际化发展模式

欧美地区是全球经济较为发达、资本市场相对完善的地区，良好的经济背景和市场环境促进了民间审计的较早起步与迅速发展。经过几百年的发展历程，欧美国家出现了不少全球知名会计师事务所，如安达信时代的国际"五大"即安达信、普华永道、

第七章 本土会计师事务所国际化发展的国际借鉴

德勤、毕马威、安永，德豪（BDO）、均富（Grant Thornton）以及罗申美（RSM）等。研究"四大"之外的其他国际大所的国际化发展模式，对探讨我国本土会计师事务所的国际化发展方式也具有重要借鉴意义。

无论是"四大"还是非"四大"，在国际化发展的初期，就定位于全球审计市场，主动走出国门，实施海外扩张。与"四大"所不同的是，其他国际知名会计公司，更倾向于采用松散的联盟方式，即进入海外市场建立国际网络，将当地符合标准的会计师事务所发展为自身的成员所或者联系所。

如表7-2所示，德豪分别在澳大利亚、巴勒斯坦、哥伦比亚、印度尼西亚、印度等世界范围内建立了国际网络。自2002年开始在中国发展其成员所，我国的上海众华、深圳大华、武汉众环、利安达信隆、北京京都，以及立信等会计师事务所等先后成为德豪的中国成员所，但这批德豪成员所与德豪总部并没有实质性合作，多属挂名收管理费方式的形式联盟，后来均不了了之。均富（即现在的致同国际），从1986年开始在英国、韩国等地建立网络联盟，2009年进入中国审计市场，将上海众华沪银（即上海众华，现众华）、京都天华等会计师事务所发展为成员所。罗申美先后在澳大利亚、韩国及加拿大等地发展了自己的联系所，并将中国本土所中瑞岳华发展为其在华成员所。

可以看出，建立全球会计网络，在世界范围内发展成员所或联盟机构，是"四大"之外的其他国际大所国际化发展的主要模式。与独立或联合在海外设立分所、吸收合并等国际化模式相对，建立全球联盟具有自身的优点。首先，当地所在加盟的过程中，事务所治理结构、事务所合伙人及其他核心成员不会发生改变，只是以成员所的身份加入国际网络，遵守其执业质量标准并不定期接受国际大所总部的质量核查，如抽查工作底稿等。其

表 7 – 2　　　　　　非"四大"海外扩张情况①

会计公司	海外成员所或联系机构设立情况			
	时间	地区	成员所或联系所名称	机构性质
德豪	1975	澳大利亚	Kendalls	成员所
	1982	巴基斯坦	Ebrahim	成员所
	1988	哥伦比亚	AGE S. A.	成员所
	1992	印度尼西亚	Tanubrata Rubinsztein & Guillen	联系所
	2002	中国	上海众华、北京京都、立信、深圳大华、武汉众环、利安达信隆	成员所
	2008	印度	Haribhakti	成员所
均富	1986	英国	Thornton Baker	联系所
	1991	韩国	Daemyung	联系所
	2009	中国	上海众华沪银、京都天华	成员所
罗申美	1985	澳大利亚	Bird Cameron	联系所
	1992	韩国	Shinhan	成员所
	2003	加拿大	Richter	成员所
	2005	中国	中瑞岳华	成员所

次，与高度介入方式要比，这一模式需要投入的资源相对较少，国际化成本相对较低，更容易被众多实施国际化扩张的会计师事务所采取。再者，建立国际网络、发展成员所或联系所是一种双赢模式。对于成员所来讲，加盟国际知名会计公司可以实现资源共享，借助品牌溢价提升自己的知名度；对扩张所而言，通过吸收成员所，可以壮大自己的全球网络，增加市场占有额以及国际影响力。

---

① 韩晓梅、徐玲玲："会计师事务所国际扩张：'四大'与非'四大'的比较研究"，《会计研究》，2009 年第 7 期；德豪（BDO）、致同（Grant Thornton）、罗申美（RSM）官方网站等。

三、"四大"及其他国际大所国际化发展的经验借鉴

"四大"具备其他会计师事务所不可比拟的优越条件,国际化经验丰富、执业人员素质高、资金充足、品牌优势明显等因素,决定了"四大"高度介入的国际化发展模式,如单独或联合设立分支机构、合并当地所等。非"四大"自身资源相对较弱,为了快速融入海外市场、参与国际竞争,更加倾向于采用控制程度较低的国际化模式,如发展成员所或者联系机构,建立全球网络联盟。"四大"及其他国际大所的国际化扩张对我国本土会计师事务所的借鉴意义有以下几点。

(一) 充分利用客户关系,积极开拓海外市场

国际知名会计师事务所在海外扩张的初期,都是基于维持客户关系的目的开拓国外市场。跟随客户"走出去",可以充分发挥事务所与客户之间的"捆绑"效应。一方面,由于客户关系是原本就存在的,国际市场只是对国内市场的延伸,大大削减了事务所在新市场上寻找客户而产生的各种成本。另一方面,以跟随客户"走出去"的方式实施国际化扩张,降低了事务所进军海外的门槛,可以充分利用"借船出海"的机会积累海外执业经验。此外,在经济全球化不断发展的今天,越来越多的企业开始走出国门,开展海外经营,设立跨国集团,由来自于本国的会计师事务所提供会计、审计等专业服务,可以避免双方在文化背景、政治立场、商业理念等方式的差异,更好地实现沟通与合作,促进企业与事务所的共同发展。因此,当本国企业对事务所国际化产生强烈需求,而本土会计师事务所自身国际化水平不高的时候,应该充分利用现在的客户关系,积极开拓海外市场。

(二) 主动探索合并道路,努力扩大自身规模

如今的国际大型会计师事务所都是并购活动的结果,"四

大"国际化发展的历史就是一部合并史。经过合并，事务所的规模不断扩大，抵御风险的能力逐步增强，国际影响力也日益提高。从"四大"发展的历史来看，1989年，EW与AY合并形成安永，合并之前EW在"八大"中排名第4，AY排名第6，合并之后的安永成为"六大"中的第二大所，国际影响力大幅提升。"六大"中排名第三的德勤也是类似的发展经历，其前身DHS和TR分别在"八大"排名第7和第8，合并之后排名晋升明显。1998年，当时排在"六大"最后的两家会计师事务所永道与普华合并，产生了世界排名第二的国际大所普华永道。可见，合并在会计师事务所国际化发展的过程中发展着举足轻重的作用。我国本土会计师事务所的国际化扩张也应该积极探索合并道路，主动寻找适当的合并对象，努力扩大自身规模，做大做强走向国际。

（三）适度重视文化差异，合理规划扩张路径

文化差异是影响会计师事务所国际化扩张的重要因素，会计师事务所在实施国际化发展的过程中，必须适当考虑文化差异的影响。回顾国际大所的国际化发展路径发现，"四大"及非"四大"无一例外地是先从文化差异小的国家开始扩张，之后再进军文化差异大的国家。在会计师事务所国际化发展的初期，海外执业经验不丰富，选择文化差异小的国家或地区作为突破口，有利于降低在目标审计市场的经营风险。当国际化经验积累到一定程度，自身抵御风险的能力不断增强时，可以选择进入文化差异相对较大的国家或地区。起源于欧美的国际大所，都是先在英国、美国、加拿大、德国等发达国家建立海外分支机构，而后才大规模地向日本、韩国、中国等亚洲国家扩张。我国会计师事务所目前处于国际化发展的初期，应该重视文化差异的影响，合理规划国际化扩张路径：先从中国香港、东南亚等文化差异小的国

家或地区开始扩张,当境外执业经验相对丰富时,再走向欧美等发达国家市场。

(四)综合考虑内部资源,注重选择联盟模式

会计师事务所国际化发展模式的选择,在一定程度上受制于其拥有的内部资源。自身资金实力雄厚、国际化经验丰富、人力资本充足时就会主动进军海外,选择高度介入模式直接到目标市场设立分支机构或者合并当地所;当自身资源相对匮乏时,联盟模式是不错的选择。通过联盟模式,吸收当地所作为自己在目标市场的成员所或者联系所,可以大大减少人力、资金等投入,有利于降低因资源不足而产生的扩张障碍。再者,在全球建立执业网络联盟,允许当地事务所以自己的品牌开展业务,可以加快自身品牌在目标市场的推广,促进事务所实现快速国际化。非"四大"在国际化发展上的成功就主要取决于这一模式。它们利用自身有限的资源,不断在全球市场上发展成员所和联系机构,快速壮大了自身队伍,提升国际影响力,并最终建立了全球网络联盟,成为世界知名会计师事务所。本土会计师事务所在国际化发展的过程中,应该综合考虑自身资源,必要时选用联盟模式。

第三节 日本会计师事务所国际化发展路径分析

日本注册会计师审计的发展是从20世纪初开始的,比欧美国家晚了几十年。1914年,日本会计审计所成立;次年,宫原、城生两家会计审计所先后成立;1916年,第四家会计师事务所——东武郎会计师事务所成立。成立之初,日本会计师事务所发展十分缓慢。直到半个世纪之后的20世纪80年代,日本才出现了监查法人(即大型会计师事务所),如太田绍和、三和·等

松青木、朝日新和以及中央等监查法人。这些大型会计师事务所虽然起步较晚，却从未局限于本国市场，它们主动与国际大所合作，加盟国际知名会计网络，依托于大所的知名度走积极走向海外市场。

如表7-3、表7-4所示，20世纪80年代，日本"四大"监查法人分别与国际大所建立了合作关系。太田绍和加盟安永前身之一EW，三和·等松青木加盟德勤前身之一TR，朝日新和、中央分别是安永前身AY、普华前身CL的成员所。进入21世纪，越来越多的监查法人实施国际化，日本排名前七的大型会计师事务所分别与国际"六大"合作，成为其在日本的成员机构。其中，等松加盟德勤，朝日新和、太田绍和加盟安永，中央新光、青山分别加盟普华前身CL和PW，世纪监查法人加盟毕马威，英和加盟安达信。

表7-3　20世纪80年代日本著名监查法人与国际所合作情况①

监查法人名称	上市公司客户数	专业职员数	合伙人数	国际盟友
太田绍和	246	908	169	EW
三和·等松青木	245	760	140	TR
朝日新和	253	487	133	AY
中央	278	445	157	CL

表7-4　21世纪初日本大型监查法人与国际所合作情况②

监查法人名称	排名	年收入（亿美元）	合伙人及员工总数	国际盟友
等松	1	1.5	2200	DT
朝日新和	2	1.3	1800	EY

---

① 文硕：《世界审计史》，企业管理出版社1996年版，第339页。
② 文硕：《世界审计史》，企业管理出版社1996年版，第461页。

第七章　本土会计师事务所国际化发展的国际借鉴

续表

监查法人名称	排名	年收入（亿美元）	合伙人及员工总数	国际盟友
中央新光	3	1.25	1600	CL
太田绍和	4	1.05	1450	EY
世纪	5	0.8	1100	KPMG
青山	6	0.62	750	PW
英和	7	0.8	700	AA

与欧美国家会计师事务所国际化发展路径不同，日本监查法人主要采取加盟战略进行扩张，即选择国际知名大所进行合作，双方在平等互利的基础上结成盟友。在日本会计师事务所国际化发展的过程中，表现最为突出的是等松监查法人。无论是国际化发展的初期还是如今，等松在日本审计市场上都占有较高的市场份额及辉煌的业绩。等松国际化发展路径是东方会计师事务所海外扩张的典型。

监查法人等松，是德勤家庭的重要成员之一。德勤的英文原文 DTT，其中一个 T 是日本会计师 Tohmatsu（等松）名字的缩写，代表着日本等松会计师事务所[①]。在正式加盟德勤之前，等松经历了二十多年的创业与发展历程。

一、监查法人等松设立的背景

第二次世界大战后的日本深受美国影响，1948 年出台的证券交易法，与 1933 年、1934 年美国证券交易法基本一致，要求上市公司必须向证券监管部门提交经过审计的财务报表。20 世

---

① 本部分内容一是参照了日本等松会计师事务所：日本等松会计师事务所的国际化道路，中国注册会计师 2002 年第 6 期，二是来自于大陆留日学生龚正先生的帮助。

纪60年代中后期,日本山阳特殊钢、三波工业、富士车辆等上市公司财务造假事件爆光,引起社会公众对监查法人独立性的重视。广大投资者认为监查法人不仅应该具有较高的审计水平,而且要在执业过程中保持独立性,并接受大藏省的监督。此后,基于保护投资者利益这一目的,日本出台了相关政策措施加强对注册会计师审计的监督:一是将日本公认会计师协会特殊法人化,二是促进公认会计师的全国性合作。1965年,日本修改审计实施标准,对注册会计师的执业行为进行规范;1966年,修改注册会计师法,实现了将日本公认会计师协会的特殊法人化,引进了监查法人制度;1968年,监查法人等松正式成立。

二、等松会计师事务所在日本国内的发展

监查法人等松成立后,制定了两大发展目标:一是通过在主要城市建立分所实现全国范围内的规模化发展;二是成为能与外资事务所抗衡的国际型事务所。第一个目标是对等松在本国市场上的发展提出的要求,第二个目标则体现了等松积极参与全球市场竞争,致力于办成国际大所的野心。自1968年至1977年,等松先后在仙台、高松、那霸、广岛、神户、札幌等地设立了多家分所,用了近十年的时间实现了规模化发展目标,成为日本本土的大型会计师事务所。等松的国际化发展目标主要是通过与国际会计师事务所合作实现的。

三、与国际著名会计师事务所的合作

等松监查法人成立不久,就先后与杜氏罗斯、均富、哈德曼、明拉福、席德曼等国际大所建立了合作关系。这种合作关系实质上是一种业务代理关系,即国际会计师事务所将其业务交由等松进行代理,同时派遣外国合伙人常驻日本。虽然与国际所合作为事务所带来了大量涉外业务，但是等松的合伙人清楚地认识到，要掌握高水平的审计技术不能仅满足于业务代理，必须拥有话语权，建立对等的合作关系。于是，等松开始了与德勤前身杜氏罗斯（当时为"八大"之一）的合作之旅。1975年，杜氏等松国际会计公司成立，建立共同经营委员会，双方拥有对等的话语权。事实上，双方在合作之初，目的就不太一致，杜氏方面的合伙人是以利润最大化为主要目标，而等松的合伙人则更加关注事务所的长远发展。共同经营委员会的成立，决定了等松可以与杜氏平起平坐，保证了日本事务所的发展方式不因美国商业习惯和压力而改变，为后来等松发展成为日本民族品牌起到了关键性作用。

等松与国际知名会计师事务所的业务合作，是从境内合资、外资公司的审计业务开始的，主要由等松东京事务所承接。随后便是本土企业在境外的审计业务，主要包括日本企业发行外债时的审计业务以及日本公司海外分支的审计业务。为了更好服务于日本企业在国外市场上的审计业务，等松分别在纽约和洛杉矶设立两家分所，这是等松最早在国外设立的分支机构，两家美国分所为等松创造的收入仅次于国内的东京、大阪分所。关于业务合作，等松合伙人始终坚持"靠独立的组织、独立的核算、独立的经营，保持等松的本色"，其经营方针是：独立审计日本企业的前提下，加强与杜氏会计师事务所在美国国内的整体合作，通过增加日本会计师在美国业务中所承担的责任来提高等松在共同经营委员会的地位。所以在合作的前十年，等松始终拒绝与美方共同审计日本企业。直到1984年9月1日，等松纽约事务所独立地掌管了杜氏的整个日本业务。

等松在国际化发展的过程中，特别注意利用已有的客户及所加盟的国际大所加快扩张步伐。东京会计师事务所在等松国际化发展的初期发挥了十分重要的作用。当时，不少客户企业已经开始了海外扩张，而等松只负责其日本国内的审计业务，国外的业务是由普华、毕马威等国际大所承接。等松的合伙人就主动与客户进行沟通，提出将其国内、国外的审计业务都交由等松执行。许多客户综合考虑各方因素之后，纷纷与国际大所解约，与等松签订业务合同。从此，等松事务所东京分所获得了跟随本国企业走向国际市场的机会，通过不断开展海外执业，积累了丰富的经验，为其后来的快速发展奠定了基础。除了跟随客户走向国际市场之外，等松还实施了"溯流拓展业务方式"，即先向日本企业的海外子公司提供服务，建立良好的业务关系，再向国内的总公司拓展会计审计、咨询等服务。等松加入杜氏会计师事务所后，就开始利用杜氏罗斯在世界范围内的影响力，充分发掘潜在客户，为全球范围内的日本企业提供审计服务。在此期间，曾经在国际知名会计师事务所工作的日本籍优秀会计师们，纷纷加入等松，壮大了等松国际化发展的人才队伍。

四、等松国际化发展的经验借鉴

（一）理性选择合作对象，力求实现地位平等

等松国际化发展的初期，主要采用的是与国际知名大所合作的方式，从最开始与多家会计师事务所合作，到后来只与德勤前身杜氏罗斯合作，体现出等松合伙人在选择合作对象时十分理性：不重数量重质量，看重事务所的长远发展。杜氏罗斯当时是国际"八大"之一，与它结盟，等松可以学到最先进的国际审计技术，快速提升自身实力。虽然与欧美地区的会计师事务所相比，日本等松起步晚、发展历史短、与国际大所实力差距大，但是等松从未因此丧失独立性，而是力求在合作时实现双方地位平等，依附但不依赖于国际大所。等松与杜氏罗斯建立了共同经营

委员会，通过加强自己在委员会中的地位，避免发展方针受到美方的影响，进而维护自身独立。正是因为等松在国际化发展的过程中，始终坚持合作双方地位平等，才使得它没有被国际大所吸收，而是按照自身的发展战略，不断做大做强。我国会计师事务所在与国际大所合作时，应该结合自身的长远发展利益作出理性选择，增强自身话语权，实现平等合作，避免控制权丧失。

（二）坚持提升业务质量，积极打造民族品牌

等松国际化发展的过程中，始终坚持提升业务质量，增强国际影响力，最终成为世界范围内知名度很高的日本民族品牌。无论是向海外日本公司提供服务，还是在日本本土的业务承接，等松以过硬的业务素质赢得众多日本企业的信赖，抢占了不少客户资源。等松之所以能在共同经营委员会中保持独立的地位和平等的话语权，也离不开其高质量的业务水平。面对杜氏罗斯这一国际知名大所，能够提出等松纽约的业务由现场负责的日本会计师负全责，并掌管杜氏整个日本业务，其专业胜任能力可见一斑。我国本土会计师事务所必须努力提升业务质量，在帮助中国企业"走出去"的同时，努力提高国际知名度，打造民族品牌。

（三）致力培养专业人才，不断壮大执业队伍

会计师事务所的国际化发展，离不开注册会计师队伍的建设。等松的人才培养包括两个方面，一是培养自身会计师的国际化执业技能，二是吸收外部优秀注册会计师。在海外扩张的过程中，等松不仅致力于培养员工的专业能力，学习先进审计技术，提高业务素质，积累国际化发展经验。同时还鼓励本所员工取得海外执业资格，如中地和山口等会计师考取了美国注册会计师资格，巩固了等松纽约分所的业务。除了自身员工的培养，等松还吸收了大量优秀的日籍会计师，这些注册会计师许多曾是德勤、普华等著名国际所的员工，后来相继成为等松的业务骨干和中坚

力量，极大地促进了等松的国际化发展。本土会计师事务所应该继续深入实施人才培养战略，提高注册会计师的专业胜任能力，锻造一支高素质、国际化的人才队伍。

（四）并举施行多种战略，逐步提升竞争优势

等松的国际化扩张，实施了规模化、国际化、差异化等多种战略。在经营之初，在全国各在设立分所，达到规模效应。随后与国际知名所合作，走国际化发展道路。在业务拓展方面，针对客户具体情况，差异实施"跟随客户'走出去'"和"溯流拓展业务方式"。一方面考虑现有国内客户的海外经营需求，积极走向海外市场，另一方面，先向本土大型企业的海外分支机构提供境外服务，当时机成熟时，再将本土企业的业务承接下来。通过综合实行各种战略，等松在国际市场的竞争优势逐步提升。我国会计师事务所在国际化发展的过程中，也可以考虑综合实施多种战略。如由于企业海外需求多种多样，本土会计师事务所无法在审计、咨询市场上与"四大"竞争，则可以开辟质量管理、证券定价、人力资源管理等特色业务领域，积极拓展业务空间，将国际化发展与多元化经营结合起来，提升自己的综合地位。

第四节　台湾会计师事务所国际化发展路径

台湾目前"四大"会计师事务所分别是：勤业众信会计师事务所（Deloitte Touche Tohmatsu，DTT）、安侯建业联合会计师事务所（KPMG）、资诚会计师事务所（Price Waterhouse Coopers，PWC）和安永会计师事务所（E&Y）。这"四大"会计师事务所都是采用本土事务所与国际会计师事务所结盟方式设立。

第七章 本土会计师事务所国际化发展的国际借鉴

一、勤业众信会计师事务所（DTT）

勤业众信的前身是"勤业""众信"两家台湾本土会计师事务所。勤业会计师事务所，原名宋作楠会计师事务所，1960年成立，并以创立人宋作楠会计师的名字命名。20世纪五六十年代，"四大"（当时八大）的客户到台湾投资，台湾《会计师法》规定，外籍人不允许在台湾从事CPA业务，因勤业审计质量得到广泛认可，当时"八大"中的"五大"都找勤业代理，1985年勤业加入安达信会计师事务所。众信会计师事务所于1954年成立，创立人是蒋栋书会计师。独立发展近30年后，于1982年兼并崇庆会计师事务所，更名为"众信崇庆会计师事务所"。此后，众信继续扩大规模，陆续将邦贵永立会计师事务所、立业会计师事务所收入麾下。1989年，因Deloitte Haskins & Sells（DHS）与Touche Ross及日本等松（Tohmatsu）合并为德勤全球会计师事务所（Deloitte Touche Tohmatsu，DTT），众信会计师事务所正式成为德勤在台成员所，2001年安达信因安然事件倒闭，勤业会计师事务所与众信会计师事务所合并为勤业众信会计师事务所，现为德勤的台湾成员所。勤业众信是台湾最大的会计师事务所，现有职工约3600人，拥有全台湾35%的上市公司客户。现在事务所人员构成中，多数是安达信员工，德勤占少数。事务所全是台湾人，无外国人，没有"四大"的股份。德勤总部对勤业众信的管理主要是抽查工作底稿，联盟方式是勤业众信每年向德勤总部上交一定费用。勤业众信认为，做大不是最重要的，重要的是品质（质量）。勤业众信业务领域包括：审计、税务财务顾问、风险管理等，审计收入占70%—80%。台湾事务所收费不公开，没有事务所排名信息，但勤业众信应是名列第一①。

二、安侯建业联合会计师事务所（KPMG）

安侯建业联合会计师事务所于 1952 年成立，安侯指的是创始人张安侯会计师。早在 1971 年，当其他会计师事务所还没有开展国际化发展的时候，安侯建业就率先加入了 Peat Marwick Mitchell & Co.，开创了台湾会计师事务所加盟国际会计组织的先河。1987 年，随着 PMI 与 KMG 合并为毕马威会计师事务所（KPMG），作为 PMI 成员所的安侯也与 KMG 台湾成员所合并，强强联合成立了"安侯协和会计师事务所"。之后安侯协和合并了德勤在台湾成员所的部分业务，又吸收了众信联合事务所的部分人员，于 1999 年与 Coopers & Lybrand 在台湾的会员组织合并，更名为安侯建业会计师事务所，2009 年因应会计师法修正，更名为安侯建业联合会计师事务所。安侯建业承诺：提供符合规范、专业承诺以及符合案件要求的高质量服务给客户，保持独立性与客观，避免利益冲突或不当影响，维护客户的机密及隐私，诚实地推广服务，公平竞争，以负责任的社会公民自许，并遵循高标准的道德规范，与其他企业及慈善团体通力合作，创造更强健的社会②。

三、资诚会计师事务所（PWC）

资诚会计师事务所于 1970 年，由朱国璋及陈振铣两位会计师通过香港罗兵咸永道会计师事务所的协助，共同创立"朱国

---

① 2013 年 11 月 13 日下午与勤业众信会计师事务所总裁（CEO）陈清祥先生座谈取得相关资料。

② 2013 年 11 月 14 日下午与台湾 KPMG（安侯建业）执行会计师（专业组织策略长）陈富炜先生座谈，取得相关资料。

璋、陈振铣会计师事务所"（Chen Chu & Co.）；1973年加入 Price Waterhouse 事务所，因而成为 PW 的国际性联营组织，同时开始引进国外 PW 审计制度用于训练课程，以提升资诚的查账品质；1975年，以朱、陈的上海话相同发音"资诚"为名，改名为"资诚会计师事务所"；1988年迁址至台北市信义区国贸大楼，同年成为 Price Waterhouse 正式成员，获得授权使用 PW 的英文名称；1998年，Price Waterhouse 与 Coopers & Lygrand 合并，更名为 Price Waterhouse Coopers，资诚会计师事务所成为普华永道的台湾成员所。2010年7月1日，资诚与大中华区的中国、中国香港地区、新加坡进一步合作，成立"CaTSH"（China and Taiwan, Singapore, Hong Kong）区域组织，通过区域合作计划，结合人才、专业，并分享资源，提供企业跨区域高价值整合服务，使企业通过资诚大中华区两岸四地整合的资源优势，提升竞争能力，获证交所评定为辅导外国企业上市会计师类第一名。至2010年为止发行的 TDR 中，资诚所辅导的客户所占市值高达49%，2010年度辅导的 TDR 家数亦为"四大"之首，其中最具指标性的标杆企业包括了首家同时在新、港、台三地挂牌的"Z-Obee"，以及首家在台上市的大陆企业"扬子江船业"[①]。

四、台湾安永会计师事务所（E&Y）

台湾安永会计师事务所，原名"致远会计师事务所"，于1969年以联合形式成立，也是台湾历史上第一家以这种形式成立的会计师事务所；1989年，加盟 Ernst & Young，成为安永全球网络联盟的成员所；2007年配合安永全球化政策，更名为安永会计师事务所，是安永在台湾的正式成员所，拥有专业人员

---

① 资料来源于资诚会计师事务所网站。

1200人，以坚强专业的服务团队，提供客户审计及企业咨询、税务咨询及财务交易咨询等多元化专业服务。安永总所设于台北市，并于中坜、新竹、台中、台南及高雄等城市设有分所，目前已与中国大陆、中国香港结合为大中华区，提供客户跨两岸三地全方位服务，有效地整合区域知识平台、品质规范、人才资源及服务网①。

台湾上市公司中，90%由台湾"四大"审计，约占市值的95%②。由于台湾"四大"根植于本土市场，通过联盟的方式加入国际"四大"，成为其在台湾的成员所，所以台湾政府并未对其做出任何限定条件或特殊规范。正是由于台湾"四大"本身就是本土会计师事务所，所以政府也没有扶持本土其他事务所做强的意图。台湾"四大"与国际"四大"的合作方式是结盟的方式，不存在外资所占股份比重过大或外方控制权问题。

五、台湾国际"四大"本土化发展经验借鉴

（一）执业标准美国同步，执业质量国际认同

自20世纪七八十年代开始，台湾地区一直依照美国GAAP、GAAS制定会计、审计准则，并且与美国准则同步变化③。准则的美国趋同，使得台湾注册会计师对台湾企业在本土上市、跨境上市以及外资企业到台湾投资，均可采用一致的执业标准为其服务。台湾《会计师法》一方面规定外籍注册会计师不得到台湾执业，另一方面对台湾注册会计师行业制定了严格的监管标准，从国际"四大"客户最初到台湾投资，"四大"委托台湾当地会

---

① 2013年11月15日下午与台湾安永董事长王金来先生及营运长张岚菁女士座谈取得部分资料。
② 该数据来源于勤业众信会计师事务所总裁（CEO）陈清祥先生。
③ 2013年开始，台湾政府相关部门鼓励上市公司逐步采用国际财务报告准则。

计师事务所为其客户服务,到台湾本土事务所加盟"四大"以来的几十年间,台湾没有出现较大的审计失败案,执业质量得到"四大"充分认可。这是国际"四大"没有参股台湾"四大"的主要原因之一。

(二)注重行业专门化发展,专注人才培养提升

截至 2008 年,台湾地区共有 932 家会计师事务所,其中独资事务所 655 家,占 70.3%,合伙事务所 277 家,占 29.7%,平均每家事务所从业人数 20 人,平均员工年薪 60 万新台币(2008 年约合 12.7 万人民币)①。台湾的注册会计师审计市场相对饱和,不像大陆事务所每年营业收入以两位数的速度递增。但是台湾事务所注重专门化发展,大小所各有业务领域与特色,竞争激烈而有序。台湾高校每年培养的会计专业人才,不能满足台湾地区企业和事务所的需求,相对于大陆,应届毕业生进入台湾"四大"较容易,台湾"四大"选拔的人才素质整体上与大陆有较大差距。但是台湾"四大"更注重员工职业规划设计,事务所文化氛围好,人员素质提升快,尽管人才流动也较频繁,但是整体工作态度积极,乐观向上②。

当然,台湾注册会计师审计整体市场份额较小,这也是"四大"没有投入过多的人才物力参与其竞争的主要原因。

---

① 夏桐:"透视台湾会计师事务所的发展历史与现状",《财会学习》,2010 年第 10 期。

② 课题组成员到台湾"四大"调研时了解到,台湾"四大"的青年从业者,整体精神面貌好,抱怨加班辛苦者少。

第八章 本土会计师事务所国际化的路径选择

近年来,在国家"走出去"战略的推动下,我国大批企业纷纷"走出去",不断拓展海外业务,扩大对外投资。企业"走出去"催生对了会计专业服务的巨大需求,而服务客户及维护国家经济信息安全要求我国本土会计师事务所必须国际化发展与之对接。本土会计师事务所如何在支持企业"走出去"的同时实现自身国际化发展,值得深入研究。本部分重点探讨我国本土会计师事务所国际化战略与路径选择。

第一节 本土会计事务所国际化的战略选择

一、市场定位——跟随企业"走出去"

会计师事务所作为会计服务的供给方,其

市场定位取决于企业的服务需求。我国企业纷纷走出国门实施国际化扩张以来，由于对当地法律法规不熟悉、海外融资能力差等原因，海外经营失败的例子屡见不鲜。大多数中国企业在"走出去"的前期，因没有充分利用法律、会计、资产评估等相关中介服务，造成投资项目决策失误。大型国有企业虽有很多海外扩张成功的案例，但他们多是在国际"四大"及投资所在地会计师事务所的帮助下完成的。由于政治、文化差异等原因，国外事务所可能会从自身利益、民族利益出发，难以真正站在我国企业的角度提供会计服务。本土事务所与我国企业不存在政治、文化差异，双方的立场也会更趋于一致，基于海外投资成本效益原则，中国企业更希望本土事务所提供优质的会计服务，国家出于经济信息安全的考虑，也希望通过政策扶持帮助本土会计师事务所实施国际化扩张，更好地服务中国企业"走出去"[①]。

本土事务所发展水平决定其国际化发展的市场定位只能是跟随我国企业"走出去"。本土事务所因发展历史短、品牌知名度低、规模与业务能力不足等原因，在国际市场上没有竞争优势。如果盲目"走出去"直接与国际知名会计师事务所争夺市场份额，很难成功。将事务所"走出去"定位于服务中国企业的海外需求，可以充分发挥比较优势，更好地参与国际市场的竞争，借助客户的"强大"推动事务所海外扩张。同时，本土事务所应该认识到，如果客户"走出去"了，为其提供服务的事务所不跟随客户"走出去"，其后果是不仅要放弃客户的海外市场部分，还可能危及对客户本体的服务。事务所为了自身的生存和发展，必须跟随企业"走出去"。

[①] 李长爱、张呈："关于本土会计师事务所国际化发展的路径探讨"，《会计之友》，2013年第9期（上）。

透过国内企业发展壮大趋势、内资企业海外投资概况及为其提供审计服务的会计师事务所情况,可以得出未来若干年事务所跟随企业"走出去"的方向。以下分别统计了2012年末对外投资存量前50强、世界500强中的中国企业及中国最佳上市公司50强,并通过手工收集整理出国内上市部分相应的会计师事务所。见表8-1、表8-2、表8-3。

表8-1　　2012年末对外投资存量50强以及为其服务的会计师事务所[①]

序号	企业	上市情况及子公司	事务所
1	中国石油化工集团公司	已上市	普华永道中天和罗兵咸永道会计师事务所
2	中国石油天然气集团公司	已上市	毕马威华振及毕马威会计师事务所
3	中国海洋石油总公司	已上市	大华会计师事务所
4	中国移动通信集团公司	未在国内上市	*
5	华润(集团)有限公司	华润三九医药股份有限公司	德勤华永会计师事务所
5	华润(集团)有限公司	华润万东医疗装备股份有限公司	立信会计师事务所
5	华润(集团)有限公司	华润双鹤药业股份有限公司	德勤华永会计师事务所
6	中国远洋运输(集团)总公司	未上市	*
7	中国铝业公司	已上市	安永华明会计师事务所

[①] 对外投资企业资料根据《2012年度中国直接对外投资统计公报》整理,事务所是国内上市部分的审计师。

续表

序号	企业	上市情况及子公司	事务所
8	中国中化集团公司	已上市	天职国际会计师事务所
9	招商局集团有限公司	招商局 B	信永中和会计师事务所
10	中国建筑工程总公司	已上市	普华永道中天会计师事务所
11	中国联合网络通信集团有限公司	已上市	毕马威华振会计师事务所
12	中国五矿集团公司	已上市	天职国际会计师事务所有限公司
13	中国化工集团公司	蓝星化工新材料股份有限公司	普华永道中天会计师事务所
		沈阳化工股份有限公司	普华永道中天会计师事务所
		四川天一科技股份有限公司	天职国际会计师事务所
		广西河池化工股份有限公司	立信会计师事务所
14	中国中信集团有限公司	中信证券股份有限公司	安永华明会计师事务所
15	中粮集团有限公司	已上市	天职国际会计师事务所
16	中国航空集团公司	已上市	利安达会计师事务所
17	国家电网公司	已上市	中瑞岳华会计师事务所
18	中国中钢集团公司	已上市	中瑞岳华会计师事务所
19	中国长江三峡集团公司	中国长江电力股份有限公司	大华会计师事务所
20	中国外运长航集团有限公司	已上市	中瑞岳华会计师事务所

续表

序号	企业	上市情况及子公司	事务所
21	中国海运集团总公司	中海集装箱运输股份有限公司	天职国际会计师事务所
22	中国华能集团公司	华能国际电力股份有限公司	毕马威华振会计师事务所
23	海航集团有限公司	已上市	普华永道中天会计师事务所
24	华为技术有限公司	已上市	毕马威华振会计师事务所
25	中国有色矿业集团有限公司	中国有色金属建设股份有限公司	中天运会计师事务所有限公司
		中国有色矿业有限公司	德勤.关黄陈方会计师行
26	广东粤海控股有限公司	未上市	*
27	中国兵器工业集团公司	未上市	*
28	中国交通建设集团公司	已上市	普华永道中天会计师事务所
		中国交通建设股份有限公司	罗兵咸永道会计师事务所
29	宝钢集团有限公司	已上市	德勤华永会计师事务所
30	上海吉利兆圆国际投资有限公司	未上市	*
31	中国电力投资集团公司	中国电力国际发展有限公司	德勤.关黄陈方会计师行
32	兖州煤业股份有限公司	已上市	信永中和会计师事务所
33	中国冶金科工集团有限公司	已上市	利安达会计师事务所
34	金川集团股份有限公司	未上市	*

续表

序号	企业	上市情况及子公司	事务所
35	联想控股有限公司	未上市	*
36	上海汽车集团股份有限公司	已上市	德勤华永会计师事务所
37	中国水利水电建设集团公司	已上市	中天运会计师事务所有限公司
38	武汉钢铁（集团）公司	已上市	北京兴华会计师事务所
39	上海市医药集团股份有限公司	已上市	普华永道中天、罗兵咸永道会计师事务所
40	中国航空工业集团公司	中航资本控股股份有限公司	致同会计师事务所
41	中国港中旅集团公司	未上市	*
42	深业集团有限公司	未上市	*
43	中兴通讯股份有限公司	已上市	安永华明、安永会计师事务所
44	鞍钢集团公司	已上市	瑞华会计师事务所
45	中国广核集团有限公司	未在国内上市	*
46	神华集团有限责任公司	中国神华能源股份有限公司	德勤华永会计师事务所
47	广州越秀集团有限公司	未上市	*
48	光明食品（集团）有限公司	已上市	德勤华永会计师事务所
49	长沙中联重工科技发展股份有限公司	已上市	天职国际会计师事务所
50	湖南华菱钢铁集团有限责任公司	已上市	天健会计师事务所

表8-2 世界500强中的中国企业以及为其服务的会计师事务所

序号	企业名称	上市情况及子公司	事务所
1	中国石油化工集团公司	已上市	普华永道中天和罗兵咸永道会计师事务所
2	中国石油天然气集团公司	已上市	毕马威华振及毕马威会计师事务所
3	国家电网公司	未上市	*
4	中国工商银行	已上市	毕马威华振、毕马威会计师事务所
5	鸿海精密工业股份有限公司	已上市	未在国内上市
6	中国建设银行	已上市	普华永道中天会计师事务所
7	中国农业银行	已上市	普华永道中天和罗兵咸永道会计师事务所
8	中国建筑股份有限公司	已上市	普华永道中天会计师事务所
9	中国移动通信集团公司	未在国内上市	*
10	中国银行	已上市	安永华明会计师事务所
11	来宝集团	已上市	安永会计师事务所
12	中国海洋石油总公司	海洋石油工程股份有限公司	信永中和会计师事务所
13	中国铁道建筑总公司	已上市	安永华明会计师事务所
14	上海汽车集团股份有限公司	已上市	德勤华永会计师事务所
15	中国中铁股份有限公司	已上市	德勤华永会计师事务所
16	中国人寿保险（集团）公司	已上市	安永华明和安永会计师事务所

第八章 本土会计师事务所国际化的路径选择

续表

序号	企业名称	上市情况及子公司	事务所
17	中国中化集团公司	中化国际（控股）股份有限公司	安永华明会计师事务所
18	中国第一汽车集团公司	一汽轿车股份有限公司	瑞华会计师事务所
		一汽富维汽车零部件股份有限公司	瑞华会计师事务所
19	东风汽车集团	已上市	立信会计师事务所
20	中国南方电网有限责任公司	文山电力股份有限公司	瑞华会计师事务所
21	国家开发银行	已上市	德勤华永会计师事务所
22	中国平安保险（集团）股份有限公司	已上市	普华永道中天会计师事务所
23	中国五矿集团公司	五矿稀土股份有限公司	大华会计师事务所
		五矿发展股份有限公司	大华会计师事务所
24	中国华润总公司	华润三九医药股份有限公司	德勤华永会计师事务所
		华润万东医疗装备股份有限公司	立信会计师事务所
		华润双鹤药业股份有限公司	德勤华永会计师事务所
25	中国兵器工业集团公司	未上市	*
26	中国电信集团公司	已上市	德勤．关黄陈方会计师行
27	中国中信集团有限公司	中信证券股份有限公司	安永华明会计师事务所

续表

序号	企业名称	上市情况及子公司	事务所
28	神华集团	中国神华能源股份有限公司	德勤华永会计师事务所
29	太平洋建设集团	未上市	*
30	中国邮政集团公司	未上市	*
31	中国南方工业集团公司	已上市	中瑞岳华会计师事务所
32	中国航空工业集团公司	已上市	中瑞岳华会计师事务所
33	天津市物资集团总公司	未上市	*
34	中国交通建设集团有限公司	已上市	普华永道中天会计师事务所
35	中国人民保险集团股份有限公司	已上市	德勤．关黄陈方会计师行
36	中国联合网络通信股份有限公司	已上市	毕马威华振会计师事务所
37	宝钢集团有限公司	已上市	德勤华永会计师事务所
38	交通银行	已上市	普华永道中天及罗兵咸永道会计师事务所
39	中国华能集团公司	已上市	毕马威华振会计师事务所
40	中国铝业公司	已上市	安永华明会计师事务所
41	北京汽车集团	已上市	普华永道中天和罗兵咸永道会计师事务所
42	中国建筑材料集团有限公司	北新集团建材股份有限公司	天职国际会计师事务所
43	绿地控股集团有限公司	已上市	瑞华会计师事务所
44	河北钢铁集团	已上市	中兴财光华会计师事务所
45	中国化工集团公司	已上市	中瑞岳华会计师事务所
46	怡和集团	未在国内上市	*

续表

序号	企业名称	上市情况及子公司	事务所
47	中国机械工业集团有限公司	已上市	大华会计师事务所
48	山东魏桥创业集团有限公司	已上市	山东鉴鑫会计师事务所有限公司
49	华为投资控股有限公司	已上市	毕马威华振会计师事务所
50	联想集团	已上市	罗兵咸永道会计师事务所
51	山西焦煤集团有限责任公司	未上市	*
52	正威国际集团	未上市	*
53	中国国电集团公司	已上市	中瑞岳华会计师事务所
54	台湾中油股份有限公司	未上市	*
55	冀中能源集团	已上市	致同会计师事务所
56	山东能源集团有限公司	已上市	瑞华会计师事务所山东分所
57	江苏沙钢集团	已上市	天衡会计师事务所
58	晋能集团	未上市	*
59	武汉钢铁（集团）公司	已上市	北京兴华会计师事务所
60	中国电力建设集团有限公司	已上市	中天运会计师事务所
61	中国航空油料集团公司	已上市	北京兴华会计师事务所
62	渤海钢铁集团	未上市	*
63	河南能源化工集团	已上市	中勤万信会计师事务所
64	中国民生银行	已上市	毕马威华振和毕马威会计师事务所
65	兴业银行	已上市	德勤华永会计师事务所
66	浙江物产集团	已上市	天健会计师事务所

续表

序号	企业名称	上市情况及子公司	事务所
67	首钢集团	已上市	致同会计师事务所
68	中国华信能源有限公司	已上市	华普天健会计师事务所
69	招商银行	已上市	毕马威华振和毕马威会计师事务所
70	中国冶金科工集团有限公司	已上市	普华永道中天会计师事务所
71	中国医药集团	已上市	中勤万信会计师事务所
72	和记黄埔有限公司	未在国内上市	*
73	新兴际华集团	已上市	立信会计师事务所
74	广州汽车工业集团	已上市	立信会计师事务所
75	中国华电集团公司	已上市	德勤华永会计师事务所
76	大同煤矿集团有限责任公司	已上市	信永中和会计师事务所
77	潞安集团	已上市	信永中和会计师事务所
78	和硕	未上市	*
79	江西铜业集团公司	已上市	德勤华永会计师事务所
80	中国电子信息产业集团有限公司	已上市	罗兵咸永道会计师事务所
81	上海浦东发展银行股份有限公司	已上市	普华永道中天会计师事务所
82	中国太平洋保险（集团）股份有限公司	已上市	普华永道中天罗兵咸永道会计师事务所
83	台塑石化股份有限公司	未上市	*
84	山西晋城无烟煤矿业集团有限责任公司	未上市	*

第八章 本土会计师事务所国际化的路径选择

续表

序号	企业名称	上市情况及子公司	事务所
85	山西阳泉煤业（集团）有限责任公司	已上市	信永中和会计师事务所
86	中国电力投资集团公司	已上市	德勤.关黄陈方会计师行
87	开滦集团	已上市	利安达会计师事务所
88	中国大唐集团公司	已上市	天职国际会计师事务所
89	中国有色矿业集团有限公司	已上市	德勤.关黄陈方会计师行
90	中粮集团有限公司	已上市	瑞华会计师事务所
91	中国船舶重工集团公司	已上市	瑞华会计师事务所
92	广达电脑	未上市	*
93	陕西延长石油（集团）有限责任公司	陕西延长石油化建股份有限公司	希格玛会计师事务所
94	中国铁路物资股份有限公司	未上市	*
95	中国远洋运输（集团）总公司	已上市	瑞华会计师事务所
96	中国能源建设集团有限公司	未上市	*
97	浙江吉利控股集团	吉利汽车控股有限公司	致同（香港）会计师事务所
98	中国通用技术（集团）控股有限责任公司	未上市	*
99	鞍钢集团公司	鞍钢股份有限公司	瑞华会计师事务所

表 8-3　中国最佳上市企业 50 强以及为其服务的会计师事务所①

序号	上市公司名称	会计师事务所
1	格力电器	中审亚太会计师事务所
2	云南白药	中审亚太会计师事务所
3	万科 A	毕马威华振会计师事务所（特殊普通合伙）
4	中国平安	普华永道中天会计师事务所（特殊普通合伙）
5	民生银行	毕马威华振会计师事务所（特殊普通合伙）和毕马威会计师事务所
6	贵州茅台	立信会计师事务所（特殊普通合伙）
7	中信证券	安永华明会计师事务所（特殊普通合伙）
8	青岛啤酒	普华永道中天会计师事务所（特殊普通合伙）
9	中国南车	德勤华永会计师事务所（特殊普通合伙）
10	中国北车	毕马威华振会计师事务所（特殊普通合伙）
11	工商银行	毕马威华振会计师事务所（特殊普通合伙）
12	招商银行	毕马威华振会计师事务所（特殊普通合伙）和毕马威会计师事务所
13	中兴通讯	安永华明会计师事务所（特殊普通合伙）
14	新希望	四川华信（集团）会计师事务所（特殊普通合伙）
15	恒瑞医药	江苏苏亚金诚会计师事务所（特殊普通合伙）
16	中国人寿	安永华明会计师事务所（特殊普通合伙）和安永会计师事务所
17	伊利股份	大华会计师事务所（特殊普通合伙）
18	中国神华	德勤华永会计师事务所（特殊普通合伙）
19	保利地产	立信会计师事务所（特殊普通合伙）

---

① 上市公司 50 强来源：http://q.stock.sohu.com/news/cn/333/000333/3827155.shtml。

第八章 本土会计师事务所国际化的路径选择

续表

序号	上市公司名称	会计师事务所
20	海螺水泥	毕马威华振会计师事务所（特殊普通合伙）和毕马威会计师事务所
21	中国国航	毕马威华振会计师事务所（特殊普通合伙）
22	招商地产	信永中和会计师事务所（特殊普通合伙）
23	青岛海尔	山东和信会计师事务所（特殊普通合伙）
24	宝钢股份	德勤华永会计师事务所（特殊普通合伙）
25	大秦铁路	普华永道中天会计师事务所（特殊普通合伙）
26	海通证券	立信会计师事务所（特殊普通合伙），德勤.关黄陈方会计师行
27	美的集团	天健会计师事务所（特殊普通合伙）
28	交通银行	普华永道中天会计师事务所（特殊普通合伙）
29	五粮液	四川华信（集团）会计师事务所（特殊普通合伙）
30	上海医药	普华永道中天会计师事务所（特殊普通合伙）
31	比亚迪	安永华明会计师事务所（特殊普通合伙）
32	金螳螂	华普天健会计师事务所（特殊普通合伙）
33	苏泊尔	天健会计师事务所（特殊普通合伙）
34	歌尔声学	瑞华会计师事务所（特殊普通合伙）
35	洋河股份	苏亚金诚会计师事务所（特殊普通合伙）
36	宁波银行	安永华明会计师事务所（特殊普通合伙）
37	海康威视	天健会计师事务所（特殊普通合伙）
38	苏宁云商	普华永道中天会计师事务所（特殊普通合伙）
39	欧菲光	大华会计师事务所（特殊普通合伙）
40	步步高	天健会计师事务所（特殊普通合伙）
41	乐视网	华普天健会计师事务所（特殊普通合伙）
42	碧水源	大信会计师事务所（特殊普通合伙）
43	汇川技术	立信会计师事务所（特殊普通合伙）

续表

序号	上市公司名称	会计师事务所
44	汤臣倍健	广东正中珠江会计师事务所（特殊普通合伙）
45	乐普医疗	立信会计师事务所（特殊普通合伙）
46	华谊兄弟	瑞华会计师事务所（特殊普通合伙）
47	机器人	华普天健会计师事务所（特殊普通合伙）
48	蓝色光标	天职国际会计师事务所（特殊普通合伙）
49	天喻信息	众环海华会计师事务所（特殊普通合伙）
50	富瑞特装	江苏公证天业会计师事务所有限公司

从上述统计表可以看出，为世界500强中的中国企业及"走出去"前50强的中国企业提供审计服务的主要是国际四大中国合作所。虽然"四大"的本土化转制已基本完成，但与日本、台湾国际四大的实质上本土化相比仍有较大差距。本土事务所应通过做强做大、提升服务能力与质量争取世界排名前500强的大客户。一是要持续增强对国民经济的依托性，系统研究市场发展的新机遇。事务所"走出去"必须以我国经济发展、综合国力提升、国际地位巩固与提高为依托，增强自身服务能力。要实现服务与需求的对接，应该全面系统地分析和研究资本市场发展、经贸关系发展对注册会计师行业提出要求及机遇，明确主要市场经济体的发展地位，适时将优势资源向发展重心转移。二是要加大市场开发力度，全面拓宽客户群体。本土事务所的国际化要在巩固低端客户的基础上，不断提升业务水平与竞争能力，致力开发高端大型客户。以承接世界500强企业中其他跨国公司业务为契机，赢得客户信赖，建立良好的口碑，为打开更加广阔的高端客户市场作准备。三是建立健全维护客户关系的长效机制。跟随企业"走出去"，必须密切关注客户发展要求，完善配套的服务支持体系，保持专业知识的先进性，实现服务网络全球化。

第八章 本土会计师事务所国际化的路径选择

我们通过文献整理和实地访谈等多种途径也了解到，企业要想成功"走出去"，离不开本土事务所的跟踪服务。我国本土事务所可以为"走出去"企业提供服务类型主要有以下几种：一是我国已到英美、新加坡、我国香港等国际资本市场上市和准备上市的境外公司，包括主板和二板上市等。二是由国资委管辖的中央大型企业设立的境外子公司，包括全资子公司和控股子公司，如几大国有商业银行、通讯企业的境外子公司等。三是本土大型国有企业和民营企业走出国门，在矿产业、制造业、高科技企业及金融保险业等多个行业兼并、收购境外公司。四是境外企业通过兼并收购本土企业、设立子公司或合资公司等多种形式开拓国内市场[①]。五是服务政府审计监管，保护国有财产安全完整[②]。

同时，事务所应结合自身实际，通过周到的、全方位的服务，从现有及潜在客户中争取扩大"走出去"服务的业务范围。首先，积极承接现有国有企业审计客户的境外延伸审计服务。我国国有企业近年来对外投资力度不断加大，本土事务所应争取为现有客户的境外子公司提供延伸审计服务，以此为切入点走向国际市场。其次，以民营企业国际化为契机，塑造会计服务民族品牌并走向世界。我国民营企业近年来资本运作和海外投资的需求也在不断增加，必然要求相应的会计服务支持，本土事务所应抓住这一市场机会，为现有及潜在的民营企业客户提供贴身的高质

---

① 吴寿元："注册会计师行业'走出去'若干问题"，《中国注册会计师》，2007年第12期。

② 腾讯财经综合2015年5月5日报道：近年来我国境外国有资产规模与收入利润总量持续上升，但这数万亿元巨额国资却基本上没有进行审计，存在大量监管空白，因此导致诸多经营乱象，包括利益输送导致国有资产流失、企业参与海外腐败行为以及境外代理衍生敛财"猫腻"等。而我国政府审计跨国审计资源明显不足，需要借助注册会计师力量。

量的会计服务。再次，从为境内外商投资企业提供非法定审计项目入手，提高本土事务所的知名度，如开展验资、税务咨询、专项审计等。然后，以培养目标客户群为重点，为外国企业驻京代表机构和处于成长期的外商投资企业提供全方位服务。这些企业往往不是国际"四大"的重点客户，而本土事务所拥有熟悉本土环境的专业人才、收费相对较低等天然优势，可以在此领域与国际"四大"展开竞争。最后，积极承接专项政府审计及咨询服务。我国政府为鼓励企业加快"走出去"步伐、提高对外投资质量，出台了一系列配套政策，如为对外经济技术合作提供专项资金、为对外承包工程项目提供贴息贷款等，本土事务所应充分发挥熟悉国家法律法规政策的优势，承接专项资金审计等业务，为自身走向国际市场积累经验，为国家实施"走出去"战略作出贡献①。事务所应具有长远观念，从为"走出去"的中小企业服务做起，逐步提升服务企业"走出去"的能力。

二、实施品牌战略

品牌是进军国际高端市场的核心，品牌建设是一个自强自立、厚积薄发的过程。在市场经济条件下，形成自己的品牌必须坚持市场理念，顺应市场运行机制。会计师事务所的品牌，是其社会公信力的体现，良好的品牌可以产生品牌效应，创造更多的价值。纵观国际上历史悠久的知名大所，无一例外是凭借完善的内部治理、全面的服务种类、精湛的业务质量以及遍布全球的业务网络，赢得了良好的信誉与口碑，进而打造出国际大品牌，品牌优势产生的协同效应又促进了大所在国际竞争中的优势地位。

---

① 祝卫："会计师事务所服务企业'走出去'模式与对策研究"，《中国注册会计师》，2012年第4期。

由于会计师事务所提供服务的特殊性，客户在选择事务所时会依赖反应其市场、社会认可度的信息载体——品牌，因为品牌声誉的好坏很大程度上意味着事务所执业能力的强弱、审计质量的好坏。良好的品牌形象不仅能够吸引更多优质客户，为事务所带来审计收费溢价，更是事务所开拓国际市场的基础和前提。然而现阶段，我国注册会计师行业缺乏国际"四大"这种具有国际竞争力的知名品牌，这也成为本土会计师事务所打开国际市场的巨大障碍。因此，要在激烈的市场竞争中实施国际化战略，必须树立品牌意识，通过品牌建设赢得国际客户的认可、国际市场的信任。

会计师事务所实施品牌战略，首先，必须进行正确的品牌定位，通过发展自己的特色，在客户心中塑造独一无二的形象；其次，执业质量是事务所核心竞争力的最终体现，也是事务所的生存之本，品牌建设要以保证执业质量为基础；再次，通过文化建设为品牌建设营造良好氛围；最后，丰富对外宣传方式为品牌建设赋予更多内涵。

（一）明确品牌定位

品牌定位是事务所实施品牌战略的首要内容，事务所要在充分考虑行业外部环境、事务所规模、人才储备等自身条件的基础上，分析品牌的核心价值观和竞争优势所在，设计、确定事务所的品牌形象和定位，从而与国内外市场对接，并通过树立独特的品牌特色，形成竞争优势。只有树立了正确的品牌定位，才能保持正确的发展方向、获取持久的竞争优势，在国际市场中持续稳定发展。准确的品牌定位需要事务所针对潜在客户，将服务在客户心目中确定一个适当的位置，定位的过高或者过低都不利于品牌的建立。只有适当的品牌定位，才有利于发挥事务所现有的优势，实现品牌价值。因此，塑造一个卓越的品牌，要从清晰的、正确的品牌定位开始。

事务所可以将其品牌定位具体化为品牌名称、品牌标识，将品牌精神以简单、明确、易于理解的语言提炼出来，体现事务所的独特职业特性、诚信、公平等要素，尤其是在信息过度拥挤的现代，简单明确的呈现方式更有利于传播。打开"四大"等国际大所的网站，关于品牌精神、品牌价值观的阐述都有突出展示，而我国本土事务所中的官方网站中品牌介绍并未占有重要的分量，部分甚至没有明确提及。

此外，品牌定位也并不是一成不变的，事务所必须根据市场环境的变化，客户需求的变化，及事务所的规模、人才储备、专业水平的变化而调整，指引事务所前行的方向，实现事务所的品牌价值。

（二）保证执业质量——夯实品牌基础

不同于一般企业的产品，事务所的产品就是执业服务，所以保证执业质量就是事务所品牌建设的核心内容，也是实施品牌战略的基础。注册会计师行业是一个必须保持客观公正和可信度的行业，"以质量求声誉，以声誉求发展"很好地阐释了质量与品牌的关系，事务所只有保证良好的执业质量，才能拉开与竞争对手的差距、树立品牌优势。没有质量做保证，品牌就成为了无本之木，无源之水，只有为资本市场提供值得信赖的服务，事务所才能在竞争激烈的国际市场中赢得客户、长盛不衰。

事务所要树立良好的品牌形象，必须将提升和完善执业质量这一价值取向贯穿于事务所发展的全过程，而执业质量是一个综合课题，涉及事务所运营的方方面面：秉承严谨的执业精神，从思想上树立"质量第一"的职业理念，严格按照相关法律法规和行业制度的要求出具审计报告；通过人才培养和人力资源开发，全面提高从业人员整体素质、提升执业人员专业胜任能力，为保证执业质量提供人才基础；建立健全事务所内部治理机制，加强分所和分支机构的管理、明确各岗位的权限及责任，权责明确，防范系统性风险；加强质量控制和风险管理体系，从程序和责任上实施质量控制。

（三）建设企业文化——营造良好品牌氛围

品牌是文化的载体，品牌通常涵盖了一个企业独特的企业文化；文化是品牌的灵魂，影响品牌的内容与建设。事务所完善企业文化，可以为品牌建设营造良好氛围，品牌建设又依托于企业文化，离不开文化环境的支撑。文化与品牌只有相互协调、相互促进，才能在客户及社会公众的脑海中树立一个独一无二的事务所形象。

企业文化本质上是一种价值观，是事务所内部共同遵守的原则、共有的认识，是全体成员共同遵守和信仰的价值体系和行为规范，包括执业文化、合伙文化、管理文化等。事务所所有的执业活动最终都是通过具体人员的活动实现的，只有将企业文化融入全体员工的思想和行为中，才能使所有员工在执业活动中都能体现出基本一致、能够让客户和社会公众形成对事务所的统一认识的言行，这也是事务所品牌建设的关键所在。因此，事务所应重视文化建设，通过传达和培训一致的理念与认知，员工才能以将事务所的核心文化在执业活动中进行潜移默化地推广。

事务所的企业文化除了秉持许多共同要素，如诚信、公平、服务等，还需要结合自己的发展历程，提炼出自身特有的东西，将行业共性与事务所的个性相结合，体现共性的前提下，突出个性。这样具有生命力的企业文化才更有凝聚力、感召力。企业文化不是一成不变的，而是一个不断修正、完善、创新的过程，应当随着事务所内外部环境的改变而不断调整、丰富，同时还应该结合企业发展的进行创新，创新必须以实现战略目标为前提。一个事务所只有具备了鲜明的企业文化，才能形成不同于其他事务所的风格，这种独特的风格从长远来看，就是其品牌效应的凸显，必然带来企业品牌的提升。

（四）充分利用各类宣传媒介——丰富品牌内涵

由于注册会计师行业的特殊性，事务所品牌建设不同于一般企业，不能利用新闻媒体对其能力进行广告宣传、不能利用广告宣传提高社会认可度。但从市场经济发展的一般规律来看，品牌宣传与推广是事务所发展到一定阶段的必然产物。因此，事务所必须充分利用信息化时代的特性，综合运用各类媒介或载体，宣传事务所正面形象、丰富品牌内涵，提高品牌知名度。

事务所不仅要建设自己的官方网站，介绍经营范围、业务资讯，并及时更新事务所相关新闻动态等；还可以通过开展招聘宣讲会、发布研究报告、举行学术交流研讨会等契机进行品牌宣传。事务所还应重视微博、微信等新兴网络传播工具，可以开通官方微博、微信公众账号推介服务，拉近与公众的距离，对于争取潜在客户、提升品牌知名度都有非常直接的帮助。此外，事务所还应积极参与各类社会公益活动，在履行社会责任的同时，向社会公众传递热心公益、积极正面的形象。

纵观国际"四大"发展历程，都是历经上百年历史，才沉淀出其独特的品牌精神和内涵，品牌建设与发展本就是一个漫长的不断修正的过程，不可能一蹴而就，需要事务所长期的坚持，过于激进和冒险，不仅不会加快品牌建设的步伐，反而导致了品牌的毁灭。因此，品牌建设与发展贵在坚持，只有始终如一地坚持才能建立起具有强大内涵和精神的品牌。

三、实施国际化人才战略

我国注册会计师行业自实施人才战略以来，通过领军人才培养、国际化人才培养、后续教育培养、CPA 专门化方向人才培养、MPAcc 人才培养等措施，已取得令人瞩目的成绩。然而，目前人才培养的现状与事务所国际化发展的需求尚有较大差距。目前可从以下方面强化实施人才战略。

(一) 实施人才开发战略

目前我国本土事务所对人才的投入与国际大所相比明显偏低，本土事务所必须加大对人才资本开发的投入力度，通过多种渠道和途径投入资本来实现对人才的挖掘、开发，为人才队伍营造良好的环境和氛围，从而逐步缩小与国际同行的差距。

1. 校所合作、协同开发

事务所需要实用型人才，高校也想培养应用型人才，所以事务所可以和高校建立紧密联系，向注册会计师方向的优秀学生提供资助，并签订服务协议，与所合作的高校定期进行沟通交流，使学校了解事务所对人才的具体需求，从而针对人才素质的需求对课程安排进行调整，主动、定向培养事务所所需人才。通过高校与事务所的合作共同开发出真正满足行业需求的应用型专业人才，使行业人才的供求之间形成一种良性循环机制。

以往高校对专业人才的学历、学位教育模式比较单一，忽视了事务所开展国际业务时对于具有国际化视野的高级人才、能够开拓国际市场的人才的潜在需求。在本土事务所努力"走出去"的背景下，高校应明确自身的培养目标，因为专业的培养目标，决定了人才的方向及类型，并直接、间接地影响到课程设置、教学手段和方法。各高校可依其层次不同，根据自身的办学特色、师资等条件，分层次培养人才，在培养目标的定位上，也可各有侧重。其中，对于高层次人才的培养目标应定位于：培养既掌握一定信息知识又有较高专业技能的复合型国际化专业人才，对他们的培养应注重学科的交叉，不但要注重基本业务技能的传授，还应当拓宽相关课程的设置，如国际金融、国际贸易、国际商法等课程，让学生在懂得国际法律与商业规则的基础上，贯通经济、金融、英语以及公司战略决策等知识。此外，对于硕士研究生、博士研究生等高端人才的培养，除了重视理论知识的学习外，也要注重实际操作技能的培养，使其能适应事务工作的需要，高校可以和行业协会联合，尝试将专业学位教育与相关执业资格考试"双向挂钩"，进一步强化高层次学历教育的实务导向。

对于优秀的学生，高校和事务所可以共同出资，让他们到国外进修，进行跨国交流和培养，这也是培养熟悉国际规则、具有国际化视野的人才的最有效和最直接的途径。同时，事务所也可加强与国际大所、境外行业协会及培训机构的交流与合作，尤其要加强与国际"四大"的交流探讨与学习，挑选杰出人才去进修和学习，熟悉国际惯例和运作方式，加强对国际实务的了解，以开辟高层次、国际化人才和管理人才培养的新途径，从而形成一批能够承接国际审计业务、具有国际视野的高层次专业人才队伍和具有决策能力的管理人才队伍。但是对选派出境学习的人员要有必要的规定，降低人才养成后的流失。

2. 严把招聘关，坚持高标准遴选人才

事务所在加强人才建设培养的同时，要保证对人才的吸收要赢在起跑线上，即在招聘环节。本土事务所要通过招聘环节网罗高素质人才，不断补充新鲜血液以增强事务所活力，必须从以下两个方面加以控制：一方面，要确定对人才需求的目标，对招聘需求做科学的预测；另一方面，事务所应对拟录用者进行严格的筛选，全面考察其工作潜能，不仅要考虑应聘者的专业技能、学习能力、沟通能力、接受能力和灵活性，还要选择认同事务所的文化、与事务所有相同价值观的复合型人才，严格遵循招聘程序,严把考核面试关,打破关系网,择优录取,确保新进人员的质量。

3. 海外招聘,快速组建国际化团队

事务所的竞争最终是人才的竞争,可借助国家引进人才政策,凭借强大国力,招聘四大或其他国际大所的华人,快速实现团队国际化。也可以建立中国和海外共同工作的团队,充分发挥协同效应。中国企业"走出去",对包括详尽的尽职调查、审计、税收方面的优质服务有很高的需求,中介机构需要对交易的诸多方面进行全面的思考,对准备收购的企业进行非常专业的梳理。境外招聘,成立跨国、跨部门的业务小组,致力于从会计准则、税务法规、财务咨询、内部控制、人力资源整合等方面提供全方位的尽职调查专业服务,可以有效地服务企业"走出去",也能尽快实现事务所国际化人才战略。

(二)人才培养战略

会计师事务所作为典型的知识型组织,虽然其最重要的资产不是机器设备房屋,而是运用自己的知识和技能为客户提供各项专业服务的人才,但也同样需要将其获得的收益用于对专业人员劳动能力的维护和补偿,这就是对人才培养的投入。事务所对从业人员进行有针对性的教育培训,是为了让所有人员学习新的制度、政策、新的知识、新的技能。目前,事务所对从业人员的教育培训一般采取老人带新人、在职学历教育、学位教育、在岗培训、脱产培训等方式,但很多已经流于形式,并没有达到预期的教育培训效果。所以事务所应建立教育培训新思路,创新教育培训机制,在提高员工的执业技能的同时,满足员工自我成长和自我实现的需要,并随着业务收入的增长逐年增加对人力资本、人才建设的投入。人才培养可以重点从以下方面入手。

1. 与有关院校合作,开办学历、学位教育为了适应国际化发展的需要，事务所可以通过与所在地的院校合作，联合开办注册会计师方向专升本班、MPAcc在职研究生教育，提升现有从业人员的学历水平，加快培养高级专业人才。对于部分学历水平不高但职业道德好、专业技能精的优秀人才，事务所可以鼓励其参加注册会计师方向专升本班，为其提供学习机会，延长其为事务所服务的年限。同时，事务所可以定期选拔一些优秀人才到合作院校参加MPAcc和EMBA在职学位教育的课程学习，使他们在系统学习专业理论的同时，还能在学员之间互相交流实践经验。对以上人员，事务所要给予必要的资金资助和合理的时间安排，调动员工积极性，使事务所的人力资源得到保值或增值。

这种人才培养模式具有针对性和灵活性。一方面是借助合作高校的资源优势针对特定人员进行专业的培养，将事务所的需求与培养目标高度结合，教学内容与事务所不同阶段的发展定位紧密相关。另一方面由于培训对象来自于同一家会计师事务所，教学时间更加灵活，可以在不影响正常工作的前提下安排培训，避免出现在年审期间开展培训的情况。

2. 注重培养国际化高素质人才

事务所需要一支国际化的人才队伍作为其国际化发展的强有力支撑，因此，国际化高素质人才是事务所国际化发展背景下对人才素质提出的一种新挑战和新境界。事务所在加大人才培养的投入时，首先要注重国际化高素质人才的培养，不仅指专业人才，还包括管理人才。

（1）国际化专业人才。首先，身为注册会计师应具备以下素质和能力：独立、客观、公正、专业胜任能力、终身学习、沟通和领导能力等；其次，要开拓国际市场、承接国际业务，事务所必须具备掌握境外执业技能、熟悉国际规则、有国际视野的国际化专业人才。

对国际化专业人才的培养，事务所要加大投入，善于发现自有人才的发展可能，将"好苗子"送到国际业务的实践中磨练，逐步积累，实现国际化人才与国际化业务的良性循环。此外，事务所可以在加盟国际网络后，与网络中的其他国际所签订人才培养协议，利用其人才培养系统、管理诀窍提升从业人员的素质。但是，人才的培养需要一个过程，不能一蹴而就，在事务所急需国际化人才时还可以通过市场化的方式，将紧缺的国际化人才引进本土所，并由他带出一支国际化的队伍。

（2）国际化管理人才。一个事务所如果管理不善，人才会逐渐流失、市场会逐渐萎缩，管理人才在事务所的发展中起着举足轻重的作用，在本土所国际化发展的过程中能够驾驭全局、善于管理的国际化人才更是必不可少。管理人员的决策思路、管理理念、用人方略等，对事务所的运营和长远发展具有重大影响，事务所要想在国际化发展的道路上长期稳定快速的前进，需要的一个懂经营、善管理、熟悉国际规则、具有国际视野的国际化管理人才。所以，事务所现阶段还应致力于解决日益壮大的规模与管理机制、管理能力不相协调的问题，通过吸收与培养并重的方式储备一批国际化管理人才，实现其国际化发展。

3. 提升继续教育质量

目前，中国注册会计师协会认可的有组织形式的注册会计师继续教育形式主要包括注册会计师协会举办或者委托专业培训机构举办的培训班、专业论坛、研讨会、学术报告会及地方协会认可的事务所内部培训，但这些培训大都流于形式、缺乏针对性。事务所应该学习国际经验，根据从业人员的具体情况分类指导，使培训层次分明，因类施教，提升培训的质量和效果。不同层次的从业人员后续教育的侧重点应各不相同，其中，对事务所合伙人等高层领导的后续教育要倾向于管理决策能力的培养，如通过对外考察、交流及研讨等形式培养其市场开拓能力、核心竞争力的构建、沟通协调能力、对变革和发展的应对能力；对项目经理等中层管理人员的培训应侧重于业务项目管理、执业质量控制和风险防范，可以转变以往的被动式教学，采用案例研究、专题研讨等形式充分调动其主动性和创造性；对于审计助理等基层员工的后续教育内容不仅应涵盖职业道德、审计技能，还要加强对事务所文化、发展战略等方面的教育。事务所应根据实际情况不断调整后续教育形式，使培训达到最佳效果，才能使从业人员保持持续学习和自我发展的能力，从而提高事务所整体的管理及业务水平。

（三）人才维持战略

国际大所能够把争夺人才的触角伸向世界各国，并成功吸引全世界的优秀人才，是得益于其完善的人力资源管理体系，它们已形成"吸引—发展—再吸引—再发展"的良性循环。本土事务所在国际化进程中也必须从以下三个方面完善人力资源管理，实现对人才的维持，避免人才流失对工作连续性和工作质量的不利影响。

1. 完善薪酬模式和激励体系

（1）薪酬模式。人才价值的体现，是要靠薪酬来保障的，但就目前而言，本土所提供的薪酬与国际"四大"相比明显不占优势，因此，本土事务所要在薪酬上与国际大所基本保持一致，才是人才抢夺的基础。本土事务所还可以利用其自身灵活性的特点，给有潜力的人才更大的发展平台和空间，使其在服务到一定阶段后成为合伙人，增强其归属感，从而留住人才。

设计薪酬机制时，应根据员工的工作性质和职位，建立多元化的薪酬模式，但是要让每个员工了解自己所得的依据，并体现公平合理原则。事务所的合伙人既是组织所有人、管理者,还是专业人才,因此对他们可以采用岗位、绩效工资与所持股权份额相结合的薪酬机制,即除了取得岗位工资、绩效工资,还会取得按其所持比例为基础的利润分配。非合伙人的签字注册会计师及项目经理通常掌握专业知识和先进的专业技术方法,并且具有丰富的专业经验,同时掌握良好的社会关系和客户关系,是事务所的高层专业人才和核心人才。由于不是合伙人,无法分享事务所的利润,但如果发生审计失败,签字注册会计师及项目负责人是要承担相应的行政责任、民事责任,甚至是刑事责任的,权、责、利并不对等,因此,事务所对这部分人员应采用多元化的薪酬模式,除了岗位、绩效薪酬及保险福利等基本薪酬外,对这部分非合伙人的核心人才,也应使他们为事务所承担的责任、风险与所能分享的权益挂钩,按照需求理论所说的成就需要、自我实现需要,提供以学习与发展、晋升机会等非货币形式的多种薪酬激励形式。对一般助理人员应实施加大奖金比重、重视职业发展的薪酬模式,助理人员是事务所业务发展的基础,它们可能还未取得执业资格,但具有较大的发展空间,事务所也应加大其奖金的比重,并培养其忠诚度。

(2)激励体系。事务所应根据自身特点和发展需要,建立起灵活有效的激励体系,将物质激励与精神激励相结合,在调动起所内人才的积极性的同时,也吸引更多的优秀人才加入。第一,事务所可以通过奖励的方式让非合伙人参与当年的利润分红,将绩效考核、奖励基金与利润分配结合起来,调动非合伙人的积极性。第二,为员工提供舒适的工作条件和环境,并让员工自行合理安排弹性的工作时间,提高工作效率。第三,提供学习与培训机会,让优秀人才得到提升。学习与培训应该是形式多样的,如到其他大型事务所进行交流、参与高校学习培训、赴境外学习等。第四，为员工营造宽松的职业发展空间，事务所要打破论资排辈的僵化体系，保证优秀人才都有晋升机会。第五，人性化的管理，核心员工往往具有较强自主意识，并不是片面追求物质需求，他们更希望得到他人的认可和尊重，所以事务所应关心核心人才工作、生活各个方面，让他们感受到尊重，从而激发其巨大的内在潜能。

2. 塑造事务所组织文化

组织文化是一种无形的管理方式，可以使全体员工逐步形成一个共同理念，维系事务所的凝聚力、向心力，所以事务所需要建立良好的组织文化，激励员工的工作热情、积极性和主动性。而本土所由于体制改革、发展时间不长等原因，还没有完全形成自己的企业文化，事务所必需在国际化进程中不断修正和完善组织文化，增强事务所对人才的吸引力、人才对事务所的归属感。

中国注册会计师协会在《会计师事务所内部治理指南》中强调："事务所内部治理应当以合伙文化为导向，积极树立'人合、事合、心合、志合'的事务所治理理念，推动形成诚信、合作、平等、协商的务所合伙文化。"事务所所应认识到人才资源就是最大的核心资产，并将这种价值观融入到工作制度和工作环境中，用"以人为本"的创新的工作理念吸引人才，充分重视人才的培养和使用，为人才发展提供一个良好的发展环境。同时，让所有人才在公平、公开、公正的环境下竞争，建立起事务所与员工之间、员工与员工之间的和谐关系，创造愉悦的工作氛围。

3. 建立绩效考核与奖励体系

绩效考核是与员工奖励相结合的一种管理办法，通常是按照一定的标准，对员工履职程度进行考量与评定。大中型事务所基本上都建立了一套业绩评价制度，但评价的指标主要是工时，且很大程度上依赖领导对员工主观意见，人事安排稍有疏忽就会出现不公平现象，导致员工不满，并最终造成人员流失。绩效考核是客观、准确丈量员工工作绩效的一把尺子，绩效考核的结果是薪酬管理、人员任用、晋升和培训等的主要依据，因此，它是人力资源管理的关键环节。事务所必须建立绩效考核体系，并与薪酬制度、晋升制度、培训制度等相应奖励制度有机结合起来，为事务所创造一个既有压力又有动力的工作环境，引导人才不断进步的同时提高组织效率。

事务所应当从业务技能、工作协调能力等多方面对员工进行量化考核，考核方式应由上级领导、下级员工、周围同事和客户的综合反馈来进行的，考核可依据事务所具体情况，每季度或半年进行一次，考核成绩要留存入档，并通过提薪、晋升、培训、奖金等方式体现考核的效力。

除事务所本身对行业优秀人才的奖励外，相关部门也应给予配套奖励，如注册会计师协会可以从每年会费收入中按一定比例提取行业人才基金，专门用于奖励事务所的高层次专业人才；对在学术、课题研究等方面作出突出贡献的行业人才给予一定奖励；对出版了对行业具有指导意义的学术专著的行业人才给予一定奖励；对在职期间取得硕士、博士学位的从业人员基于一定津贴补贴等。有利于在行业内形成尊重知识、尊重人才的良好氛围，鼓励行业优秀人才终身学习，在留住人才的同时不断吸引优秀人才加入。

4. 建立员工职业规划体系

事务所应为员工，尤其是核心人才结合其自身特点及意愿，制定其在事务所工作期间的职业发展规划，使员工能够清楚了解自己未来在事务所的成长空间和发展机会，更重要的是帮助员工根据其优势、劣势、兴趣等进行修正、完善，使每个员工的职业规划都是富有挑战性，但又不是遥不可及的，充分挖掘员工的潜能，人尽其才、才尽其用，使核心人才在协助事务所走向国际的同时完成自身成长，实现双赢，从而降低核心人才的流失率，为事务所创造出更大的价值。

四、实施行业专门化战略

（一）中国对外直接投资分行业情况统计

近年来，中国到海外直接投资的企业越来越多，从投资流量的行业分布来看，租赁和商务服务业所占比重最大，其次是采矿业、批发和零售业，然后是金融业和制造业，其他行业所占份额相对较低。以2012年的统计数据为例，租赁和商务服务业占对外直接投资流量总额的30.46%，采矿业占15.43%，批发和零售业占14.86%，金融业占11.47%，制造业占9.87%，这五大行业的投资流量达到82.09%。通过年度数据比较发现，2011年总的对外直接投资流量比2010年增加了8.49%，而2012年比2011年增长了17.61%，呈现出强势增长的态势。

从投资存量的行业分布来看，租赁和商务服务业所占比重最大，其次是金融业，然后是采矿业、批发和零售业、制造业，其他行业所占份额相对较少。以2012年的统计数据为例，租赁和商务服务业占对外直接投资存量总额的33.03%，金融业占18.13%，采矿业占14.06%，批发和零售业占12.82%，制造业占6.42%，这五大行业的投资存量达到84.46%。就年度比较而言，2011年末对外直接投资存量总额比2010年末增加了33.91%，2012年末比2011年末增长了25.23%，呈现出持续增长的趋势。相关数据详见表8-4和表8-5。

表 8-4 2010—2012 年各年中国对外直接投资流量行业分布

单位：万美元

行业分类	2010 年	2011 年	2012 年
A. 农、林、牧、渔业	53398	79775	146138
B. 采矿业	571486	1444595	1354380
C. 制造业	466417	704118	866741
D. 电力、热力、燃气及水的生产和供应业	100643	187543	193534
E. 建筑业	162826	164817	324536
F. 批发和零售业	672878	1032412	1304854
G. 交通运输、仓储和邮政业	565545	256392	298814
H. 住宿和餐饮业	21820	11693	13663
I. 信息传输、软件和信息技术服务业	50612	77646	124014
J. 金融业	862739	607050	1007084
K. 房地产业	161308	197442	201813
L. 租赁和商务服务业	3028070	2559726	2674080
M. 科学研究和技术服务业	101886	70658	147850
N. 水利、环境和公共设施管理业	7198	25529	3357
O. 居民服务、修理和其他服务业	32105	32863	89040
P. 教育	200	2008	10283
Q. 卫生和社会工作	3352	639	538
R. 文化、体育和娱乐业	18648	10498	19634
S. 公共管理、社会保障和社会组织			
合计	6881131	7465404	8780353

表 8-5 2010—2012 年各年末中国对外直接投资存量行业分布

单位：万美元

行业分类	2010 年	2011 年	2012 年
A. 农、林、牧、渔业	261208	341664	496443
B. 采矿业	4466064	6699537	7478420
C. 制造业	1780166	2696443	3414007

续表

行业分类	2010年	2011年	2012年
D. 电力、热力、燃气及水的生产和供应业	341068	714056	899210
E. 建筑业	617328	805110	1285604
F. 批发和零售业	4200645	4909363	6821188
G. 交通运输、仓储和邮政业	2318780	2526131	2922653
H. 住宿和餐饮业	44986	60386	76327
I. 信息传输、软件和信息技术服务业	840624	955324	481971
J. 金融业	5525321	6739329	9645337
K. 房地产业	726642	898616	958141
L. 租赁和商务服务业	9724605	14229002	17569795
M. 科学研究和技术服务业	396712	438838	679276
N. 水利、环境和公共设施管理业	113343	240196	7056
O. 居民服务、修理和其他服务业	322974	161558	358124
P. 教育	2394	6657	16479
Q. 卫生和社会工作	3616	1715	4676
R. 文化、体育和娱乐业	34583	54142	79351
S. 公共管理、社会保障和社会组织			
合计	31721059	42478067	53194058

(二) 事务所有针对性地实施行业专门化投资

通过以上数据分析可以发现，中国企业对外直接投资主要集中在租赁和商务服务业、金融业、采矿业、批发和零售业、制造业这五大类行业，它们占到总投资额的80%以上，在"走出去"的过程中，企业对会计师事务所在这些行业的服务产生了巨大需求，而美国审计总署报告（2003）认为，事务所的行业专门化是影响客户选择的重要因素，因此，哪些事务所熟悉这些行业的会计、审计、税务及法律等事务，就能抢先占领相应的市场份额。Sidney（2010）选取德勤的合并案例进行研究，发现会计师事务所合并的主要动因是为了适应审计市场发展的需要。通过境内外合并，有助于实现事务所的行业专业；将具有行业专长的知名事务所强强联合，有助于国内事务所在更广泛的领域实现国际化发展。但也有学者得出另外观点，如 Fung，Gul 和 Krishnan（2012）利用区域数据，考察国际"四大"的规模经济的传递效应，并从成本、审计收费的角度分析了事务所行业专长在规模经济效应传递过程中产生的影响，结果显示，规模经济效应具有传递性，且不具有行业专长的事务所在规模经济传递性上所发挥的作用强于具有行业专长的事务所。

我国会计师事务所发展起步较晚，审计市场集中度不高，没有体现出明显的行业专业化特征（张立民和管劲松，2004），但陈丽红（2010）从审计费用、营业收入和资产总额等多种角度发现，审计市场总体集中度正在稳步提升，从而为事务所进行行业专门化投资奠定了基础。通过市场份额法和组合份额法均观测到我国审计市场出现了一批具有行业专家特质的事务所，但排在行业市场份额首位的事务所各年度间会有变动，说明我国审计市场集中度提高的同时，事务所之间的竞争也在加剧①。本土事务所应主动适应客户"走出去"发展的各种需求，不断苦练内功，对现有客户和目标客户所在行业，特别是上述五类行业进行专门化投资，行业专门化形成的总成本领先优势或产品差异化优势会使审计市场的供应方和需求方均受益（Cullinan，1998）。

---

① 陈丽红："会计师事务所行业专门化研究"，中南财经政法大学博士学位论文，2010 年。

第二节 本土会计师事务所国际化发展的路径设计

一、区域路径设计

事务所国际化发展的区域路径必然与其市场定位相结合，既然本土事务所定位于服务中国企业"走出去"，那么"走出去"的战略方向和地区就应该集中于中国企业境外投资密集区。本土事务所在国际化发展水平不高的情况下，将优势资源投放于主要服务地区，以中国企业海外业务需要为导向，是合理制定发展路线的明智之举。在进行区域扩张时，应该考虑不同国家的文化差异、心理距离等因素的影响，首先从文化差异小、心理距离近的国家或地区实施扩张，以降低进入壁垒。

（一）根据中国企业海外投资分布确定"走出去"区域路径

目前中国海外投资业务已扩展到180多个国家和地区，对外直接投资存量最为集中的是亚洲，其次是拉丁美洲、欧洲和北美洲，然后是非洲和大洋洲。从2012年的统计数据来看中国对外直接投资流量情况，亚洲占74.29%，欧洲占7.48%，拉丁美洲占6.87%，北美洲占5.58%，非洲占3.27%，大洋洲占2.51%。从投资存量情况看，亚洲占68.74%，拉丁美洲占12.83%，欧洲占6.89%，北美洲占4.82%，非洲占3.93%，大洋洲占2.79%。可以看出亚太地区是海外投资热点，其中属于大中华经济圈的港澳地区无疑是中国企业对外投资的最热点，我国香港占全部投资流量的59.08%（占亚洲份额的79.53%），占全部投资存量的57.85%（占亚洲份额的84.17%）。相关数据详见表 8-6 和表 8-7。

表 8-6 2010—2012 年各年中国对外直接投资流量情况表

（分国家和地区） 单位：万美元

国家（地区）	2010 年	2011 年	2012 年
合计	6506907	7076790	8672650
亚洲	4362272	4439948	6442839
阿联酋	34883	31458	10511
朝鲜	1214	5595	10946
哈萨克斯坦	3606	58160	299599
韩国	72168	34172	94240
吉尔吉斯斯坦	8247	14507	16140
柬埔寨	46651	56602	55966
老挝	31355	45852	80822
马来西亚	16354	9513	19904
蒙古	19386	45104	90403
缅甸	87561	21782	74896
日本	33799	14942	21065
沙特阿拉伯	3648	12256	15367
塔吉克斯坦	1542	2210	23411
中国台湾地区	1735	1108	11288
泰国	69987	23011	47860
土耳其	782	1350	10895
新加坡	111850	326896	151875
伊拉克	4814	12244	14840
伊朗	51100	61556	70214
印度	4761	18008	27681
印度尼西亚	20131	59219	136129

续表

国家（地区）	2010 年	2011 年	2012 年
越南	30513	18919	34943
中国香港	3850521	3565484	5123844
非洲	103128	145614	283232
阿尔及利亚	18600	11434	24588
埃及	5165	6645	11941
埃塞俄比亚	5853	7230	12156
安哥拉	10111	7272	39208
赤道几内亚	2208	1247	13884
刚果（金）	23619	7518	34417
加纳	5598	4007	20849
津巴布韦	3380	44003	28747
莫桑比克	28	2026	23052
尼日利亚	18489	19742	33305
坦桑尼亚	2572	5312	11970
赞比亚	7505	29178	29115
欧洲	598903	783691	649217
德国	41235	51238	79933
俄罗斯联邦	56772	71581	78462
法国	2641	348232	15393
荷兰	6453	16786	44245
卢森堡	320719	126500	113301
瑞典	136723	4901	28552
意大利	1327	22483	11858
英国	33033	141970	277473
拉丁美洲	1027376	1154459	595763
阿根廷	2723	18515	74325

续表

国家（地区）	2010年	2011年	2012年
巴西	48746	12640	19410
厄瓜多尔	2206	-3506	31139
开曼群岛	349613	493646	82743
墨西哥	2673	4154	10042
委内瑞拉	9439	8177	154176
英属维尔京群岛	611976	620833	223928
北美洲	245058	236549	484301
加拿大	114229	55407	79516
美国	130829	181142	404785
大洋洲	170170	316529	217298
澳大利亚	170170	316529	217298

注：根据《2012年度中国对外直接投资统计公报》整理。

表8-7　2010—2012年各年末中国对外直接投资存量情况表

（分国家和地区）　　　　　　　　　　　　单位：万美元

国家（地区）	2010年	2011年	2012年
合计	31583467	42178036	52955480
亚洲	22794948	30306863	36400325
阿富汗	16859	46513	48274
阿拉伯联合酋长国	76429	117450	133678
巴基斯坦	182801	216299	223361
朝鲜	24010	31261	42236
菲律宾	38734	49427	59314
哈萨克斯坦	159054	285845	625139
韩国	63725	158268	308190
吉尔吉斯斯坦	39432	52505	66219

续表

国家（地区）	2010 年	2011 年	2012 年
柬埔寨	112977	175744	231768
卡塔尔	7705	13018	22066
老挝	84575	127620	192784
马来西亚	70880	79762	102613
蒙古	143552	188662	295403
孟加拉国	6758	7668	11725
缅甸	194675	218152	309372
日本	110563	136622	161991
沙特阿拉伯	76056	88314	120586
斯里兰卡	7274	16258	17858
塔吉克斯坦	19163	21674	47612
中国台湾	1819	2935	13532
泰国	108000	130726	212693
土耳其	40363	40648	50251
土库曼斯坦	65848	27648	28777
乌兹别克斯坦	8300	15647	14618
新加坡	606910	1060269	1238333
也门共和国	18466	19145	22130
伊拉克	48345	60591	75432
伊朗	71516	135156	207046
印度	47980	65738	116910
印度尼西亚	115033	168791	309804
越南	98660	129066	160438
中国澳门	222929	267589	292927
中国香港	19905557	26151852	30637245
非洲	1241636	1443030	2081337

续表

国家（地区）	2010年	2011年	2012年
阿尔及利亚	93726	105945	130533
埃及	28507	40317	45919
埃塞俄比亚	36806	42679	60655
安哥拉	35177	40059	124510
博茨瓦纳	17852	20038	22015
赤道几内亚	8625	9868	40464
厄立特里亚	1254	1431	10378
刚果（布）	13588	14240	50490
刚果（金）	63092	70926	97049
几内亚	13641	16843	23467
加纳	20200	27015	50527
加蓬	12534	12710	12847
津巴布韦	13454	57644	87467
肯尼亚	22158	30883	40273
利比里亚	8167	11474	15437
马达加斯加	22987	25363	27455
马里	4777	16006	21143
毛里求斯	28329	60594	70080
毛里塔尼亚	4588	7471	10615
莫桑比克	7524	9807	33691
南非	415298	205973	477507
尼日尔	37936	42975	12533
尼日利亚	121085	141561	194987
塞内加尔	4503	4520	10222
苏丹	61336	152564	123660
坦桑尼亚	30751	40707	54080

续表

国家（地区）	2010年	2011年	2012年
乌干达	11368	12621	14110
赞比亚	94373	119984	199811
乍得	8000	100812	19412
欧洲	1549524	2414286	3648083
爱尔兰	13991	15683	19377
保加利亚	1860	7256	12674
比利时	10101	14050	23069
波兰	14031	20126	20811
德国	150229	240144	310435
俄罗斯联邦	278756	376364	488849
法国	24362	372389	395077
格鲁吉亚	13017	10935	17808
荷兰	48671	66468	110792
捷克	5233	6683	20245
卢森堡	578675	708197	897789
罗马尼亚	12495	12583	16109
挪威	14776	16659	18813
瑞典	147912	153122	240817
瑞士	5854	9194	10132
西班牙	24776	38931	43725
匈牙利	46570	47535	50741
意大利	22380	44909	57393
英国	135835	253058	893427
拉丁美洲	4368126	5492947	6795420
阿根廷	21899	40525	89719
巴拿马	23658	33078	19662

续表

国家（地区）	2010年	2011年	2012年
巴西	92365	107179	144951
玻利维亚	6485	6632	15619
厄瓜多尔	12958	9524	40763
哥伦比亚	2297	5980	34615
古巴	6898	14637	13569
圭亚那	18317	13513	15188
开曼群岛	1725627	2169232	3007200
秘鲁	65449	80224	75287
墨西哥	15287	26388	36848
委内瑞拉	41652	50100	204276
英属维尔京群岛	2324276	2926141	3085095
智利	10958	9794	12628
北美洲	782926	1347243	2550299
加拿大	260260	372756	505072
美国	487399	899303	1707977
百慕大群岛	35267	75184	337250
大洋洲	846307	1173667	1480016
澳大利亚	786775	1104125	1387305
巴布亚新几内亚	32326	34152	36548
斐济	3943	6107	17091
马绍尔群岛	7352	10737	11687
新西兰	15911	18546	27385

注：根据《2012年度中国对外直接投资统计公报》整理。

（二）将"一带一路"沿线的国家或地区作为事务所"走出去"区域重点

"一带一路"即"丝绸之路经济带"和"21世纪海上丝绸

之路",前者是在陆地,后者是在海上。丝绸之路经济带是从中国大陆出发,朝三个方向延伸:一是穿过中亚、俄罗斯到达欧洲;二是途经中亚、西亚直至波斯湾、地中海,三是往东南亚、南亚以及印度洋。海上丝绸之路则是以中国沿海港口为起点,经过南海分别往印度洋和南太平洋两个方向延伸。"一带一路"覆盖中亚、西亚、南亚、东南亚以及欧洲地区,经济贸易发达,存在广阔的发展空间。

2013年习近平主席提出共建"一带一路",引起各国高度关注,李克强总理在中国—东盟博览会上对建设"一带一路"的重要意义进行强调。可见,国家十分重视与沿线国家的合作,希望通过共建经济走廊来加强区域经济合作,促进各国经济繁荣。2014年,我国贸易总额的1/4来自于"一带一路"沿线国家,贸易额达到1.12万亿美元。随着经济的发展与各国贸易的加强,贸易总额将成数倍增长,创造更大的市场空间与就业机会,开拓更广的合作领域。

"一带一路"地区无疑是中国未来战略投资的重点区域,当然是企业"走出去"和会计师事务所"走出去"的重点区域。

(三)将东盟自贸区作为事务所"走出去"的区域重点

东南亚国家联盟(以下简称"东盟")是由十个东南亚国家组成的联盟,成员国包括印度尼西亚、菲律宾、新加坡等。自20世纪90年代以来,我国与东盟的经济贸易往来持续增加,2010年1月1日中国—东盟自贸区正式启动,至此世界第三大区域共同市场成立。与已有的欧盟、北美自贸区相比,中国—东盟自贸区拥有不可比拟的优势,它涵盖19亿人口,区域面积达1400万平方公里,创造接近6万亿美元GDP,贸易总额为4.5万亿美元,将发展成为世界最大的自贸区。它的建立,将对中国、东盟各国,乃至亚洲以及全世界经济的发展产生重大影响。

第八章 本土会计师事务所国际化的路径选择

注册会计师行业,应该充分利用东盟自贸区经济的地理优势,关注企业的会计服务需求,帮助企业解决发展的新情况、新挑战。

会计师事务所走向东盟,是立足国家"走出去"战略,充分发挥比较优势的现实选择。近年来,中国对东盟的贸易和投资额不断增长,东盟成为我国企业海外投资的密集地。此外,东盟组织相对松散,与欧盟"同一种货币、制度、机制和声音"不同,东盟并没有明确限制成员国与其他经济体另行制定贸易政策,部分成员国纷纷与东盟以外经济体进行自贸谈判,中国与各成员国的投资和贸易多采取"一对一"谈判方式①。

关于会计师事务所国际化发展的路径设计问题,国内专家学者从不同角度提出了自己的观点和看法。王军(2010)指出,本土事务所"走出去"策略应该分阶段实施,具体来讲可以分为三个步骤:第一步以亚洲市场特别是东南亚市场为主,兼顾非洲市场。香港H股审计市场是基础,当审计质量提高到一定程度时,可以加快亚洲布局,服务中国—东盟全面经济合作区和大湄公河次区域(GMS)合作。第二步重点巩固亚非市场,逐步进入欧盟地区,适当兼顾大洋洲。亚洲和非洲审计市场仍然是重点,要进一步巩固和加强。在达成中欧会计审计准则和注册会计师审计公共监管等效协议的基础上,以国际板开放为契机,与港澳会同行联手,逐步进入欧盟成员国市场。通过设立代表处、联络处等机构的方式进入欧盟市场,可以更好地服务在欧盟上市的中国企业以及欧盟来华上市的企业。第三步,重点打开发达国家市场。采用直接投资、实质性控制等高度介入方式进入发达国家市场,以双边经贸关系较为密切的地区为突破口,重点关注华人

---

① 参考"会计师事务所'走进东盟'研究",中注协网站与商务部合作司网站。

聚居较为集中的城市，从服务需求强烈的地区逐步拓展开来①。

吴寿元（2007）认为，事务所"走出去"可分为四个步骤：首先在中国香港、新加坡等地站稳脚跟。作为国际金融中心，香港和新加坡的投融资活动都相当活跃，内地越来越多的企业到香港、新加坡开设子公司或分公司，也有不少企业到这两个资本市场上市融资，近年来内地赴港上市企业的数量和市值已创新高，成为香港资本市场的重要组成部分，内地与香港在会计领域的交流和合作也日益密切，这对本土事务所走向香港和新加坡是一个良好契机。第二步进入亚洲、非洲、拉美等发展中国家和地区。我国的对外投资特别是工程承包和劳务合作等项目大多集中在这些国家和地区，本土事务所可跟随我国企业对外投资的步伐"走出去"，为其提供贴身服务。另外，这些国家和地区的经济发展模式和阶段与我国很相似，我国经济发展的经验教训对其有较高的借鉴价值，因而我国事务所更易得到当地政府和企业的认可和尊重。第三步可立足英国，辐射欧盟国家。不少内资企业"走出去"时把欧洲区总部设在英国，以指导和辐射整个欧盟区，因为英国是国际会计准则的发源地和主要代表国家，在欧盟区经济最发达、最有影响力。企业的这些做法也同样值得事务所学习和借鉴。最后进军以美国为首的发达国家。当事务所储备好足够的人才、资金和国际业务经验之后，就可以水到渠成地进入到北美发达国家，真正实现全球化服务②。

李志鹏（2012）也提出事务所"走出去"可分为四个步骤，但与吴寿元（2007）观点略有不同。李志鹏（2012）建议：第

---

① 王军："大力培育具有国际水平的中国会计师事务所"，《中国会计报》2010年9月3日002版。

② 吴寿元："注册会计师行业'走出去'若干问题"，《中国注册会计师》，2007年第12期。

一步优先布局香港市场,第二步重点拓展东盟等中国的周边市场,第三步积极对接欧盟和北美市场,第四步有序进入非洲、拉美及其他地区[①]。

从本土事务所国际化的探索来看,不少事务所将中国企业海外投资密集的地区作为重点发展区域,纷纷建立了不同形式的分支机构。立信分别在新加坡、蒙古建立分所与合作所;信永中和从2005年开始先后在中国香港、新加坡、澳大利亚墨尔本、日本东京建立了4家拥有控制权的分所,2011年正式加盟国际大所普安西提(Praxity),成为其联盟的成员机构;中瑞岳华、天职国际和大信也都分别在香港地区成立了不同形式的分支机构或联系所。

综上,本土事务所国际化发展,应该根据中国企业海外投资分布地,将"一带一路"沿线的国家或地区、东盟自贸区作为"走出去"的区域重点,分阶段、分步骤地"走出去"。具体路线设计应该是围绕一带一路及中国企业海外投资区域线路,从文化差异小、心理距离近的中国香港、新加坡等东南亚国家和地区,逐步向东盟等中国的周边市场进行扩展,同时兼顾非洲和拉美等发展中国家,再立足英国、辐射欧盟地区,最后再进军以美国为首的北美市场和其他地区。有条件的事务所也可以考虑适时积极对接欧美等发达国家市场,再进入非洲、拉美及其他地区。

二、"走出去"方式选择

(一)文献回顾

关于事务所"走出去"的方式选择,国内学者的观点主要

[①] 李志鹏:"中国会计师事务所'走出去'的路径研究",《国际经济与合作》,2012年第11期。

分为三类。

第一,结合注册会计师行业发展现状进行讨论。如秦荣生(2003)认为,我国会计师事务所应该结合行业发展特点,考虑实施加入国际知名所的内向国际化模式,或者主动在海外发展联盟,发展成员所或分支机构的外向国际化模式。梁青民、孙刚(2007)指出,本土事务所可以通过加入国际会计公司的方式实现国际化发展,如成为其联系所、联营所或成员所等方式。何召滨(2007)结合本土事务所"走出去"的现状,提出加盟国际会计公司、跟随企业"走出去"、直接在国外设立分所三种国际化模式。其中,跟随企业"走出去"需要事务所扮演好服务角色,深入了解企业"走出去"的困难与需求。直接在国外设立分所是一种真正意义上的国际化,对事务所国际化专业水平要求较高。金恩东(2009)运用波特的五力模型对事务所行业进行分析后,提出大型事务所国际化发展的三种方式,即自主建立境外机构国际网络进入国际市场、加入现有知名国际网络、与境外机构合作。

第二,从事务所发展阶段、规模、影响因素等自身角度进行研究。如张俊瑞、李力(2006)指出,通过规模化进行自我积累是会计师事务所进入国际市场的必要准备,其可行的方式包括兼并联合、到境外设立分支机构或者成员机构等,除了以这种渗透方式"走出去"之外,通过建立品牌直接进入国际市场是国际化发展的另一种方式。毛育晖(2007)以国际化发展主体为出发点,根据事务所的规模提出了不同的国际化模式。他认为大型会计师事务所,可以凭借其良好的内部治理、较高的品牌信誉、成熟的执业技术、适当的国际化经验,采用直接进入等主动的方式打开海外市场,构建自己的国际网络。中型会计师事务所,由于自身条件的限制可以通过加入国际网络联盟,利用资源共享的机会参与国际经营，积累国际经验。韩晓梅、徐玲玲（2009）在对"四大"国际化发展历史进行分析后，指出事务所国际化发展初期，会选择控制程度较高的模式，随着境外执业经验的不断增加，会逐步转为控制程度较低的模式。邱学文、李书玲（2009）将事务所国际化发展的内外部影响因素进行量化，结合问卷调查所收集的数据进行实证分析，结论表明：事务所国际化发展最有效的路径，一是通过提升业务能力、打造品牌优势，进而进入国际市场；二是通过资源整合、实现规模化发展之后再进入国际市场。胡波（2010）认为产业特质、所有权优势、市场机会、心理距离等会导致事务所选择不同的发展模式。本土事务所应该结合自身能力进行选择高度介入模式或者内向发展路径。刘庆红（2012）对影响事务所国际化发展的因素进行综合分析后，提出事务所国际化发展模式主要有内向国际化、外向国际化，以及两种模式结合使用的双向国际化模式。

第三，对不同国际化模式产生的经济后果进行实证检验。王咏梅（2012）认为本土事务所国际化发展战略分为三大类，依靠自身积累发展壮大的自我成长战略、通过合并做大做强的合并战略，以及加盟"四大"以外国际会计公司的加盟战略。利用1998年至2010年A股上市公司数据，对加盟战略的经济后果进行实证检验，结果表明：采用加盟战略的国际成员所在审计质量方面明显提升，与"四大"合作所非常接近。曾亚敏、张俊生（2014）将中国审计市场上的会计师事务所分为"四大"、国际会计公司成员所、本土所三类，选用审计意见类型、客户企业可操控应计利润作为审计质量的衡量指标，利用2010年客户报表数据进行回归，比较两种不同国际化模式经济后果，结果表明与"四大"合并、加盟国际会计公司两种国际化模式对审计质量的影响不存在显著差异。

(二) 业界观点

关于事务所国际化发展的方式，业界人士提出了不同的看法。中注协秘书长陈毓圭认为事务所"走出去"要做到以下三点：第一，带着品牌"走出去"。我国事务所要"走出去"，必须先过质量关，通过内部治理锻造属于自己的品牌，赢得国际市场的认可。这应该成为各成员所共同坚持和追求的目标。第二，带着企业"走出去"。企业是事务所的客户，企业的需求决定了事务所的服务，只有立足企业的发展，保持和维护好与企业客户的关系，积极实现服务对接，事务所才能更好地"走出去"。第三，带着文化"走出去"。良好的管理与文化是事务所长远发展必不可少的因素，事务所"走出去"必须秉持自己的企业文化，凝聚成员所、同盟所的力量，实现共同发展，进而更好地开拓海外市场。

商务部服务贸易司司长胡景岩认为，事务所走向国际市场的可行渠道有两种：一是事务所立足海外市场，设立分支机构。二是事务所不"走出去"，注册会计师到境外市场提供会计服务[①]。

原中国驻赞比亚大使馆经济商务参赞处参赞余树清对会计师事务所国际化发展提出三点建议：一是推动行业"走出去"，走向非洲地区，要有政府的政策支持，要有使馆的支持和积极配合。以矿产资源和水利资源开发为主要工业支柱的非洲，经济发展很不平衡，国内事务所走出为在非洲投资经营的中国企业开展业务离不开政策的支持。二是将事务所"走出去"与企业"走出去"相结合，明确中国企业的服务对象地位，实现事务所服务与企业需求的成功对接。三是事务所"走出去"要熟悉当地

---

① "聚焦会计服务业，共商事务所'走出去'"，中注协网站，2008年4月28日。

第八章 本土会计师事务所国际化的路径选择

的情况，适应当地的环境①。

大信会计师事务所董事长吴益格提出，国际"四大"是跟随跨国公司的业务扩张进入中国市场的，中国的事务所要实施国际化扩张，可以借鉴"四大"的成功经验，紧跟中国企业海外经营逐步走向国际市场。

吴寿元（2007）提出三种方式：一是加入国际网络，成为国际知名事务所的成员所。加盟国际知名事务所，可以利用业务合作、资源共享的机会，学习国际业务知识，提高国际服务能力，积累先进管理经验。目前，我国不少中型事务所尝试用这种方式实施国际化发展。总结和研究国际加盟方式的经验与教训，有利于为下一步"走出去"做好准备。二是与当地事务所建立合资事务所。以合资的方式实现合作，学习当地事务所的经验，提升业务能力，拓展国际业务平台，实现国际化发展。其中，选好合作伙伴、准确定位目标市场与服务对象是关键。三是先设立办事处或代表处，再升格为全资子事务所。效仿国际企业进入中国市场的方式，我国事务所可以通过设立办事处或代表处的方式实施扩张，在经营的过程中收集当地信息、了解市场动态、熟悉目标客户，广交朋友，最后升格为合资子公司。这种方式比较稳健，先投入部分资源进行市场调查，待时机成熟再采用控制程度较高的方式开展经营，同样值得学习和借鉴②。

信永中和董事长张克结合事务所"走出去"的实践，认为事务所国际化发展的类型有三种：第一，加入国际会计公司，如加入国际"四大"或者德豪、浩华、均富等其他国际知名会计

---

① "聚焦会计服务业，共商事务所'走出去'"，中注协网站，2008年4月28日。
② 吴寿元："注册会计师行业'走出去'若干问题"，《中国注册会计师》，2007年第12期。

师事务所。这种类型的优势在于可以利用国际大所的品牌、借助其执业网络在世界范围内开展业务，但主动权、主导权与话语权有限，在发展过程中容易产生政治立场不一、经济利益冲突和沟通障碍等问题。第二，借助国际联盟或与国外的事务所建立合作联系。联盟是国际化会计师组织的类型之一，与网络会计师事务所不同的是，它不要求品牌统一，各成员所之间只是形成一种协同关系或建立一种一对一、一对多的合作关系，结构相对松散。这种方式有利于在国际化发展的过程中保持控制权，形成自有品牌，实现自主发展，但共同完成工作时会因相互专业标准不一导致沟通成本的增加。第三，发展自己的国际网络。立足客户企业海外经营的需要，完全依靠事务所自身的努力去兼并联合、设立境外机构，发展自己的国际品牌。这种方式的优点在于将事务所的发展与客户企业的需求紧密结合，在实现共同发展的基础上，实现企业需求与事务所服务的无缝对接。此外，由于事务所是跟随本国企业建立国际网络，因此，双方不会出现因文化差异与沟通障碍，政治立场比较一致。不足在于事务所"走出去"步伐与企业国际化发展节奏不一致，执业网络的发展与业务团队的建设需要培植过程，以及海外资本市场对本土事务所的认可度不高等。信永中和近年的实践和探索表明，虽然这种方式存在一定局限性，但经过努力可以达到预期效果，是本土事务所国际化发展可行的模式之一。

利安达会计师事务所董事长黄锦辉表示，现阶段本土事务所走向国际的最好方式是，加强内地与香港会计界的合作，共同开拓新的服务领域。加强两地事务所的合作可以产生巨大的效应：一方面，内地广阔的会计服务市场有助于香港会计师事务所的业务扩张，香港事务所与内地所合作，可以促进双方的快速发展。另一方面，内地事务所可以通过H股审计业务，实现与香港事

第八章 本土会计师事务所国际化的路径选择

务所的交流整合，取长补短，双方一同走向国际。香港作为两地会计师事务所合作的重要平台，在内地事务所国际化发展过程中扮演着十分重要的角色。

（三）本书观点

会计师事务所国际化的路径有三种，一是内向延伸路径，二是外向发展路径，三是两种方式结合的双向国际化路径。结合我国注册会计师行业发展现状以及事务所国际化发展的实践探索，本书认为切实可行的是以下方式。

1. 加入知名国际网络，借船出海

事务所国际化发展初期，国际经验不足、海外知名度不够，可以采用内向国际化模式，即通过加入国际知名会计师事务所网络联盟的方式进入国际市场。加盟战略作为事务所国际化的重要方式，具有不可替代的优势。一方面可以利用资源共享的机会，深入了解国际市场；另一方面通过参与海外执业积累国际化发展经验，迅速提升自身执业能力。通过实施加盟战略，本土事务所可以规避由于不熟悉国际惯例和法规政策带来的不利影响，可以使本土注册会计师在更高更大的执业舞台上增强技能，提高素质。加盟方式也是被本土事务所广泛采用的一种方式。目前，我国已有20多家本土事务所通过加盟方式实现了国际化，并且越来越多的事务所倾向于加入排名靠前的国际知名事务所，如中瑞岳华（现与国富浩华合并，更名为瑞华会计师事务所）加入罗申美（RSM）国际、致同事务所加入均富国际（Grant Thornton International，现中文名称改为致同国际）、立信事务所加入德豪（BDO）国际等。

选择国际网络时，首先应有明确的合作目标。加入国际知名网络，一是瞄准企业"走出去"的区域和领域，要有明确的客户目标群，选择能够更有助于为"走出去"企业服务的网络所在地，选择具有某些与客户需求相关行业专长的事务所；二是加入知名网络，应有助于提升本土事务所的知名度，能够学习经验、锻炼队伍，提升本土所执业质量，而不仅仅满足于国内排名、抢占内地市场，甚至为了赶时髦盲目加入国际网络，只是缴费而毫无收获。本土事务所不乏这样的案例，给某国际知名大所交了多年合作费，仅选派几个员工参加对方事务所组织的业务培训，而没有任何实质性的合作。其次应谨慎选择合作对象。事务所"走出去"往往会面临文化差异问题，应尽量选择企业文化和经营理念接近的国际事务所开展合作，并实现跨国文化理念的有效对接。对待文化冲突，双方应避免简单粗暴的处理方式，如一种文化取代另一种文化等，而应求同存异，彼此尊重、分享与对话，识别不同文化的优劣，寻找文化整合方案，形成相互渗透的文化主体。总之，本土事务所应努力化解"走出去"可能面临的各种风险，做到经营理念国际化、经营策略本土化，管理水平国际化、管理主体本土化，执业技术国际化、执业人才本土化。

2. 中外合作会计师事务所的本土化转制尽早到位

与国际"四大"进行合并，是另一种内向发展模式。成为"四大"在中国的成员所，借助其品牌优势在国际市场上扩大业务范围，开拓市场领域，进军国际市场。目前大陆有四个与国际四大的合作所，分别是普华永道中天、德勤华永、毕马威华振和安永华明。实际上，德勤早在1917年即在中国上海设立了首家办事处，"四大"（原八大）在1980年左右我国改革开放之初均进入中国市场。但实质上的合作是自1992年起，我国开始批准外国事务所与中国事务所根据《中外合作经营企业法》设立中外合作会计师事务所，安永、德勤、毕马威、普华、永道和安达信（当时的国际"六大"）作为第一批准入者，与我国事务所的

第八章　本土会计师事务所国际化的路径选择

合作期限是二十年。截至2011底，我国中外合作受安达信破产及事务所合并的影响，由最开始的6家变为4家，分别是普华永道中天、德勤华永、毕马威华振和安永华明。经过二十年的整合与发展，四大中外合作所不仅为我国经济的发展、资本市场的改革以及会计人才的培养作出了重要贡献，还促进了会计准则国际趋同与中国企业境外上市。但实现本土化是国际"四大"进入中国市场时作出的郑重承诺，而本土化首先应实现内部管理团队的本土化。截至2010年12月31日，中方合伙人在"四大"中外合作所合伙人总数中所占比例仅42%，其中：毕马威华振、普华永道的中方合伙人占本所合伙人总数的30%、39%，安永华明中方合伙人占比为45%，中方合伙人占比最多的是德勤华永，约50%。可见，中外合作所中外方合伙人占大多数，中方合伙人数量明显偏少。并且，实质上拥有管理决策权的高级合伙人中，中方合伙人的实际管理权限总体较小，与国际"四大"进入中国时所做承诺相比仍有较大差距。

21世纪以来，中外合作所在华服务对象已发生重大改变，由外资企业转向中资企业；合作初期的业务比例与服务局面也发生了根本性变化，本土业务超过外资业务，比例逐年上升。"四大"中外合作所要想在中国内地与本土事务所竞争，实现在中国的持续发展，必须更加倚重对中国国情、资本运营环境、商业流程以及财税、会计准则更为熟悉的中国人，更加重视本土合伙人的培养与选拔。实现这种转变是"四大"适应中国市场变化的明智选择，也符合"四大"在其他国家的做法，即当地合伙人拥有对成员所实质上的管理权与决策权。

基于中国审计市场的变化以及"四大"合作的现实情况，2012年5月，财政部联合商务部、工商总局、外汇局以及证监会，发布《中外合作会计师事务所本土化转制方案》，对中外合作所的的组织形式作出明确规定，要求"四大"在合作到期后转型为特殊的普通合伙所，实现设立之初作出的本土化承诺。转制之后的中外合作所，管理权和控制权要向具备中国注册会计师执业资格的合伙人转移，其中首席合伙人还必须具备中国国籍。此外，转制之后具备中国注册会计师执业资格的合伙人数量占合伙总数的比例应该有所增加，其他合伙人占比应控制在40%以内且保持逐年递减：到2014年12月31日，降至35%以内，两年后的2016年底降低至25%以内，2007年底降至20%以内①。

目前，四大中国合作所的本土化转制已初步完成，形式上均符合《转制方案》的要求。但据了解，转制后，四大的本土合伙人数量多但份额小，实际控制方仍为外方人士。Firth 等（2012）利用中国审计市场的数据，检验合伙制、有限责任制对审计质量的影响，研究表明，合伙制事务所的审计师比有限责任事务所的审计师更稳健。而 Lennox 和 Li（2012）以英国审计市场的数据为样本，研究会计师事务所组织形式转变对审计质量的影响，实证结果显示，事务所从合伙制转变会有限合伙制并不会导致审计质量的下降。

中外合作所的本土化转制无疑会有利于保护国家经济利益安全，有利于本土企业"走出去"，也有利于本土事务所的国际化发展。但是，中外合作所的实质上本土化也非一蹴而就，需要多方努力，逐步完成。而学习日本、台湾经验，实现国际"四大"全面本土化路途更漫长。

3. 推广信永中和与利安达经验，尝试外向国际化

事务所国际化发展到一定程度，可以适时采用外向国际化发展模式，如直接在境外设立分支机构、合并当地事务所、发展当

---

① 参照财政部会计司调研报告："百年四大，中国新姿"，2014年8月。

地事务所为其成员所或联系所等高度介入方式。与内外国际化相比，外向国际化的事务所在境外扩张时拥有更多的控制权与自主权，对事务所自身要求较高。我国事务所国际化发展程度普遍不高，建议有条件的事务所可以率先在中国企业投资密集、文化差异相对较小的中国香港、新加坡等地实施外向国际化模式。信永中和与利安达是本土事务所"走出去"的典范，信永中和2013年首次以自主品牌参加国际网络排名，全球排名第19位，截至2013年12月31日，信永中和有包括本土所在内的5家成员所，分布在中国内地、中国香港特别行政区、新加坡、日本和澳大利亚。利安达国际作为由利安达会计师事务所于2010年9月发起成立的一家国际会计网络，截至2013年12月31日，有包括本土所在内的16家成员所，分布在中国内地、中国香港特别行政区等，其中，2013年在德国和中国台湾地区发展了成员所。

　　本土事务所在向外扩张的过程中，需要充分了解本土企业"走出去"的特点和业务需求，结合自身的实际情况，做好以下几方面的工作：一是确定进军国际市场的目标定位和推进步骤；二是确定与境外机构及市场合作的模式，选准市场方向，选对合作伙伴；三是针对国有企业和民营企业对外投资、对外劳务合作等业务特征，制定有针对性的高效的服务方案；四是以服务本土企业境外子公司为立足点，建立良好声誉，发展当地客户，融入当地市场，并适时跟随这些企业投资"走出去"、融资"走出去"、运营管理境外资产"走出去"，逐步扩展至其他国家和地区的市场，真正实现全面的国际化发展。值得强调的是，同一家事务所在国际化发展的不同时期或不同区域，可以采用不同的国际化方式。

第九章

本土会计师事务所国际化的保障体系

近年来,政府相关部门、行业协会为本土事务所国际化建设出台了一系列支持政策,中国注册会计师协会在《关于推动会计师事务所做大做强的意见》中对会计师事务所国际化发展作出战略部署:第一步是做大做强,即用5到10年的时间壮大规模、提升执业质量,发展培育100家具有一定规模、能够为大型企业和企业集团提供综合服务的事务所。第二步是"走出去"。即在做大做强的基础上,跟随中国企业"走出去",培育10家能够提供资本跨国综合服务的会计师事务所。商务部等34个部门联合发布《服务贸易发展"十二五"规划纲要》,明确了会计在服务业中的重要地位。财政部《会计改革与发展"十二五"规划纲要》为本土大所的国际化发展提出初步构想:通过建立品牌标识、实现资源共享、提高管理效率等措施,使得10家以上本土所

第九章　本土会计师事务所国际化的保障体系

在境外建立100个左右的分支机构，形成全球执业网络。中注协《中国注册会计师行业发展规划（2011-2015年）》提出要全力提升事务所"走出去"能力，鼓励事务所自主"走出去"发展国际网络，指导执业网络国际布局建设。本土事务所为了自身国际化更是付出诸多努力。本部分从政府、行业监管、事务所自身三个层面构建本土事务所国际化发展的保障体系，为促进本土事务所更好更快地实现国际化发展保驾护航。

第一节　政府部门：加大政策扶持，促进服务出口

中国注册会计师行业的发展离不开国家政策的大力扶持，良好的政策环境有利于加快事务所国际化发展的步伐。财政部及相关政府部门应切实关注事务所的利益，制定行之有效的政策，鼓励和支持事务所国际化发展。

一、财政部角度

财政部首先应该加大财政支持，降低会计服务的出口成本。目前，我国会计师事务所国际化已有尝试的方式主要包括直接在境外设立分支机构、加盟国际知名会计师网络（联盟）、与当地事务所合并等。其中，境外设立分支机构的方式属于高度介入的方式，需要大量的资金投入，加盟国际知名会计师网络也涉及一定加盟费用，而与当地事务所合并则存在一定的合并整合成本，一系列高昂的成本加重了会计师事务所海外经营的负担。财政部若能给予一定的资金支持，在国际化发展的初级阶段给予相关优惠政策，有利于提高本土事务所积极性，努力做大做强"走出去"。

其次，应进一步推行准则等效。会计、审计准则是注册会计师执行业务的标准和依据，事务所进行海外扩张，需要按照当地的会计准则进行报表调整，并以当地的审计准则为依据开展审计业务。随着经济全球化发展和中国注册会计师协会的不懈努力，我国的会计、审计准则已经与国际相关标准实现了实质上的趋同，然而"趋同"却不是"等效"。会计准则的等效是指按照我国企业会计准则编制财务报告的中国上市公司到境外上市时，不用再按照当地所实施的准则重新进行调整，可以直接拿来使用。审计准则等效是指各国家或地区通过签署等效声明等方式，相互认可其他国家的审计工作标准以及出具的审计报告。准则等效是本土事务所走向国际市场的技术保障，有利于降低境外市场的进入障碍，提高国际市场对中国注册会计师业务工作的认可度，推动本土事务所更快地走向国际市场。

另外，财政部还应加强对会计师事务所"走出去"的宏观指导和政策扶持。一方面，引导会计师事务所结合自身实际，制定适应其整体发展规划的"走出去"战略部署，进一步推进人才、技术、资金等各项"走出去"基础要素的建设工作。另一方面，在出入境、商务、外事、外汇管理、工商管理、保险等有关部门的协助下，加速建立支持我国本土所"走出去"的联合工作机制和专项支持措施，为本土所在境外市场开发、执业网络建设、资质核准、信息查询等各方面，给予更多的政策倾斜与扶持。

二、商务部角度

商务部应该提供审核便利，发挥沟通作用，促进政策倾斜。一是简化审批手续，提供审核便利。简化或者减少相关审批流程，有利于降低事务所国际化的审批成本，加快实现国际化。二是发挥纽带沟通作用，搭建会计服务供需对接平台。会计师事务所的服务供给必须与企业的需求紧密连接，双边服务贸易合作机制、京交会等形式的交易平台，既可以帮助中国企业解决海外经营所面临的各种问题、维护国家经济安全，又可以为本土会计师事务所会计服务贸易提供明确的发展方向，增强事务所在海外市场的竞争优势。三是为会计服务的贸易化提供更多政策倾斜。我国本土会计师事务所受历史发展因素的制约，服务质量和水平虽在近几年有大幅提升，但与国际大所仍有一定差距，将现代服务业、贸易发展的优惠政策向注册会计师行业倾斜，可以增加事务所努力提升自身能力的动力；为具备条件的会计师事务所提供贸易发展的优惠政策，鼓励大型会计师事务所将会计服务贸易化。

三、证监会角度

证监会应该加大境外交流与合作，促进本土事务所融入国际平台。一是增强与中国企业海外投资所在地证券监管机构的交流与合作，为事务所的境外服务营造良好的国际环境。会计师事务所到境外提供会计服务，必然少不了与当地监管机构打交道，证监会加强与境外监管机构的交流与合作，促进双方在尊重主权和法律的基础上，建立保护资本市场投资者的跨境合作机制，为会计师事务所走出国门创造良好的国际环境。二是积极参与准则的制定，促进我国会计行业的国际化发展。会计、审计准则，作为一种制度层面的规定，对会计师事务所的业务发展产生重要影响，证监会应该充分利用其参与国际平台的机会，在参与审计准则制定的过程中，反映本土会计师事务所的诉求，为我国会计师事务所更好地融入国际体系提供便利条件。

四、国资委角度

国资委应鼓励或要求大型企业境外审计业务由本土事务所承接。国资委监管的企业都是大中型国有企业，有不少还涉及国家能源和经济安全，由于业务的复杂性和本土事务所国际化发展的局限性，大多数国有企业的海外业务都是由"四大"来承担，造成国家秘密泄露、经济安全受到威胁。鼓励、支持甚至规定涉及国家机密和经济安全的企业由本土事务所提供服务，不仅可以维护国家经济安全，也为本土事务所的海外业务提供了巨大市场。但这同时，也给事务所的发展提出了很大挑战。

第二节 行业监管部门：搭建国际平台，推进准则等效

行业监管部门应该从业务环境方面提供支持，为本土事务所在国际市场上开展业务提供帮助。

一、加强国际交流与合作

本土事务所到海外市场上开展业务，进入市场是第一步，中注协应继续落实《关于扶持会计师事务所扩大会计服务出口的若干意见》《关于支持会计师事务所进一步做强做大的若干政策措施》，以及"鼓励事务所'走出去'"的扶持政策[①]，牵头研究主要国家会计市场开放政策和市场准入制度，积极参与专业服

---

① 中注协将2015年确定为国际化建设年，上述内容参照了国际化建设年主要内容。

务贸易和自贸区谈判，提出降低海外市场进入壁垒的政策建议，为本土事务所建立国际执业网络和跨国执业提供制度便利。同时加强与境外会计职业组织的联络，为事务所建立国际合作关系、到境外开拓业务和开办分支机构、洽谈结对、开辟市场等提供帮助。努力实现境内外注册会计师执业资格的相互认可，为我国注册会计师在海外开展业务提供指导，帮助客户"走出去"。

二、推进国际化建设

当前我国经济进入"新常态"，对外开放呈现出高水平引进来与大规模"走出去"同步发展的新局面，正在实施"互联互通"和"一带一路"新战略。在这样的战略背景下，亟需行业顺应"新常态"的新需求，用国际先进理念、方法服务国家建设，形成行业国际化建设的长效常态。尤其在考试制度、监管标准、继续教育等方面应借鉴国际经验，分析国际化建设存在的问题及不足，着力把行业国际化建设的成果转化为高质量的服务成果，从而增强行业在国际市场中的话语权。应扩大考试的影响力、推动考试的国际认可、提升考试国际化水平，推进考试制度的国际趋同；应以完善监管程序与方法、提高监管工作效能为目标，不断深入推进监管标准的国际化水平，更好地服务国际市场；应更新继续教育知识内容，引导从业人员拓展国际事业，提升继续教育的国际化理念。

三、搭建事务所与"走出去"企业之间的桥梁

香港作为我国企业对外投资占比最大的地区，也是本土所在境外设立分支机构的首选，不仅因为香港是高度国际化的经济、贸易和金融中心，更主要是因为在国际"四大"垄断市场的背景下，参与H股审计为本土事务所提供了"走出去"的重要发

展契机。因此，行业协会应组织事务所参加中国（香港）国际服务贸易洽谈会，密切加强事务所驻港分支机构与香港会计师公会、华人会计师公会等相关会计职业组织、机构的联络与沟通，建立定期互访制度等，为事务所与"走出去"企业之间洽谈合作、交流信息提供畅通的渠道和平台，并借助港澳桥头堡的作用，增进和拓展与境外其他行业组织的沟通与了解，为事务所服务"走出去"企业奠定坚实的沟通基础。

四、健全"走出去"信息的长效服务机制

通过举办专题讲座、译介境外及国际研究文献、邀请境外专家讲座等方式，中注协应为本土事务所与境外行业、协会的沟通交流搭建平台。继续承办中国（香港）国际服务贸易洽谈会会计服务分论坛、编发《香港资本市场动态》等，在向行业内推送信息的同时，对外推介中国本土事务所，并定期组织本土事务所赴港交流、考察、培训，为本土事务所拓展海外业务提供契机。深入研究分析我国事务所对外投资、开展国际合作的现状，为本土事务所加入国际网络做出提示，使整个行业有组织、有计划、有布局的"走出去"，并在国际市场中形成良好的品牌形象。健全"走出去"信息平台，不仅为本土事务所了解企业"走出去"信息、国家政策扶持等提供了渠道，也能实时跟踪反映事务所"走出去"工作动态与成果，提高了信息服务的效能，支持本土事务所长效、稳定"走出去"。

五、加强对"走出去"事务所的指导

深入研究国际会计公司的发展规律以及各国际网络管理形式、管理特点，结合本土事务所参与国际合作的实际，对事务所加入国际网络给予一定指导，提示事务所在坚持平等互利、公平

第九章 本土会计师事务所国际化的保障体系

公正原则的前提下，妥善处理好各方利益，相互尊重、维护彼此的正当权益，并尽可能争取国际网络对人才培养、技术支持、品牌建设等方面的必要投入，通过组织培训等形式提供指导，推进事务所在管理框架、内部治理、文化建设等方面的国际化进程，提高"走出去"的能力。

第三节 本土事务所：完善内部治理，打造国际品牌

实现会计师事务所的国际化发展，关键还是要练好内功，本土事务所必须从规模化发展、人才培养、质量提升、业务拓展、文化建设等方面来提升自身实力。

一、坚持规模化发展道路

国际"四大"、欧美其他知名大所以及日本会计师事务所发展历史表明，规模化发展是实现国际化扩张的基础和前提。通过合并、整合等方式做大做强，再逐步走向国际市场是不少事务所的共同经历。我国注册会计师行业起步晚，发展规模相对分散，国际市场竞争能力不强。因此，要继续坚持规模化发展道路，整合市场优质资源、积聚行业高端人才，推动我国排名前20的会计师事务所发展壮大，力争实现具有证券资格的事务所降至35家左右。只有坚持走规模化发展道路，进一步推进事务所之间的优化整合与强强联合，才能达到规模经济效益，全面提升本土所的竞争力。世界各地注册会计师行业发展的经验显示，几乎所有的国际知名大所都是通过重组合并、优势互补发展起来的。规模化发展是改变注册会计师行业分散状态的重要途径，是新形势下

谋求事务所持续稳定发展的现实选择，是组建大型会计师事务所的必由之路①。

规模大的事务所具备更强的抗风险能力，拥有更高的执业能力与业务水平，能够更好地参与国际市场竞争。同时，中国大型企业的成长需要大所提供专业服务，大型甚至超大型会计师事务所是市场发展的必然产物。本土事务所发展到一定阶段就可以通过设立分所、合并、加入国际网络等方式实现规模化经营，以满足更高层次的服务需求。事务所规模化发展不仅能够借助规模经济效应获得更多市场份额、扩大服务范围、提升专业服务水平，更能树立良好的品牌形象，才能在竞争激烈的国际市场中谋求更大的发展空间，推动我国注册会计师行业健康持续发展。为了适应市场需求，本土所采用了一系列的方式和途径扩大自身规模，如合并、重组、设立分所等，实现了注册会计师人数与分所数量上大幅增长，国际竞争力显著增强。合并无疑是事务所扩大规模最快捷的方式，但目前很多事务所只是将合并作为一种应急措施，带有盲目性，只是完成了形式上的合并，并没有将各类资源进行整合管理，自然无法实现价值创造的目的。合并后事务所能否尽快完善内部治理、管理制度，解决文化冲突，制定统一的发展战略，设计合理的人才激励与培养机制，整合执业质量标准，都会直接影响合并的效果。事务所合并的最终目的是对人才、技术、客户、品牌等各项资源进行重新配置，实现优势互补，进而创造出新的价值，提升服务水平、拓宽服务领域，增强市场竞争力和风险抵抗力，实现多元化、国际化的发展战略。

---

① 张克："积极服务中国企业境外发展探索会计师事务所'走出去'道路"，《中国注册会计师》，2008年第4期。

二、注重国际化人才培养

会计师事务所是以"人和"为基础形成的组织形式，人力资源是其最重要的资源，注册会计师是最重要的资本，事务所的发展归根到底依赖于注册会计师的培养及优秀人才的储备。实施事务所国际化发展战略，提高本土所在海外市场的竞争力，人才培养需先行。又如人才强所的战略，本课题第八章已作了详细论述，此处不再赘述。

三、努力提升业务质量

（一）强化职业道德教育

执业质量建设的第一步是职业道德教育，只有拥有良好的职业道德素养和执业操守，才能在执行业务过程中做到诚信、独立、客观公正。就审计业务而言，若仅有精湛的业务操作水平而不讲职业道德，相关人员很可能在执业的过程中做出损害独立性的行为，影响事务所声誉。一旦事务所的声誉受到损害，执业质量方面的努力都将白费。会计师事务所必须充分认识到职业道德教育的重要性，注重员工的道德素质与职业修养，通过继续教育和相关培训，提高注册会计师的职业操守，在业务活动中严格遵守道德规范的要求。同时建立惩罚机制，对于违反职业道德的行为要从严处理，进行通报批评，杜绝再出现类似的情形。职业道德养成，还需要会计师事务所合伙人（或主任会计师）起到模范带头作用。领导层重视自身的职业道德素养，不仅可以起到表率作用，影响其他员工更加主动地学习和效仿，而且可以使员工对于相关规定更加信服，促进奖惩机制更好地落实。

（二）建立健全质量控制体系

在业务承接与保持、业务执行、项目组内部复核、项目质量复核等方面将质量控制标准加以明确和细化，把责任落实到具体部门、岗位、合伙人，为会计师事务所的业务质量提高打下坚实的基础。事务所在开展初步业务活动时，应该充分考虑自身资源，评价职业道德规范的遵守情况，以及客户诚信等情况。业务执行过程中，要严格把关，对于发现的问题及特别需要关注的风险应该组织项目组成员进行讨论，在审计过程中应该持续交换意见，保持应有的职业谨慎。审计报告对外签发之前，应该进行项目质量控制复核，对重大事项和拟出具的审计意见进行沟通和审核，将业务风险降至可接受范围内。事务所应该挑选专门的人员定期对已完成的审计工作进行检查，针对发现的问题应及时沟通。

（三）加强事务所内部治理，提升事务所执业质量

行之有效的内部治理是事务所保证执业质量的首道防线，也是事务所生存和发展的基础，因此，加强事务所内部治理的建设是现阶段的当务之急和重中之重。随着市场和注册会计师行业的日趋成熟，迫切需要一批具有竞争力和生命力的大所确保整个行业的健康稳定发展，而事务所做大做强和国际化发展的过程，实际上就是不断理顺、提升内部治理水平的过程。会计师事务所在实现规模化发展、国际化发展的过程中，应规范内部控制，建立完善的激励和约束机制，强化管理系统，提高其防范和控制风险的能力，时时更新和改进专业技术系统，为事务所的健康运转和稳步发展打下了坚实基础。"走出去"后本土事务所将与国际会计公司正面交锋，如果没有过硬的技术，即使勉强走出国门也毫无竞争力，无法在竞争激烈的国际市场站稳脚跟。

四、积极拓展业务领域

目前，事务所的业务拓展主要是两个方面，一是扩大审计业

务的范围，将非盈利组织的报表审计纳入注册会计师审计范围，二是拓展非审计业务领域，实现业务多元化发展。由于中国会计师事务所是在积极服务中国企业"走出去"的过程中实现自身国际化发展的，因此，本土会计师事务所的业务拓展，主要应该侧重于非审计业务领域。本土事务所应坚持科学定位，深入研究分析中国企业的海外经营对事务所非审计服务的需求特点，未来应在继续保持会计、审计等传统服务的基础上，大力拓展税务服务、企业估值、司法会计鉴证、管理咨询、破产清算管理等在内的新兴专业服务领域，实现事务所经营业务的多元化和服务领域全方位化。拓展非审计服务时，事务所应该与企业进行沟通，充分了解客户的需要，避免因盲目扩张导致的资源浪费。在中国企业大规模"走出去"的大背景下，事务所可以为企业"走出去"提供方案设计、尽职调查等工作，其中重点拓展"走出去"咨询功能，具体包括管理咨询、IT咨询服务、人力资源管理、投资咨询服务以及国际化咨询服务等业务，在研究分析中国与境外在会计、税法等方面财经制度差异的基础上，为中国企业海外经营提供专业咨询意见及建设性意见，帮助引导"走出去"海外投资合作企业树立风险意识，尽可能规避经营与财务风险，提升中国企业的总体盈利能力，增加其在海外投资的优势和竞争力，实现"走出去"基础上的"走上去"。为了应对境外同行竞争，本土事务所应了解自身与境外同行的差距，并借鉴其成功经验。根据国际成功经验，大力发展咨询业务的国际会计公司，最初多是依靠多年来提供审计服务所积累的客户资源，以审计业务为基础，逐步延伸至咨询业务的，可见，中国本土事务所开展咨询业务是具备一定市场及客户基础的。

五、营造和谐文化氛围

良好的文化氛围可以营造轻松的工作环境,增强团队合作精神,促进事务所的健康发展。实施国际化扩张的事务所可以采取以下措施进行文化建设。第一,坚持社会主义核心价值观,树立和谐的工作理念。社会主义核心价值观的理论要深入人心,必须由会计师事务所加强宣传和教育,使每个人员在工作中做到敬业、诚信、友善,真正地将和谐的价值观融入到事务所文化氛围中。第二,坚持以人为本。人力资源是事务所最宝贵的资源,事务所的方针政策以及激励措施都应该以员工为出发点,将员工的诉求纳入到企业文化建设中来,实施人性化管理,提升员工的工作满意度,增加归属感。第三,培养团队精神。事务所业务特别是审计业务涉及许多专业知识和职业判断,需要项目组成员进行讨论,就各自负责的领域交换意见,特别是可能导致重大错报风险的领域以及可能的出错方式,如果不进行团队合作,不仅会降低工作效率,影响整个项目的进度,甚至会因为主观判断错误而导致检查风险增加。良好的团队合作,有利于在保证业务质量的前提下,提高工作效率。第四,正确对待文化差异。事务所在境外开展业务,必然受到当地文化的影响,相关人员应该充分了解当地文化,减少不必要的沟通障碍,但同时也应该保持自己的文化价值观,不宜随波逐流,应正确对待文化差异,做到求同存异。事务所必须始终坚持社会主义核心价值观,坚持以人为本的宗旨,不断培养团队合作精神,努力提升自己的软实力,以更好地适应海外经营环境。

会计师事务所应熟悉所在国家或地区的政治经济环境、财经政策及会计法规,尊重当地的宗教文化习俗,降低由于文化差异导致的经营风险,并妥善处理与监管部门、职业组织及工会等各方面的关系，为中国本土事务所在国际市场中树立起客观公正、专业、守法、诚信的良好职业形象。事务所在国际化发展的初期，由于对风险的控制能力不足，选择在文化差异较小的地区开展业务，可以降低经营风险。同时，通过与当地所进行合作，可以利用本土所的优势迅速占领目标市场，降低东道国会计市场的进入壁垒。

合伙文化的欠缺和内部治理机制的缺失，制约和影响着本土事务所的规模化发展、国际化发展，因此，事务所必须培育和谐的合伙文化，并将合伙文化广泛渗透到事务所的日常运营中，以促进内部治理机制的完善。事务所应在规范合伙人决策程序、均衡合伙人利益分配制度的基础上，将人才建设、技术更新、业务拓展和信息管理的一体化作为事务所发展的核心，建立起一套完善的决策、执行、监督、风险和质量控制机制，增强事务所的凝聚力、提高事务所的核心竞争力，为事务所的国际化发展创造有利条件。

综上，财政部、商务部、国资委等政府相关部门应该营造良好的政策环境；中注协等行业监管部门应该从业务环境上提供支持，搭建国际交流平台；事务所本身要从人才培养、业务质量、领域拓展、文化建设等方面努力提升自身实力，打造国际品牌。

参考文献

中文部分

[1] 财政部会计司:"四大本土化是大势所趋",《中国会计报》,2012年5月11日。

[2] 蔡春、孙婷、叶建明:"中国内资会计师事务所合并效果研究——基于国际'四大'审计收费溢价的分析",《会计研究》,2011年第1期。

[3] 蔡春、鲜文铎:"会计师事务所行业专长与审计质量相关性的检验——来自中国上市公司审计市场的经验证据",《会计研究》,2007年第6期。

[4] 蔡闫东:"会计师事务所做大做强'走出去'与审计质量的提高",青岛理工大学硕士论文,2011年。

[5] 陈丽红:"会计师事务所行业专门化研究",中南财经政法大学博士学位论文,2010年。

[6] 陈丽红、张龙平:"行业专门化与审计质量——来自中国审计市场的经验证据",《当代财经》,2010年第11期。

[7] 陈信元、王英姿、夏立军:《转型经济中的审计问题》,上海财经大学出版社2011年版。

[8] 陈艳萍:"我国审计市场竞争态势:完全竞争还是垄断竞争",《会计研究》,2011年第6期。

[9] 陈永宏:"规范化、集团化、国际化——事务所做大做强的道路探索",《中国注册会计师》,2006年第12期。

[10] 陈毓圭:"我国注册会计师行业发展的四个阶段",《财务与会计(综合版)》,2008年第12期。

[11] 邓川:"会计师事务所合并的效果:审计质量、审计收费与市场反应",中国会计学会财务成本分会2012学术年会论文集,2012年5月。

[12] 范静文:"会计师事务所'走出去'的方式、路径探析",《经济研究导刊》,2010年第4期。

[13] 方军雄、洪剑峭、李若山:"我国上市公司审计质量影响因素研究:发现和启示",《审计研究》,2004年第6期。

[14] 房巧玲、李晓燕:"会计师事务所合并对审计收费的影响研究",《中国注册会计师》,2011年第2期。

[15] 冯华:"我国对外直接投资的回顾与展望",《山东社会科学》,2014年第1期。

[16] 冯子标:《企业并购中的经济技术关系》,中国时代经济出版社2000年版。

[17] 高霖宇、谭红旭:"市场集中度、客户资产规模和事务所性质对审计质量的影响研究",《中国注册会计师》,2008年第1期。

[18] 郭颖:《中国会计师事务所审计质量评价研究——行业监管的视角》,西南财经大学出版社2010年版。

[19] 郭颖、柯大钢:"我国审计市场集中度对审计质量的影响研究——基于2003~2005年的实证分析",《财务与会计》,2007年第5期。

[20] 郭照蕊:"国际四大与高审计质量——来自中国证券市场的数据",《审计研究》,2011年第1期。

[21] 韩洪灵:《中国审计市场:制度变迁与竞争行为》,大连出版社2011年版。

［22］韩师光："中国企业境外直接投资风险问题研究"，吉林大学博士学位论文，2014年。

［23］韩晓梅、徐玲玲："会计师事务所国际化的动因、模式和客户发展——以'四大'在中国审计市场上的扩张为例"，《审计研究》，2009年第4期。

［24］韩晓梅、徐玲玲："会计师事务所国际扩张：四大与非四大的比较研究"，《会计研究》，2009年第7期。

［25］郝大伟："会计师事务所规模化发展的方式"，《财税与会计》，2001年第12期。

［26］郝银辉："会计师事务所合并的动因与绩效研究"，华东交通大学硕士学位论文，2009年。

［27］何召滨："实施'走出去'战略，加快中国注册会计师行业国际化发展"，《中国总会计师》，2007年第9期。

［28］胡玲玲："外资会计师事务所合并本土所的影响及对策"，《中国商界》，2010年第1期。

［29］黄洁莉："美、英、中三国四大会计师事务所发展现状比较"，《经济研究参考》，2011年第65期。

［30］黄亦平："会计师事务所规模化与审计市场发展战略：以深圳为例"，《会计研究》，2008年第3期。

［31］贾鲲："我国会计师事务所国际化扩张问题探讨"，江西财经大学硕士学位论文，2011年。

［32］蒋力、刘尔奎、崔宏："会计师事务所合并对审计收费的影响：品牌和规模效应"，《财会通讯》，2009年第5期。

［33］蒋瑞波："国际会计公司进入中国市场的战略研究"，吉林大学硕士学位论文，2006年。

［34］李峰、赵怡虹："新时期我国企业'走出去'的再思考"，《中国市场》，2014年第11期。

[35] 李嘉明、雷春燕："国际'四大'审计质量研究综述及对我国的启示",《会计之友》,2010年第2期。

[36] 李凯："会计师事务所合并方式与审计质量",《中南财经政法大学学报》,2010年第6期。

[37] 李连军、薛云奎："中国证券市场审计师声誉溢价与审计质量的经验研究",《中国会计评论》,2007年第3期。

[38] 李明辉、刘笑霞："会计师事务所合并的动因与经济后果:一个文献综述",《审计研究》,2010年第5期。

[39] 李明辉、刘笑霞："会计师事务所合并对审计质量之影响——来自中国资市场的经验证据",中国会计学会财务成本分会2012学术年会论文集,2012年5月。

[40] 李明辉："会计师事务所合并与审计质量——基于德勤华永和中瑞岳华两起合并案的研究",《中国经济问题》,2011年第1期。

[41] 李平、徐登峰："'走出去'战略:制度形成与改革展望",《国际经济合作》,2008年第5期。

[42] 李晓峰、仲启亮："中国对外直接投资发展现状的实证分析",《战略决策研究》,2012年第3期。

[43] 李艳西："会计师事务所经营发展战略分析",《中国注册会计师》,2001年第3期。

[44] 李长爱、吕伶俐、黄益雄："会计师事务所规模化发展问题研究——关于我国会计师事务所合并与设立分所的思考",《会计论坛》,2010年第2期。

[45] 李长爱、张呈："关于本土会计师事务所国际化发展的路径探讨",《会计之友》,2013年第9期(上)。

[46] 李志鹏："中国会计师事务所'走出去'的路径研究",《国际经济合作》,2012年第11期。

[47] 廖泽芳:"中国企业'走出去'困境与策略",《全国商情(经济理论研究)》,2007年第13期。

[48] 林宗辉、戚务君:"勤业众信合并案对审计质量之影响——从公司及投资人观点分析",当前会计理论与实务研讨会(铭传大学会计学系主办),2007年。

[49] 刘成立:"会计师事务所规模能否反映审计质量——基于会计师事务所合并动机的分析",《财会通讯(学术版)》,2008年第9期。

[50] 刘峰、谢斌、黄宇明:"规模与审计质量:店大欺客与客大欺店",《审计研究》,2009年第3期。

[51] 刘峰、周福源:"国际'四大'意味着高审计质量吗——基于会计稳健性角度的检验",《会计研究》,2007年第3期。

[52] 刘桂良、牟谦:"审计市场结构与审计质量:来自中国证券市场的经验证据",《会计研究》,2008年第6期。

[53] 刘嘉雯:"会计师事务所合并对客户股价影响之研究——代理假说与保险假说",《会计评论》,2003年第36期。

[54] 刘明辉、徐正刚:"中国注册会计师行业的规模经济效益研究",《会计研究》,2005年第10期。

[55] 刘启亮、刘波罗、何威风、谢获宝:"我国会计师事务所的扩张有效吗?",《会计论坛》,2011年第2期。

[56] 刘启亮、刘波罗、何威风等:"事务所扩张策略与审计质量研究",《会计论坛》,2011年第2期。

[57] 刘庆红:"会计师事务所国际化模式选择研究",中国海洋大学硕士学位论文,2012年。

[58] 刘笑霞、李明辉、吕伟:"会计师事务所规模与审计定价——基于中国本土事务所的经验研究",《财经理论与实

践》，2012年第5期。

［59］刘运国、麦剑青："论四大会计师事务所的审计质量——来自中国证券市场的初步数据"，《中山大学学报》，2006年第3期。

［60］刘长涛："中国会计师事务所与国际会计大公司的差异及发展对策"，《财会研究》，2007年第2期。

［61］卢现祥：《新制度经济学》，武汉大学出版社2011年版。

［62］吕丽："我国注册会计师行业国际化的现状与对策"，《财会研究》，2007年第2期。

［63］吕伶俐、李长爱："我国本土会计师事务所合并对审计收费的影响研究"，《中国注册会计师》，2014年第4期。

［64］吕伶俐：《中国本土会计师事务所合并绩效研究》，湖北人民出版社2014年版。

［65］吕志明："会计师事务所可持续发展研究：基于激励理论与实证的分析"，暨南大学博士学位论文，2005年。

［66］倪伯煌、蔡玉琴："会计师事务所合并案宣告对鉴证客户之股价效应——以大陆上海及深圳上市公司为例"，《中国技术学院学报》，2005年第27期。

［67］聂名华："中国企业对外直接投资的政治风险及规避策略"，《国际贸易》，2011年第7期。

［68］潘颖、聂建："我国企业海外并购融资问题研究"，《开发研究》，2010年第2期。

［69］彭华荣、向津津："中国本土会计师事务所与国际'四大'市场业务竞争状况比较分析"，《湖南商学院学报》，2011年第6期。

［70］漆江娜、陈慧霖、张阳："事务所规模·品牌·价格

与审计质量——国际'四大'中国审计市场收费与质量研究",《审计研究》,2004年第3期。

[71] 秦荣生:"我国注册会计师行业的国际化策略研究",《会计研究》,2003年第10期。

[72] 邱学文、李书玲:"我国会计师事务所国际化的路径选择",《南京审计学院学报》,2009年第4期。

[73] 屈涛:"中国本土所勾勒国际化版图",《中国会计报》,2012年5月11日。

[74] 曲晓辉:《中国会计国际化研究》,经济科学出版社2010年版。

[75] 日本等松会计师事务所:"日本等松会计师事务所的国际化道路",《中国注册会计师》,2002年第6期。

[76] 宋永辉、吴静静:"我国企业跨国并购的融资问题及对策分析",《经济理论研究》,2008年第12期。

[77] 谭红旭:"中国会计服务业国际化研究",经济科学出版社2008年版。

[78] 唐滔智、陈红、赵光景:"拓展非审计服务是会计师事务所做大做强的必由之路:基于知识溢出效应的视角",中国会计学会2012年学术年会论文集,2012年7月。

[79] 王兵、辛清泉:"分所审计是否影响审计质量和审计收费?",《审计研究》,2010年第2期。

[80] 王静:"'四大'会计师事务所在中国面临的挑战与对策研究",《经济研究参考》,2012年第59期。

[81] 王良成、韩洪灵:"大所的审计质量一贯的高吗?——来自我国上市公司配股融资的经验证据",《审计研究》,2009年第3期。

[82] 王翔:"海外知识产权纠纷中的维权路径",《法人》,

2008 第 6 期。

[83] 王烨:"会计师事务所国际化问题研究",《商业文化》,2011 年第 1 期。

[84] 王咏梅、邓舒文:"事务所合并可以提高审计质量吗?——基于中国审计市场的研究",《管理世界》,2010 年第 12 期。

[85] 文硕:《世界审计史》,企业管理出版社 1996 年版。

[86] 吴联生、刘慧龙:"中国审计实证研究:1999~2007",《审计研究》,2008 年第 2 期。

[87] 吴清在、曾玉琦:"会计师事务所合并对审计独立性之影响",《会计评论》,2008 年第 47 期。

[88] 吴水澎、李奇凤:"国际四大、国内十大与国内非十大的审计质量——来自 2003 年中国上市公司的经验证据",《当代财经》,2006 年第 2 期。

[89] 吴溪:"会计师事务所合并与质量控制:基于中天勤合并案例的经验分析",《会计研究》,2006 年第 10 期。

[90] 夏桐:"透视台湾会计师事务所的发展历史与现状",《财会学习》,2010 年第 10 期。

[91] 小岛清:《对外贸易论》,周宝廉译,南开大学出版社 1987 年版。

[92] 杨蕙馨:《产业组织理论》,经济科学出版社 2007 年版。

[93] 杨青、吴琼琼:"中国对外直接投资的现状、问题及对策分析",《中国证券期货》,2013 年第 3 期。

[94] 杨学华:"会计师事务所的战略合并趋势分析",《审计与经济研究》,2002 年第 1 期。

[95] 易纲:"中国企业'走出去'的机遇、风险与政策支

持",《中国市场》,2013年第37期。

[96] 于海云、王则斌:"嵌入性视角下会计师事务所发展战略初探",《中国注册会计师》,2010年第5期。

[97] 余津津:"国外声誉理论研究综述",《经济纵横》,2003年第10期。

[98] 余津津:"现代西方声誉理论述评",《当代财经》,2003年第11期。

[99] 原红旗、李海建:"会计师事务所组织形式、规模与审计质量",《审计研究》,2003年第1期。

[100] 曾亚敏、张俊生:"会计师事务所合并对审计质量的影响",《审计研究》,2010年第5期。

[101] 曾亚敏、张俊生:"会计师事务所合并、审计市场结构与审计定价",《审计与经济研究》,2012年第1期。

[102] 张呈:"会计师事务所国际化发展的路径选择",湖北大学硕士学位论文,2013年。

[103] 张承惠、朱明方:"我国企业对外投资的现状、问题和政策建议",《重庆工学院学报(社会科学)》,2009年第3期。

[104] 张建红、周朝鸿:"决定中国企业海外收购成败的因素分析",《管理世界》,2010年第3期。

[105] 张建军、任宏:"中国企业'走出去'战略探讨",《黑龙江对外经贸》,2009年第7期。

[106] 张俊瑞、王玲、贾宗武:"规模化:我国注册会计师行业国际化发展的现实选择",《西安财经学院学报》,2005年第8期。

[107] 张奇峰、张鸣、戴佳君:"中国审计定价实证研究述评",《会计研究》,2006年第6期。

[108] 张锐:"产能过剩覆压中国制造业",《中国经济导报》,2012年9月27日。

[109] 张小平:"在爱与痛的边缘出海——中国企业海外并购30年沉浮录",《英才》,2009年第8期。

[110] 张晓泉、张翔:"国际'四大'会计师事务所2012年业绩分析",《财会通讯》,2013年第2期。

[111] 张宇航:"浅析会计师事务所业务多元化发展——以四大会计师事务所为例",《技术与市场》,2013年第1期。

[112] 赵因因、卢进勇:"中国对外直接投资现状、问题及对策分析",《对外经贸实务》,2011年第12期。

[113] 中国注册会计师协会:《中国注册会计师行业发展研究资料(2006~2007)》,中国财政经济出版社2008年版。

[114] 中国注册会计师协会:《中国注册会计师行业发展研究资料(2010)》,中国财政经济出版社2011年版。

[115] 中国注册会计师协会:"中国注册会计师协会2011年工作总结",《中国注册会计师》,2012年第2期。

[116] 中国注册会计师协会:"中国注册会计师协会关于印发〈中国注册会计师行业发展规划(2011-2015年)〉的通知",《中国注册会计师》,2011年第9期。

[117] 中国注册会计师协会:第一届、第二届"京交会"会计服务论坛资料,2012-2013年。

[118] 钟标:"国际审计准则制定机构在与中国审计准则委员会的联合声明中高度评价中国审计准则国际趋同成果",《中国注册会计师》,2010年第12期。

[119] 钟言:"企业'走出去'中介需先行",《中国税务报》,2007年4月16日。

[120] 周年洋、王二龙、林明:《五大会计师行》,中国财

政经济出版社 2003 年版。

[121] 周中胜、罗正英：《会计师事务所合并与审计生产效率变化》，第四届海峡两岸会计学术研讨会论文集，2012 年 9 月。

[122] 庄峻晖："关于我国注册会计师行业国际化的一点思考"，《中国注册会计师》，2006 年第 9 期。

英文部分

[123] Antkiewicz, A. and J. Whalley. 2007, Recent Chinese Buyout Activity and the Implications for Wider Global Investment Rules, Canadian Public Policy Analyse de Politiques, 2007（2）：207 - 226.

[124] Baskerville, R. F. and D, Hay. The Effect of Accounting Firm Mergers On the Market for Audit Services: New Zealand Evidence. Abacus, 2006（1）：87 - 104.

[125] Becker, C. L., M. L. DeFond, J. Jiambalvo, and K. R. Subramanyam. The Effect of Audit Quality on Earnings Management. Contemporary Accounting Research, 1998（1）：1 - 24.

[126] Bittlingmayer, G. and T. W. Hazlett. DOS Kapi - tal: Has Antitrust Action Against Microsoft Created Value in the Computer Industry? Journal of Financial Economics, 2000（3）：329 - 359.

[127] Brown, John, Cooper, David, Greenwood, Royston & Hinings. Alliances within A Big - six Accounting Firm: A Case Study. International Studies of Management and Organization, 1996（26）：59 - 71.

[128] Chan, K. H. and Donghui Wu. Aggregate Quasi Rents and Auditor Independence: Evidence from Audit Firm Mergers in Chi-

na. Contemporary Accounting Research, 2011 (1): 175 - 213.

[129] Chang, Hsihui, Jengfang Chen, Rong - Ruey Duh, Shu - Hsing Li. Productivity Growth in the Public Accounting Industry: The Roles of Information Technology and Human Capital. Auditing: A Journal of Practice&Theory. 2011, 30 (1): 21 - 48.

[130] Cheng, Yu - Shu, Yi - Pei Liu, Chu - Yang Chien. The Association between Auditor Quality and Human Capital. Managerial Auditing Journal. 2009, 24 (6): 523 - 541.

[131] Choi, Jong - Hag, Jeong - Bon Kim, and Yoonseok Zang. Do Abnormally High Audit Fees Impair Audit Quality? Auditing: A Journal of Practice &Theory 2010 (2): 115 - 140.

[132] Choi, J. H, J. B. Kim, A. A. Qiu, Y. Zang. Geographic proximity between auditor and client; how does it impact audit quality? Auditing: A Journal of Practice & Theory. 2012, 31 (2): 43 - 72.

[133] Christiansen M, Loft A. Big players and small players: a study of increasing concentration in the Danish market for auditing services. European Accounting Review, 1992 (2): 277 - 301.

[134] Clive Lennox, Bing Li. The Consequences of Protecting Audit Partners' Personal Assets from the Threat of Liability. Journal of Accounting and Economics, 2012, 54 (2): 154 - 173.

[135] Copley, P. A.. An Assessment of the Potential Effect of Big Eight Firm Mergers on Competition in the Market for Audit Services. Advances in Accounting, 1993 (11): 185 - 205.

[136] DeAngelo, L.. Auditor Size and Audit Quality. Journal of Accounting and Economics, 1981 (3): 183 - 199.

[137] Dechow, P. and Dichev, I.. The Quality of Accruals

and Earnings: the Role of Accrual Estimation Errors. Accounting Review, 2002 (9): 35 -59.

[138] DeFond. M, J. R. Francis, X. Hu. The Geography of SEC Enforcement and Auditor Reporting for Financially Distressed Clients. Working Paper, University of Southern California, 2011.

[139] Deng, P.. Why do Chinese Firms Tend to Acquire Strategic Assets in International Expansion? Journal of World Business, 2009 (1): 74 -84.

[140] Dikova, D. P. Rao Sahib and A. v. Witteloostuijn. Cross – border Acquisition Abandonment and Completion: The Effect of Institutional Differences and Organizational Learning in the Business Service Industry, 1981 –2001. Journal of International Business Studies, 2009, forthcoming.

[141] Erramilli and Rao. Service Firms' International Entry – Mode Choice: A Modified Transaction – Cost Analysis Approach. Journal of Marketing, 1993 (7): 19 -38.

[142] Firth M. P. L, Wong R. M. Auditors' Organization Form, Legal Liability, and Reporting Consevatism: Evidenece from China. Contemporary Accounting Research, 2012, 29(1): 57 -93.

[143] Firth, M. and T. Lau. Audit Pricing Following Mergers of Accounting Practices: Evidence from Hong Kong. Accounting and Business Research, 2004 (3): 201 -213.

[144] Flanagan, D. J.. Announcements of Purely Related and Purely Unrelated Mergers and Shareholder Returns: Reconciling the Relatedness Paradox, Journal of Management, 1996(6): 823 -835.

[145] Francis J. What Do We Know About Audit Quality? The British Accounting Review, 2004 (36): 345 -368.

[146] Francis, Jere R. and Michael D. Yu. The Effect of Big Four Office Size on Audit Quality. The Accounting Review, 2009 (5): 1521 – 1552.

[147] Francis, J. R., D. J. Stoke, D. Anderson. City Markets as a Unit of Analysis in Audit Research and the Re – Examination of Big 6 Markets hares. ABACU. 1999, (2): 185 – 206.

[148] Francis, J. R. A Framework for Understanding and Researching Audit Quality. Auditing: A Journal of Practice&Theory. 2011, 30 (2): 125 – 152.

[149] Frederick. H., Wu. Donald & W. Hackett. The Internationalization of U. S. Public Accounting Firms. International Journal of Accounting, 1978 (17).

[150] Fung, S. Y. K., F. A. Gul, J. Krishnan. City – Level Auditor Industry Specialization, Economies of Scale, and Audit Pricing. The Accounting Review. 2012, 87 (4).

[151] GAO (United States General Accounting Office). Accounting Firm Consolidation: Selected Large Public Company Views on Audit Fees, Quality, Independence, and Choice: Report to the Senate Committee on Banking, Housing, and Urban Affairs and the House Committee on Financial Services. GAO – 03 – 1158, 2003b.

[152] GAO. Public Accounting Firms: Mandated Study on Consolidation and Competition. Report to the Senate Committee on Banking, Housing, and Urban Affairs and the House Committee on Financial Service, 1998 (7).

[153] Healy P M & Wahlen J M. A Review of the Earnings Management Literature and Its Implications For Standards Setting. Accounting Horizons, 1999 (4): 365 – 383.

[154] Ivancevich, S. H., Zardkoohi, A. An Explanatory Analysis of the 1989 Accounting Firm Mergers. Accounting Horizons, 2000 (4): 389 – 401.

[155] Jemison, D. B. and Sitkin, S. B.. Acquisitions: The Process Can be a Problem. Harvard Business Review, 1987 (6): 107 – 116.

[156] Joel Sinkin, Chris Frederik – sen. Bridging Compensation Gaps in a Merger. Journal of Accountancy, 2012, 213 (1): 43 – 45.

[157] Krishnan, G. Audit Quality and the Pricing of Discretionary Accruals. Auditing: A Journal of Practice and Theory, 2003 (1): 109 – 126.

[158] Lai. Brand Name Audit Pricing, Industry Specialization, and Leadership Premiums Post – Big 8 and Big 6 Mergers. Contemporary Accounting Research, 2005 (1) : 77 – 110.

[159] Lawrence A., M. Miguel, P. Zhang. Can Big4 Versus Non – big4 Differences in Audit – quality Proxies Be Attributed to Client Characteristics? The Accounting Review. 2011, 86 (1): 259 – 286.

[160] Lee, D. S.. The Impact of the Big 8 Mergers on Market Power: Evidence from the Hong Kong Market. Journal of International Financial Management and Accounting, 2005 (1): 69 – 96.

[161] Lennox, C. S.. Audit Quality and Auditor Size: An Evaluation of Reputation and Deep, Pockets Hypotheses. Journal of Business Finance & Accounting, 1999a (7/8): 779 – 805.

[162] McMeeking, K. P., K. V. Peasnell and P. F. Pope. The Effect of Large Audit Firm Mergers on Audit Pricing in the UK. Ac-

counting and Business Research, 2007 (4): 301 - 319.

[163] Menon, K. and Williams, D. D.. Long - term Trends in Audit Fees. Auditing: A Journal of Practice and Theory, 2001 (1): 116 - 136.

[164] Narasimhan, R., S. Chung. Auditor Concentration of Listed Public Companies on International Stock Exchanges. Journal of International Finaneial Management and Accounting, 1998, (3): 202.

[165] North, D. C.. Institutions, Institutional Change and Economic Performance. Cambridge University Press, Cambridge, 1990.

[166] O' Sullivan, N. The Impact of Board Composition and Ownership on Audit Quality: Evidence from Large UK Companies. British Accounting Review, 2000 (32): 397 - 414.

[167] OECD. OECD Guidelines on Corporate Governance of State - Owned Enterprises, OECD publishing, 2005.

[168] Penney, L. H.. The Significance of Mergers of Accounting Firms. Journal of Accountancy, 1961 (11): 51 - 58.

[169] Post, Wilderom and Douma. Internationalization of Dutch Accounting Firms. The European Accounting Review, 1998 (7): 697 - 707.

[170] Robert J. K., Laird, K. R., Thomas, G.. E.. The Entry of International CPA Firms into Emerging Markets: Motivational Factors and Growth Strategies. The International Journal of Accounting, 2000 (35): 99 - 119.

[171] Rong Dinga, Yuping Jiab. Auditor Mergers, Audit Quality and Audit Fees: Evidence from the Pricewaterhouse Coopers Merger in the UK. Journal of Accounting and Public Policy, 2012 (1).

[172] Shleifer, A. and V. Robert. Politicians and Firms. Quarterly Journal of Economics, 1994 (4): 995 – 1025.

[173] Sidney E. Harris. The Deloitte & Touche Merger Decision: Lessons Learned from a Successful Merger. Organizational Dynamics, 2010, 39, (3): 279 – 287.

[174] Stimpson J.. The International Connection. The Practical Accountant, 2000 (10): 32 – 35.

[175] Sucher. Pat, Moizer, Peter & Zaroa, Marcela. The Images of the Big Six Audit Firms in the Czech Republic. The European Accounting Review, 1999 (3).

[176] Sullivan, M. W. The Effect of the Big Eight Accounting Firm Mergers on the Market for Audit Services. Journal of Law and Economics, 2002 (45): 375 – 399.

[177] Thavapalan, S., R. Moroney, and R. Simnett.. The Effect of the Price water house Coopers Merger on Auditor Concentration in Australia: A Note. Accounting and Finance. 2002 (42): 153 – 167.

[178] Tonge, S. D. and C. W. Wootton. Auditor Concentration and Competition Among the Large Public Accounting Firms: Post – Merger Status and Future Implications. Journal of Accounting and Public Policy, 1991 (2): 157 – 172.

[179] Toth, J. M.. Cross – border M&A Deals: National Security and Interest Reviews Raise Flags. Counsel to Counsel, 2008 (18): 20 – 21.

[180] Watkins, A. L., Hillison, W., and Morecrofi, S. Audit Quality: A Synthesis of Theory and Empirical Evidence. Journal of Accounting Literature, 2004: 153 – 193.

[181] Weber, Y. , Shenkar, O. and A. Raveh. Nationaland Corporate Cultural fit in Mergers/Acquisitions: An Exploratory Study. Management Science, 1996 (8): 1215 – 1228.

[182] Wootton Charles W. , Tonge Stanley D and Wolk, Carel M. Pre and Post Big 8 Mergers: Comparison of Auditor Concentration. Accounting Horizons, 1994 (9): 58 – 74.

[183] Zeff, Stephen A. How the U. S Accounting Profession Got Where It Is Today: Part I. Accounting Horizon, 2003 (9) .